운명을 바꾼
삶의 지혜
주역

운명을 바꾼 삶의 지혜, 주역

이해수 저

어느 모임에서 지인들과 만나 얘기를 나누던 중 낚시를 좋아하는 사람이 있어서 생명을 죽이면 반드시 업보가 따른다고 말을 하였다. 모든 생물은 각자의 존엄성과 가치를 가지고 있고 본질은 같은 것이다. 태어난 생물의 본성은 똑같다. 죽기를 싫어하고, 살기를 좋아한다. 어미와 새끼 간의 애틋함이 있고 짝에 대한 연정이 있다. 그런데 인간들은 그런 것들을 모른 체하며 생명을 잡아 입안의 미각을 탐하고 있으니 크나큰 죄악을 짓는 것이다.

기관단체나 기업의 대표가 살생을 많이 한 업보가 있으면 전체 조직에 피해가 많이 생긴다. 1997년의 'IMF위기사태'는 죄 없는 국민들만 많은 피해를 보았다.

그러면서 나의 실제 경험인 봉암사에서 죽을 고비가 생겼을 때 내가 낚시한 고기들의 원혼들이 나를 공격한 일들을 상세히 말을 하였다. 그 당시 실제로 나는 죽은 목숨이나 마찬가지였다. 그 광경을 지켜보았던 많은 스님들은 지금은 70세 전후의 원로스님이 되어 제방에서 도를 닦고 있을 것이다. 나를 죽음의 문턱까지 가게 만든 봉암사 그 계곡의 둑은 철거되었다.

나의 경험담을 들은 사람들은 감동을 하였고 ㄱ 내용을 책으로 만들어 많은 사람들에게 알려주는 것이 좋다고 하여 글을 적어보았다.

글로 적으려니 짧은 문장실력이라 내용을 충분히 전달하기에는 역부족이었다. 여기 나오는 인명은 실명으로 하였다. 내용에 기록되어 있는 날짜는 사진을 좋아하는 스님께 도움을 받아 그 당시의 사진 속에 날짜가 있어 정확하게 기록할 수 있었다.

나는 어린나이에 주역을 공부한 인연으로 좋은 일도 있었고, 그 때문에 어려움도 많았다. 어릴 때부터 어머니로부터 들어왔던 생명이 짧은 나의 운명은 절에서 수행하였던 공덕으로 지금까지 잘 살고 있다고 생각된다.

은사스님이신 서암스님은 2003년 봉암사에서 열반에 드셨다. 나는 바로 봉암사로 올라가서 옛 시절의 사형 사제들과 같이 스님의 마지막 가시는 모습을 지켜보면서 은사스님과 작별을 하였다. 스님의 사리탑은 봉암사에 모셔져 있다.

봉암사에서 하산하여 부모님이 계시는 집으로 와서 머리가 자랄 때까지 『인생384효』라는 주역 책을 완성하였다. 그리고 3번의 지방의원을 하였다.

그런 과정에서도 주역과 풍수의 공부는 쉬지 않았다. 개인적인 운명 감정은 아파트의 작은 방에서 감정을 하였고, 국가적인 운명의 예언 등은 언론을 통하여 꾸준히 발표하여왔다.

주역은 '기氣'와 밀접한 관련이 있기에 1997년부터 기공선생님을 만나 열심히 수련하였다. 지금도 매일 오전에는 아미타불을 모시고 108배 참회기도와 예경기도를 하고 있다. 토요일은 서울의 응봉산과 관악산에 올라 선생님께서 정해주신 자리에서 수련을 쌓아가고 있다. 전국을 다니면서 태극기의 깊고 심오한 사상을 전하기 위해 '태극사상과 행복건강', '생활풍수와 공간창조' 등의 제목으로 강의를 다니고 있다.

2008년부터 서울의 사당동에 「885행복공간 연구소」를 오픈하여 인생상담과 풍수상담을 하고 있다.

지금도 시간을 정하여 참선을 할 때면 봉암사의 그 시절을 회상하면서 정진을 계속하고 있다. 사주와 운명은 고정된 것이 아니다. 봉암사에서 3년간의 짧은 수행이었지만 그 인연으로 나는 생명이 끊어지지 않았다. 내일을 잘 살기 위해서는 많은 선행을 쌓아야한다.

많은 분들이 이 책을 통하여 마음공부와 운명을 개척하는데 조금이라도 보탬이 되기를 바란다. 남 몰래 선행을 쌓고 항상 겸손한 생활을 하여 좋은 일이 있기를 진심으로 바랄 뿐이다.

2015년 10월 좋은 날

善觀 이 해 수 합장

글을 쓰기 전에 · 5

제1부 출가준비

경전강의 모임 · 13 | 주역의 첫 인연 · 21

표충사 수계식 · 29 | 군대생활과 주역 · 38

출가 · 43

제2부 봉암사 출가

봉암사와의 만남 · 49 | 은사스님과의 첫 만남 · 67

부처님 오신 날 · 79 | 초발심자경문 · 93

출가의 길 · 100 | 행자 시절 · 105

제3부 업보와 인연

첫 번째 죽음의 문틱 · 113 | 수계식 · 122

서암스님 · 125

제4부 수행과 바뀐 운명

봉암사 일상생활 · 139 | 용맹정진 · 145

두 번째 죽음의 문틱 · 162 | 객스님과 일화 · 180

운명을 바꾼
삶의 지혜

주역

제5부 새로운 출발

　　주역책 출간 · 207 │ 공직 생활 · 209

　　기공의 세계 · 215 │ 현재 생활 · 230

제6부 대통령 당선예언

　　연합뉴스 보도내용 · 233

　　17대 대통령 이명박 당선예언 · 235

　　18대 대통령 박근혜 당선예언 · 238

　　19대 대통령은 누가 될 것인가? · 240

제7부 주역 예언

　　국회배지 변경촉구 · 245 │ 대운하는 안 된다 · 247

　　독도에 강치 설치 · 249 │ 서해교전과 천안함 사건 · 253

　　입춘첩 변경 · 255 │ 남북통일의 시기 · 259

제8부 감정 사례

　　복싱시합의 성패 · 267 │ 미국의 이라크 공격 · 269

　　서울시장 선거 · 271 │ 강호동의 미래운세 · 274

　　자식 가출 · 278 │ 어머니 건강 · 281

　　자식이 언제 생기나? · 283

　　주식이 상승하는가? · 287

제9부 풍수인테리어 시공사례

부산상공회의소 · 291 │ 울산시 신정동 아파트 현장 · 292

서울 잠실고시원 화재 · 293

서울역 앞 아스테리움 건물 · 295

KBS '굿모닝 대한민국' · 300

제10부 운명의 변화

인생384효 · 305 │ 주역과 사주 · 307

관상과 성명 · 310 │ 풍수와 수맥 · 312

나의 집 꾸미기 · 316 │ 좋은 숫자, 좋은 색깔 · 321

좋은 날, 좋은 방위 · 324 │ 운명 개척방법 · 328

평생건강 호흡법 · 332

글을 쓰고 나서 · 334

1
출가준비

경전강의 모임 | 주역의 첫 인연 | 표충사 수계식
군대생활과 주역 | 출가

사람들이 경전 공부할 때에만 내용을 소중히 여기고
일반 사회생활은 평소에 하는 습관에 따라 행동을 하니
경전공부가 무슨 소용이 있겠습니까?
경전 따로 행동 따로 마음 따로, 완전히 따로국밥 전문집도 아니고
마음으로 공부를 안 하고 눈으로만 공부하니까
공부했다고 나름대로 자신하지만 헛공부한 것을
진짜 공부한 것으로 착각을 많이 하지요.

경전강의 모임

　어느 날 남포동 수 다방에서 서보신을 만났다. 각성스님을 모시고 화엄경 강좌를 개설하기로 하고 장소문제를 상의하기 위해서 오후 3시에 만나기로 약속을 했기 때문이다.

　"그래, 적당한 장소가 있습니까?"

　차나 한잔 주문하고 천천히 얘기하자는 서보신의 말이 채 끝나기도 전에 내가 물었다.

　"아, 예. 일단은 무료로 할 수 있는 자리를 찾아보았는데 대청동에 꽃 강의하는 수연심 보살에게 부탁하여 강의시간을 조절 중이고……"

　서보신이 나지막하고 찬찬히 말의 끝을 맺지 못하고 얘기했다. 서보신은 성균관 대학교 상대를 졸업하고 집에서 운영하는 렌터카의 업무를 총괄하고 있었다. 머리는 앞이마가 약간 까진 상태로 나이는 좀 들어 보였다. 서보시은 나와 만날 때 거의 하늘색 스웨터와 국제시장 싸구려 매장에서 구입한 바지를 입고 다녔다. 신발은 하얀 고무신을 신고 다녀 내가 백구두라고 놀려대곤 했다. 그럴 때마다 서보신은 입가에 엷은 미소만 짓고 말이 없었다.

"시간? 무슨 시간을 조절한다는 겁니까?"

"우리 화엄경 강의는 꽃 강의가 없는 요일과 시간을 맞춰야 하니 수연심 보살과 상의 중이에요."

서보신이 조용히 말했다.

"돈 없이 공짜 강의실 구하려니 힘드네요. 우리도 수강생이 몇 명이나 올지도 모르고…… 강의실에는 몇 명이나 들어갈 수 있습니까?"

커피를 마시면서 내가 물었다.

"2~30명은 충분합니다."

"그럼 장소문제는 대충 된 것 같으니, 수강생 모집에 대하여 얘기하죠."

담배 한 개비를 물면서 내가 말했다.

이런저런 인연을 통하여 사람을 모으니 20명은 될 것 같았다. 시간도 정했다. 매주 수요일 오후 7시.

드디어 화엄경 강의 첫날.

강의를 듣기 위해 수강생들이 모이기 시작한다. 설레는 마음과 걱정스러운 마음이 번갈아 가며 마음속을 돌아다니고 있었다.

정각 7시, 모인 인원은 19명. 비구니 스님이 4분 오셨다. 문현동 호명사에서 정진하는 스님들인데 대학을 졸업하고 4명이 함께 출가하여 각각 다른 곳에서 수행하다가 이번에 서로 연락하여 왔다고 한다. 다른 분들은 신문에 난 기사를 보고 오신 분도 있었고 서보신과 나의 지인들도 있었다.

각성스님께서는 일찍 오셔서 옆의 쉬는 자리에서 계셨다, 7시 15분에 법문을 시작하기로 하였다. 늦게 오는 사람들이 몇 명 더 있어 24명 정도 모였다.

"지금부터 각성 큰스님을 모시고 화엄경 강의를 시작하겠습니다."

나는 안내를 하였고 사람들은 각자의 자리에 앉았다. 1인용 강의 의자와 칠판은 원래부터 있었다. 목탁 치는 법을 제대로 배우지는 않았지만 음악의 리듬을 알기에 남이 들으면 짜증이 나지 않을 정도는 되어 집전은 내가 하기로 했다. 회비 받는 일과 결산은 서보신이 맡았다.

"오늘은 강의 첫날이니 의식에 맞게 여법하게 진행하겠습니다."

삼귀의, 반야심경을 마치고 입정을 하였다. 찬불가는 장소관계상 생략하기로 하고 각성 스님의 화엄경 강의가 시작되었다.

화엄경의 원명은 『대방광불화엄경大方廣佛華嚴經』이다.

그 내용을 보면, 제1회는 석가모니불이 마가다국의 보리수나무 밑에서 이제 막 대각大覺을 이루고 묵묵히 앉아 광채를 발하고 있다. 그 둘레에는 많은 보살들이 있어 한 사람씩 일어나 부처님의 공덕을 찬양한다. 이때 석가모니불은 이 경의 교주敎主인 비로자나불毘盧遮那佛과 일체가 되어 있다.

제2회에서는 석가모니불이 자리를 옮겨 보광법당의 사자좌獅子座에 앉아 있다. 문수보살文殊菩薩이 먼저 고집멸도苦集滅道 사제四諦의 법을 설한 뒤 10명의 보살들이 각각 열 가지의 심오한 진리를 설한다.

제3회부터는 설법 장소가 천상으로 옮겨진다. 제3회에서는 십주十住의 법을 설하고 제4회에서는 십행十行, 제5회에서는 십회향十廻向, 제6회에서는 십지十地를 설한다.

제7회는 다시 지상의 보광법당에서 지금까지의 설법을 요약해서 설한다. 제8회는 입법계품으로 여기에서는 선재善財라는 동자가 53인의 선지식을 찾아 도道를 구하는 과정을 적어 정진이 곧 불교임을 강조하고 있다.

선재동자가 만나는 선지식 중에는 뛰어난 보살만이 아니라 비구·비구니·소년·소녀·의사·장자長者·창부娼婦·외도外道 등 갖가지 직업과 신분을 가진 사람들이 섞여 있다.

우리나라에는 신라의 자장慈藏이 당나라에서 귀국할 때 이 경을 가져와서 강설한 이후 유포되기 시작하였다. 그러나 이 경이 화엄사상으로서 크게 영향을 미친 것은 원효元曉와 의상義湘스님이 이 경을 연구하고 화엄종을 창종하면서 본격화되었다.

『대방광불화엄경』7글자의 깊은 뜻과 공덕에 대하여 세세히 설명하는데 오늘의 첫 강의 시간이 어느새 끝나가고 있었다. 교재는 화엄경 책을 전부 구입하려면 비용이 만만치 않아서 한 권씩 복사하여 수업을 진행하기로 했다. 책의 복사는 내가 맡았고 강의는 한 달 정도 진행되었다.

어느 날 수업을 마치고 나니 집주인 수연심 보살이 이달까지만 여기서 하고 장소를 비워달라고 한다. 걱정이 또 하나 생겼다. 서보신과 둘이서 장소를 물색하던 중, 용두산 공원 안에 있는 절을 찾았다. 그곳은 위치가 좋아서 서보신과 같이 가서 계약하여 강의 장소를 옮겼다.

그때 계약서를 적을 때 검은색 펜이 없어서 할 수 없이 빨간색 볼펜으로 계약내용을 적었다. 한 달쯤 지났을까? 또 장소를 비워달라고 한다. 빨간색으로 글을 적으면 일이 틀어지는 경우가 많다는 말이 생각났다.

수강생들에게 미안하고 각성스님께도 면목이 없었다. 조방 앞으로 장소를 정하자는 여론이 많아서 조방 앞 자유시장 건물의 2층에 수요일 강의가 가능한 사무실을 골라 월세를 지불하기로 하고 계약을 하였다. 인원도 늘었고 강의가 속도를 내면서 도반들의 분위기도 좋았다.

강의를 시작한 지 2년이 넘은 1985년 12월.

그날은 저녁을 서보신과 같이 먹고 술 한 잔을 하려고 조용한 집을 골라 분위기를 잡았다. 오랜만에 둘이서 앉았다. 서보신은 해인사 백련암에서 열리는 '아비라 기도'에 열심히 다니는 '백련암파'였다. 나보고도 같이 가자고 했지만 나는 가지 못했다. 서보신에게 물었다.

"아비라 기도는 어떻게 하는 거예요?"

"아비라 기도는 '예불 대참회'를 하면서 108배의 절을 드립니다. 엄숙하고 묘한 분위기는 참회의 진미를 더욱더 느끼게 합니다. '비로자나 법신진언'을 외우는 동안은 무릎을 바닥에 붙여 세우고 허리를 곧고 꼿꼿하게 세우는데 '장궤합장'이라고 해요. 이어서 '대불정 능엄신주'를 독송하는데 일 년에 네 번 참석합니다."

서보신이 오랜만에 활기찬 목소리로 말했다.

"발을 그런 형태로 하면 엄청나게 아플 것 같은데요…… 통증이 오면 어떻게 합니까?"

"통증이 와도 참는데, 기도를 하다 보면 다리 아픈 것을 잊어버립니다."

통증의 아픔보다 기도의 희열을 체험하면 무아지경이 된다고 했다.

"해인사에서 '해인지'가 나오잖아요? 얼마 전에 봤던게 생각나네요. 성철스님이 '절의 불상 앞에 보시하는 것보다 지나가는 배고픈 강아지에게 빵 한 조각 주는 공덕이 더 크다'라는 내용이 나오는데 서형은 어떻게 생각해요?"

"성철스님의 깊은 뜻을 어찌 제가 알겠습니까!"

서보신이 짧게 대답을 했다. 나는 서보신에게 술을 한잔 따라주면서 즐겁게 말했다.

"그 내용이 많은 불자들의 입에 오르내리고 있고 작은 사찰의 주지들은 신도 떨어진다고 불만 섞인 소리를 하고 있다고 들었어요."

나는 보충설명을 하고는 담배를 한 개비 물었다.

"그럼 이형은 어떻게 생각합니까?"

"예, 제 생각에는 일반신도들이 절에 가서 불전에 보시금 얼마를 놓고 온갖 소원을 비는 행위는 부처님께 뇌물을 바치는 거래관계가 성립되지만, 지나가는 배고픈 강아지에게 주는 빵 조각은 거래관계가 성립이 안 되지요!

즉 다시 말해서 '대가를 바라고 남에게 주느냐? 대가를 바라지 않고 그냥 주느냐?'의 차이라고 봐야죠."

나는 신이 나서 말을 하면서 또박또박 끊어서 설명하듯이 말했다.

"이형 말은 그럴 듯하지만, 성철스님의 깊은 뜻은 그런 뜻이 아닌 것 같은데……"

서보신이 나의 말에 동조하지 않는 표정으로 입을 약간 삐죽이면서 말했다.

"서형, 흥부가 제비다리를 치료해준 것과 놀부가 제비다리를 치료해준 것이 다르다는 것은 인정하죠?"

"갑자기 흥부 놀부는 왜 나옵니까?"

"근본적인 차이를 알아야 한다는 그 말이죠. 흥부는 제비가 다친 모습을 보고 치료해주어야 한다는 순수한 마음으로 아무런 대가를 바라지 않고 제비다리를 치료했지요. 하지만 놀부는 천금의 꿈을 꾸고 대가를 바라는 마음으로 제비다리를 치료하였기 때문에 결과는 엄청난 차이가 나는 것이죠."

갑작스러운 흥부 놀부의 이야기 때문인지 서보신은 가만히 듣고만 있었다.

"마음으로 얘기하면 흥부의 마음과 제비의 마음은 같은 마음이 되어 좋은 결과를 가져왔지만 놀부의 마음과 제비의 마음은 달랐기 때문에 좋지 못한 결과를 가져왔습니다."

서보신은 그냥 나의 말을 듣고만 있었다. 나는 분위기를 바꾸려고 약간 도전적인 말투로 물었다.

"금강경에 '무주상 보시의 공덕이 무량하다'라고 했는데 그 뜻이 무슨 뜻인 줄 아세요?"

"그야…… 상에 집착하지 않고 하는 보시가 공덕이 더 크다는 말이 아닙니까?"

서보신이 퉁명하게 그러나 차분하게 말을 꺼냈다.

"그러니 보세요! 서형! 사람들이 경전 공부할 때에만 내용을 소중히 여기고 일반 사회생활은 평소에 하는 습관에 따라 행동을 하니 경전공부가 무슨 소용이 있겠습니까?

경전 따로 행동 따로 마음 따로 완전히 따로국밥 전문집도 아니고. 마음으로 공부를 안 하고 눈으로만 공부하니까 공부했다고 나름대로 자신하지만 헛공부한 것을 진짜 공부한 것으로 착각을 많이 하지요."

나는 거침없이 술술 말이 나오면서 서보신을 압박하기 시작했다.

"그럼 진짜 공부가 뭐란 말입니까?"

서보신이 눈에 힘을 주면서 말했다.

"공부한 것을 깊이 깨달아서 정신세계가 향상되고 그것이 평소의 행동으로 자연스럽게 나타날 때가 공부한 사람의 행위가 아닐까요?"

나는 이런 대화를 하면서 많은 말을 서로 주고받았다.

우리는 화엄경 수업에 대해 얘기하고 개인사정의 얘기도 서로 주고받으면서 꽤 시간이 많이 흘렀다.

"서형! 나 출가하려는데 어때?"

술 한 병을 마시고 나서 서보신의 눈썹을 보며 물었다.

"출가는 무슨 출가? 술 먹고 헛소리하지 말고 다른 얘기 합시다."

"아니… 술 먹고 하는 말은 전부 헛소리란 말이요?"

"그런 뜻이 아니라 너무 심각한 말을 쉽게 하는 것 같아서……"

서보신이 나의 표정을 살피면서 말꼬리를 흐리며 말했다.

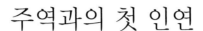

주역과의 첫 인연

11년 전이다.

대학교 일 학년 때 경주에서 왔다는 박재규는 같은 경제과에서 어울리면서 친하게 지내고 있는 순진한 대학생인데 불교를 많이 알고 있었다. 재규 때문에 불교학생회에 가입하여 동아리 활동을 하던 중 여름방학 때 밀양 표충사에서 수계식이 있으니 같이 가자고 한다.

'불교교리도 잘 모르는데 수계를 받으면 되겠느냐? 다음의 수계식 때는 꼭 참석하겠다.'는 등의 말을 하며 피하려 했지만 친구의 진실한 행동에 가지 않을 수가 없었다.

밀양 표충사에 도착하니 뒤에 보이는 재약산이 포근하게 보였다. 왼쪽으로 봉우리 두 개가 젖꼭지처럼 보이는 산이 있고 절의 오른쪽과 왼쪽으로 계곡이 있어 시원한 물줄기가 바위와 부딪치며 흐르고 있었다.

천수경을 외우고 불교기초교리 강의를 지도 법사를 통하여 듣고 참선도 하였다. 새벽 3시에 일어나 예불에 참석하고, 사시 예불, 저녁예불 등 생전 처음 하는 일들이 신기하게 벌어졌다.

조선시대 사명대사께서 승병을 훈련시켜 호국의 길을 걷게 한 성지가 표충사라는 것을 알고는 가슴이 숙연함을 느꼈다. 그 당시의 유물이 보관되어 있어서 관람하였다. 신라 흥덕왕의 셋째 왕자가 마시고 문둥병이 나았다는 영정약수도 있었다. 표충사 왼쪽의 계곡을 따라 30분쯤 올라가 폭포 옆 절벽 위에 자리 잡은 한계암을 보고는 여기가 별천지라고 생각했다.

재약산 등반하는 날이다. 날씨가 더워 온몸에 땀을 흘리면서 재약산에 올랐다. 오르고 나니 시원한 바람이 땀을 식혀준다. 산은 평지 같았다. 나무도 없고 평평한 들판이었다. 외딴집이 보였다. 마당이 그렇게 넓은 집은 보기 드물 것이다. 들판 전부가 마당이니까. 수염이 길어 목이 보이지 않는 도인 한 분이 앉아 있었다. 그분은 혼자 살면서 그냥 그렇게 산다고 한다. 너무나 맑아서 신선처럼 느껴졌다.

"인생에 도움될 만한 좋은 말씀 좀 부탁합니다. 도사님!"

우리는 그를 도사라고 불렀다.

"자네들, 대학생 같은데 전공이 뭐지?"

"예, 저희는 전공이 다들 다릅니다. 불교학생회에서 수계식 하려고 표충사에 왔습니다."

총무가 또렷또렷하게 말을 이었다.

"음~ 자네들 공부하지?"

"예"

여러 명이 동시에 대답했다.

"그런데 공부가 뭐지?"

도사님이 짧고 단호하게 물었다.

"............"

그의 위세에 눌려 누구 하나 입을 열지 못하고 있었다. 도사님은 각 선미가 멋들어지고 신비하게 보이는 막대를 만지작거리고 있었다. 꿩의 털이 막대기 끝에 달려 있어 눈길이 갔다.

공부가 뭐냐는 갑작스러운 질문에 답이 엉뚱하게 나오기라도 하면 작지만 야물고 신비스런 막대기에 머리통이라도 맞지 않을까 하는 두려움이 생겼는지 아무도 대답을 못하고 있었다.

"자네들의 공부는 공부가 아니야. 농사야, 농사!"

농사라니. 우리는 모두 숨을 죽이고 있었다.

"농부가 봄에 씨를 뿌리면 가을에 거두어들이지! 그와 마찬가지로 자네들이 공부하는 목적은 나중에 취직한다거나 사업을 할 때 밑천으로 쓰이기 때문에 농사라 말이야!"

도사는 우리를 보면서 말하였다. 지긋하게 눈을 감았다가 서서히 눈을 뜨면서 흘러가는 하얀 구름을 쳐다본다. 약간의 침묵이 흐르고 있었다.

"그럼 도사님이 말씀하는 공부는 어떤 건데요?"

분위기를 바꾸려고 내가 약간 일어나려는 포즈를 취하면서 물었다.

"공부라고 할 때 공부를 한문으로 써 봐!"

아이구, 생각이 안 난다. 어떻게 쓰지? 한문을 제법 많이 안다고 알려진 나에게 이런 일이 닥치다니! 다른 회원들도 한문으로 공부를 어떻게 쓰는지 모르는 눈치였다. 다른 한문은 척척 생각나는데, 하필이면 그 자주 말하는 공부의 한문이 떠오르지 않는다. 도사님이 손에 쥐고 있는 막대기를 땅에 가져갔다.

그리고는 한일(一)자를 시원하게 긋고는 아래에 또 한 줄의 한일자(一)를 그었다.

눈을 가지런히 하여 우리 모두를 찬찬히 둘러본다. 그의 눈빛이 우리를 불쌍히 보는 것 같았다. 우리는 도사님의 손동작 하나하나에 우리의 마음을 빼앗기고 있었다. 또다시 막대기를 잡고서 가로로 그은 두 개의 한일자 중심에서 세로획을 천천히 그었다. 손을 사뿐히 무릎 위로 가져가더니 원래의 자리로 가서 앉았다. 하나의 글자가 완성되었다.

工

"이게 공부할 때 공이야!"

도사는 나지막이 그러면서 힘주어 말했다.

"이제 무슨 뜻인 줄 알겠구먼."

말을 못하고 있는 우리 분위기를 알아차린듯 도사가 다정스레 혼자말처럼 말을 했다.

"글자는 알겠는데 뜻은 잘 모르겠습니다."

우리 중에서 누군가가 말했다.

"그래? 음……"

"그럼 말해주지. 처음에 가로로 그은 이것은 위에 있으니 하늘이고 나중에 그은 이것은 아래에 있으니 땅이야."

도사님이 말을 하면서 막대기로 두 개의 선을 가리키며 말을 이어 나갔다.

"그리고 두 선을 연결하는 세로선을 그었지. 그게 바로 하늘과 땅을 연결하는 통로가 되는 거야. 즉 공부는 하늘과 땅의 이치를 알고 서로 연결하여 상호작용을 이해하는 것이 진정한 공부다 이 말이야. 두 개의 가로선은 하늘과 땅, 음과 양, 체와 용이라 말해도 되고 보이는 세계와 보이지 않는 세계로 구분하여도 되고…… 여하튼 여러 가지로 분류할 수 있지. 이해가 되나?"

도사님은 줄 줄 줄 거침없이 또렷또렷하게 말했다.

"상대성 원리라고 들어봤나?"

"예"

우리는 오랜만에 우리가 아는 말을 듣자 합창하듯 대답했다.

"상대성 원리가 이거야!"

이 무슨 말도 안 되는 소리인가. 우리는 고등학교 시절의 물리 시간에 아인슈타인의 상대성 원리를 수업시간에 들은 기억은 나지만 그때 알고 있는 상대성원리는 도사님이 지금 말하는 상대성 원리와는 전혀 관계가 없다고 확신했다.

그건 그렇고. 하늘과 땅의 이치를 아는 게 진정한 공부라니! 초등학교부터 지금까지 공부했는데 내가 했던 게 공부가 아니라니! 그럼 그동인 농사만 지었단 말인가? 나는 뒤통수를 한 방 맞은 것처럼 멍한 상태가 되었다.

다른 회원들은 도사님의 말과 표정이 재미있다는 듯 미소를 띠고 있었다. 몇몇 회원들은 작은 말로 서로 소곤거리고 있었다.

"도사님! 그럼 하늘공부 땅공부는 어떻게 하는 겁니까?"

도사님이 뭐라고 말씀하실까 하는 두려움에 약간은 떨리는 목소리로 내가 물었다.

도사님은 나를 물끄러미 바라보면서 말했다.

"우주에는 기운이 있어! 여러 가지의 기운이 있지만 크게 나누면 음의 기운과 양의 기운이 있지. 학생들 수준에 맞추어 말을 하자면 차가운 기운과 따뜻한 기운이 있다는 거야!

사람의 마음도 선한 마음과 악한 마음이 있지! 선한 마음은 따뜻한 양의 기운이 되고 악한 마음은 차가운 음의 기운이 되는 이치가 있지. 가지를 치면 무한히 늘어나지만 요약해서 대표적으로 음陰, 양陽 이라고 표현하지.

이 두 가지 기운의 조화로써 만물이 생성되고 파멸되는 자연의 이치가 있다네, 이런 공부다운 공부를 하려면 마음을 닦아야 해!"

도사님은 여유롭게 미소를 지었고, 마지막 말은 힘을 주어 말했다.

"도사님! 우리는 마음을 닦으려고 불교학생회에 가입했어요."

총무가 도사님의 말이 끝나자마자 말을 이었다.

"그야 알고 있지! 마음을 깨끗이 하려고 불교학생회에서 불교를 배우려고 한다는 건 대단한 일이야. 젊은 학생들이 마음공부 하려고 불교모임에 가입한 사실이 참 기특하지. 나이 든 보살이나 절에 다니는 게 현실인데 말이야. 그런데 그 마음 닦는 것과 내가 말하는 마음 닦는 것은 다르지!"

이해가 되지 않았다. 무슨 마음이 몇 개나 된다고.

"도사님! 그런 공부 하려면 어떻게 합니까? 책은 없나요?"

내가 물었다. 도사님은 자기의 말이 잘 먹힌다고 느꼈는지 많은 학생 중에서 질문하는 나를 다시 한 번 보면서 물어본다.

"학생은 전공이 뭐지?"

"예. 경제학입니다."

"음. 그래…… 경제학은 경제의 현재와 미래 예측을 잘 분석해야 하니 내가 말하는 공부와는 상당히 연관이 있지!"

"학생, 주역이라고 들어보았나?"

"모르겠습니다."

"그럼 먼저 주역 책을 구입하여 공부를 하게! 세상 보는 눈이 확 달라질 테니!"

"어디서 구하는 데요?"

"야! 이 사람아! 어디서 구하긴 책방이지!"

우리는 웃었다. 책은 책방에서 구한다는 말 한마디에 도사님과의 무거웠던 분위기가 한결 부드러워졌다.

도사님의 말씀으로는 이곳은 원래 나무가 많았던 곳인데, 일제가 스키장을 만든다고 나무를 전부 베어 냈다고 한다. 나중에 화전민들이 생활하면서 불을 질러 농사를 하니 평지가 될 수밖에 없었다는 말을 하였다.

화전민들도 자식의 교육열은 있어 학교를 지었는데 이름은 '고사리 학교'이며 공식명칭은 산 아래 마을의 '산동초등학교 사자평 분교'이다. 학생 수는 1~6학년 전교 학생 수가 8명이며 '하늘 아래 첫 학교'라 하여 학교 선전은 잘 되고 있다고 한다.

우리는 도사님과 작별 후 하늘 아래에서 제일 가깝다는 고사리 학교를 들러보고 나서 즐거운 마음으로 표충사로 돌아왔다.

표충사 수계식

우리는 천수경을 외우며 지도교수이신 강장삼 교수에게 천수경의 해석을 들었다. 교수님은 특히 참회에 대하여 강조하시고 참회방법은 천수경에 있는

죄무자성 종심기 罪無自性 從心起   심약멸시 죄역망 心若滅時 罪亦亡
죄망심멸 양구공 罪亡心滅 兩俱空   시즉명위 진참회 是則名爲 眞懺悔

죄는 본래 실체가 없이   마음 따라 일어나니
마음이 만일 사라지면   죄도 역시 사라지네
죄와 마음 모두 사라지면   죄와 마음이 공하게 되니
이를 이름 하여   진정한 참회라 하네

를 설명하셨다. 이 부분은 각자가 앞으로 더욱더 공부하여 참된 해석

을 하기 바란다며 마음공부의 중요성을 강조하였다. 우리는 경허선사 참선곡을 같이 독경했다.

> 홀연히 생각하니 도시몽중 이로다
> 천만고의 영웅호걸 북망산의 무덤이요
> 부귀문장 쓸데없다 황천객을 면할 소냐.
> 오호라 나의 몸이 풀끝에 이슬이요, 바람 속에 등불이라.
> ················
> 이글을 자세보아 하루도 열두 때며
> 밤으로도 조금자고 부지런히 공부하소.

나는 글을 읽으면서 도저히 회원들과 같이 읽을 수가 없었다. 처음은 같이 따라 읽었는데 뒤의 부분에서는 목이 메고 눈물이 나서 눈으로만 읽었다. 독경이 끝나자마자 나는 밖으로 나갔다. 가까이 있는 계곡으로 뛰어서 갔다. 그리고 울었다. 실컷 울었다. 눈물이 그칠 줄을 모른다. 맑은 물에 얼굴을 씻었다. 나는 앞으로 어떻게 살아야 할 것인가?

표충사에는 노스님이 한 분 계셨다. 항상 밭에서 호미를 들고 일을 하시는 모습이 전형적인 농부같았다. 작은 키에 얼굴은 까무스레하였고 항상 말이 없으셨다. 호미하고 밭하고 채소들하고 대화를 나누는 것 같았다.

법명은 해산스님.

우리는 계를 받을 준비를 하고 있었다. 밭에 계시던 해산스님이 법상에 올라와 가사장삼을 드리우고 가만히 앉아 계셨다. 수계식을 진행하는 원주스님은 분주히 다니면서 정리정돈을 하고 있었다.

원주스님이 오늘 진행 될 수계식에 대하여 근엄하게 요약 설명하신다.

"오늘 행하는 수계식의 목적은 첫째, 계의 정신에 동의하는 것이다. 둘째, 계를 몸과 마음으로 지킨다는 맹세를 하는 것이다.

계행을 잘 지키면 지혜를 얻고 궁극적으로는 해탈에 이를 수 있는 길이라는 것을 명심하고 오계五戒를 잘 지니기 바란다.

수계식은 5가지의 계를 받아 지키겠다는 부처님과의 약속으로 계율을 지켜야 우리의 몸이 깨끗해진다.

우리가 집을 청소할 때에도 먼지를 털어내고, 빗자루로 쓸고, 물로 닦아 내고 가재도구를 정리하듯이 5가지의 계는 우리의 몸을 깨끗하게 하는 구체적인 도구이다. 이 계율의 도구는 나 혼자만을 위하는 도구가 아니라 공동체를 생각하는 사회적 개념의 창조적인 도구이다. 그러므로 계율은 '무엇을 하지 마라' 라는 강제적인 규범으로 보이지만 사실은 그렇지 않다.

계는 외부적인 강제가 아니고 내면적인 자신의 자율선택이다. 그러므로 계행은 구속이 아니라 자유와 기쁨을 주는 것이다.

수계는 계를 받는다는 것이며 부처님의 세계에 도달하는 최고의 방법이며 행동이다. 계를 받아 지킨다는 것은 세상을 살면서 가장 올바른 삶을 사는 것이다. 그러므로 항상 기쁜 마음으로 계를 지켜야 하며 나중에는 저절로 바르게 사는 자신을 발견할 때가 있다.

우리의 몸과 생각이 독립된 개체로 보이지만 우리는 모든 사람과 사물들 사이에서 유기적인 연결고리로 연결되어 있다. 처음에는 계율 자체로 강압적인 느낌을 받을 수 있겠지만, 계율을 하나하나 지켜나가면 자기도 모르게 수행의 도가 높아진다. 어느 순간에 평상시의 행동이 계율을 지키고 있다는 것을 스스로 알게 되어 신비한 지혜가 생기고 있다는 것을 알 수 있다.

계율은 각자가 수행하는 데 반드시 필요한 내용이지만 그 계율 자체가 진리는 아니다.

우리가 외국에 가려면 비행기나 배를 이용하고 의지하듯이, 우리의 수행 목표를 달성하기 위해서는 계율이라는 뗏목을 의지해야 한다.

그리고 마지막으로 부탁의 말을 하겠다. 오늘 수계식을 했다고 하여 일회성에 끝내지 말고 도반끼리 모여서 때때로 계율을 잘 지키는지 점검할 수 있는 제도를 만드는 것이 무엇보다도 중요하다. 오늘의 수계식을 시작으로 항상 혼자 있을 때나 대중과 같이 있을 때나 수계의 내용을 스스로 점검할 줄 아는 용기 있는 불자가 되기를 바란다."

원주스님의 말씀이 끝나자 우리는 수계참회를 하였다. 무릎을 바닥에 대고 다리를 세운 채로 합장하였다. 해산스님께서 간단하게 법문을 하시고는 우리에게 근엄하고 물었다.

"불살생! 생명을 죽이지 마라! 지키겠느냐?"

"능지"

"불투도! 도둑질하지 마라! 지키겠느냐?"

"능지"

"불사음! 사음하지 마라! 지키겠느냐?"

"능지"

"불망어! 거짓말하지 마라! 지키겠느냐?"

"능지

"불음주! 술을 마시지 마라! 지키겠느냐?"

"능지"

해산스님은 다섯 가지의 지켜야 할 것을 말씀하시며 우리에게 지킬
수 있느냐 물었고, 우리는 지키겠노라고 부처님 앞에 맹세하였다. 향
을 잘라서 왼쪽 팔 안쪽에 세우고 불을 붙인다. 향불은 서서히 타 내려
와 살갗을 태운다. 우리는 모두 참회진언을 독송했다.

'옴 살바 못자 모지 사다야 사바하!'

향불이 꺼질 때까지 계속 '옴 살바 못자 모지 사다야 사바하'를 정근
하는데 여러 명의 목소리가 화음을 이루어 법당은 진정 참회하는 마음
으로 파도를 치고 있었다. 가슴이 뭉클해지는 전율이 오면서 눈시울은
뜨거워졌다.

향불은 그대로 연약한 피부를 파고들어 곧바로 화상의 표식으로 남

앉다. 연비의식이 끝난 것이다. 우리는 각자의 법명을 하나씩 받았다. 나는 '보관'이라는 법명을 받았다. '넓을 보普, 볼 관觀' 세상을 넓게 보라는 뜻이라고 생각했다. 우리는 각자의 법명이 적혀 있는 계첩을 하나씩 받아 표충사의 수계식을 마치고 부산으로 돌아왔다.

불교학생회 정기모임 날, 지난번 표충사 수계식 때의 말들이 오가고 있었다. 수계식에 참여하지 못한 회원들은 다음 기회에 꼭 참석한다는 등 얘기를 하다가 사자평 도사님 말씀도 나왔다. 그때 나는 마음속으로 '아차!' 했다. 도사님이 주역 책을 보라고 했던게 생각나 다음날 보수동 뒷골목 헌 책방을 몇 군데 돌아다녀 주역 책을 구입했다.

복희씨 때 황하에서 나온 용마의 등에 있었다는 그림인 하도河圖. 우임금이 낙수에서 치수를 할 때 거북이의 등에 그림이 나왔는데 그 당시는 글이 있었으므로 낙서洛書라고 했다.

복희씨가 처음으로 팔괘를 그렸고 주나라 문왕이 괘사를 쓰고 아들인 주공이 효사를 썼다. 공자님이 위편삼절하여 십익十翼을 달아서 비로소 주역이 완성되었다.

내용이 어려워 이해하기 어려웠다. 태극에서 음과 양이 나오고 음양에서 사상(태양, 소양, 태음, 소음)이 나오고 사상에서 팔괘(건, 태, 이, 진, 손, 감, 간, 곤)가 나오고 이를 조합하여 64괘가 나온다.

64괘로써 현재 상황의 흐름과 타개책을 알 수 있고 미래의 변화를 예언할 수 있다. 우리나라의 태극기의 동그란 태극 모양은 음과 양을 나타내며 신, 이, 감, 곤 4개의 괘는 주역의 8괘 중에서 중요한 4개의 괘를 사용하여 태극기가 만들어졌다.

한의학의 효시라 할 수 있는 가장 오래된 중국의 의학서인 황제내경과 광해군 때 허준이 저술한 동의보감의 내용도 주역이 근간이 되었다. 풍수학은 물론이고, 정치나 사회의 생활면에서도 주역의 이치를 활용하거나 주역의 내용을 인용한 부분이 상당히 많다는 것을 알았다.

고운孤雲 최치원, 토정 이지함, 율곡 이이, 서경덕, 김구 선생, 이순신 장군 등은 주역을 공부한 분들이다. 그 밖에도 주역을 정신수양이나 처세술에 활용하여 민족을 위해 이름을 떨친 분들이 많았다.

아인슈타인의 상대성 원리가 바로 주역의 이론이며 양자역학으로 노벨물리학상을 받은 닐스 보어는 노벨상을 받는 자리에서 주역의 태극 문양이 그려진 가운을 입고 다닐 정도로 본인의 학설에 주역이 큰 힘이 되었다는 것을 직접적으로 보여 주었다. 아! 그렇게 대단한 학문인 주역을 내가 공부한다고 생각하니 설렘과 함께 가슴이 뿌듯했다.

그러나 공부할수록 어려웠다. 주역이 한문으로 되어 있어 주역공부를 위한 한문공부를 따로 해야 했다.

천자문의 시작 글자인 '하늘 천 따지 검을 현 누를 황'의 '천지현황 天地玄黃'이 주역을 그대로 본받아서 만들어졌다는 것을 알았다. 어려웠지만 재미가 있었다. 공부할수록 새로운 세계가 열리고 있었다. 아! 그래서 사자평 도사님이 주역이야말로 진정한 공부라 했던가!

주역 공부한다고 소문이 나기 시작하자 머리가 살짝 돌았다느니, 그 어렵다는 주역을 어떻게 혼자서 공부하려 하느냐? 등 말들이 많았다.

주역 64괘를 약간 이해할 즈음엔 주위 사람들에게 미래의 일에 대해 점을 쳐주었다. 신기하게 잘 맞았다. 학교에서 소문이 나기 시작했고 불교학생회에서도 인기가 올라갔다. 술값 걱정은 안 해도 되었다. '복채'라는 말을 누가 처음 만들었을까? 밥이 생기고, 술도 생기고, 운이 좋은 날은 용돈까지 생겼다. 어느 날 불교학생회 재무가 연락이 와서 만났다.

"보관 도사님, 말씀드릴 게 있는데요."

나는 지인들에게 주역 한다고 소문이 나서 보관도사로 불리었다.

"아, 예 오랜만이네요. 용건이 뭔데요?"

"큰형님이 애를 낳아서 조카 이름을 지으려는데 이름 하나 부탁해요!"

"예? 이름이요?"

나는 뜻밖의 그의 말에 당황했다. 재무는 내가 실력이 좋은 줄 알고 있구나. 이름은 지을 줄 모르는데…

"왜, 작명할 줄 모르세요?"

"예……"

힘없는 소리로 대답했다.

"주역 한다면서 이름도 못 짓다니 가짜 도사네요!"

재무가 빈정대면서 말을 했지만 얼굴은 환하게 웃고 있었다.

나는 성명학 책을 구입했다. 그런데 작명한다는 게 쉽지 않았다. 음양, 획수 등도 문제이거니와 무엇보다도 중요한 것은 사주에 필요한 기운의 글자를 선택하여 작명을 해야 하니 사주를 모르고는 제대로 작명을 할 수가 없었다.

사주 공부를 하기 위해 사주보는 책들을 구입했다. 태어난 년, 월, 일, 시 4개의 기둥을 만들면 4주가 된다. 하나의 기둥이 2개의 간지로 되어 있어 여덟 글자가 되며 4주 8자라 한다. 갈수록 어려운 공부가 머리를 지근지근하게 하였다. 주위에서 사주 공부는 독학이 어렵다고 했다. 약간의 어려움은 있었지만 공부를 계속하다 보니 이해가 되고 재미있었다.

불교학생회에서 스님을 모셔서 법문을 듣는 어느 날, 스님이 강의시간이 지나도록 오시지 않았다. 회장이 나에게 스님이 도착하실 때까지 주역에 대하여 설명을 해달라는 부탁을 받고 단상 앞으로 나아가 간단히 설명을 하였다. 사람의 태어난 생월에 따라서 기운이 다르게 나타나기 때문에 각자의 생월에 맞는 숫자와 색깔을 얘기해 주었다.

봄에 태어난 사람의 좋은 숫자는 2, 5, 7, 0이고 좋은 색깔은 빨간색과 황색이며 여름에 태어난 사람의 좋은 숫자는 4, 5, 9, 0이고 좋은 색깔은 황색이나 흰색이다. 가을에 태어난 사람의 좋은 숫자는 1, 3, 6, 8이고 좋은 색깔은 검은색과 청색이며 겨울에 태어난 사람의 좋은 숫자는 2, 3, 7, 8이고 좋은 색깔은 청색과 적색이라고 설명하였다.

숫자는 전화번호와 집의 층수 및 중요한 미팅날짜 그리고 비밀번호 등에 활용할 수 있으며, 색깔은 옷이나 이불의 색깔 그리고 인테리어 등에 활용하면 좋다고 하였다.

주역공부와 사주공부를 하다 보니 어느덧 전공과목 공부는 소홀해지고 재미도 없었다.

군대생활과 주역

군대 갈 때가 되어 신체검사를 받았다. 최종단계에 군의관인가 판정
관인가 모르겠지만 여하튼 그 사람이 나에게 물었다.

"자네 평발인데… 군대 가고 싶나? 안 가고 싶나?"

"예?!"

평발은 군대 안 간다고 알고 있었는데, 군대 갈래? 안 갈래?의 갑작
스러운 물음이 나를 혼돈에 빠지게 했다.

"빨리 대답해!"

"아… 예, 저 군대 갈게요."

1977년 6월 20일

나는 대학 3학년을 마치고 논산훈련소에 입대하였다.

그때 입대 병력은 거의 대학생들이었다. 논산훈련을 마치고 의정부
근처의 부대에 배치되어 복무하게 되었다.

12771627

평생 잊을 수 없는 나의 군번이다.

어느 날 의무장교인 지대장하고 얘기하던 중 지대장이 나에게 고향을 물었고 이웃동네라는 것을 알고는 친하게 지내고 있었다.

"자네, 특기 없어?"

"예? 특기가 뭔데요?"

"야 인마! 요리를 잘한다든지, 이발을 할 줄 안다든지, 차를 운전한다든지, 뭐 그런 게 있을 게 아니야?"

"없는데요."

지대장의 기대에 실망하는 말을 하려니 자연스레 힘이 빠진 목소리가 나왔다.

"그럼, 잘하는 게 뭐 있노?"

"예, 주역을 조금 공부했습니다."

"뭐, 주역! 젊은 놈이 주역은 무슨 주역이야! 거짓말할래?"

주역을 공부했다는 말이 도대체 믿기지 않는다는 말투였다. 지대장은 본인과 지인들의 생일을 말해주면서 나에게 사주를 봐달라고 했다. 나는 지대장이 나를 테스트한다는 것을 알고 열심히 사주를 보고 나서 설명했다.

어느 정도 지대장이 만족하는 것 같았고 장교들과 대대장에게도 주역 잘하는 이등병이 있다고 소개를 해주었다.

내무반에서도 인기가 올라가서 폼을 좀 잡았다.

장교들 중에 애를 낳으면 이름도 지어 주었다. 나는 3대대에 근무를 하고 있었다. 지대장을 통하여 1대대장을 만나게 되었다.

대대장은 아주 건강이 좋아 보였고 호탕한 성격이었다.

"자네가 그렇게 사주를 잘 본다며?"

"아닙니다. 대대장님. 그냥 조금 공부하고 있습니다."

대대장의 운세를 감정하면서 지금부터 3개월 후에 건강이 좋지 않으니 조심하라는 말을 했다. 대대장은 그냥 웃기만 하고 건강만큼은 자신한다고 말했다.

그로부터 약 3개월 후에 대대장이 갑자기 후송되어 국군통합병원에 입원하게 되었다. 병명은 유행성 뇌출혈. 대대장이 문병 온 장교들에게 지나간 나의 말을 꺼내었다. 우연인지 모르지만 여하튼 이 일병이 말한 대로 이렇게 병원 신세를 지게 되었다고.

나의 주역과 사주에 대한 인기가 계속 올라가던 어느 날, 연대장이 불러서 갔다. 연대장 관사에서 일등병인 내가 연대장님과 차를 한잔 마실 수 있는 영광된 자리였다.

연대장은 먼저 지인들의 생일을 불러주며 여러 가지를 물었다. 어느 정도 확신이 섰는지 연대장께서 본인의 생일을 말했다. 이런저런 대화가 오가고 나서 연대장이 정색하며 물었다.

"나, 별 달 수 있겠나?"

"예, 장군진급 되겠습니다. 연대장님 축하합니다."

"언제 달겠는가?"

"예, 3년 후에는 대운이 와서 됩니다."

"정말인가?"

연대장이 약간 흥분된 목소리로 내게 물었다.

"연대장님, 철학은 거짓말 안 합니다."

나는 당당하게 말했다. 연대장이 잠깐 생각에 잠기시더니 엄숙한 모습으로 돌아와서 내게 물었다.

"자네, 지금 복무하는데 애로사항 없어?"

"없습니다. 연대장님. 그런데 부탁이 하나 있습니다."

"뭔데?"

"예, 저~ 우리 연대에 절이 있던데, 거기서 복무하고 싶습니다."

"절에는 현재 담당하는 사병이 있어."

"예, 알고 있습니다. 저는 파견근무를 하고 싶습니다."

"뭐. 파견근무?!"

연대장은 내가 이렇게까지 나올 줄 몰랐던 모양이다. 그러면서 난처한 표정을 지었다.

"저~연대장님! 우리 연대의 무사 안정과 연대장님의 장군 승진을 위하여 축원하고 싶습니다."

말하고 나서 생각하니 내가 여태껏 남하고 대화하면서 오늘처럼 강력하고 자신 있게 그러면서 낯 뜨거운 말을 한 것은 처음이었다.

일주일 후 나는 연대 내에 있는 사찰에서 파견근무를 하게 되었다. 상관의 허락을 받아 인근 가까운 산의 절을 찾아다니는 것까지 자유롭게 되었다.

1979년 9월 13일

군 복무를 마쳤다. 대학 3년의 교련과목 학점 때문에 6개월 빨리 전역하게 되었다. 대학에 복학하고 다시 불교학생회 활동은 계속되었다.

대학을 졸업한 후 평소 친하게 지내고 있는 세 살 위인 김석구를 통하여 서보신을 소개받아 같이 어울리게 되었다. 그들과 함께 나는 불교와 유교, 마인드 콘트롤 등에 대하여 오랜 시간 얘기하고 토론하곤 했다.

서보신과 나는 성격은 다른데 인생관은 비슷했다. 서보신은 오래전에 각성스님께 능엄경 강의를 들었고 나는 서보신을 통하여 스님께 인사를 드릴 수 있었다. 지금은 각성스님을 모시고 화엄경 강의를 개강하여 매주 수요일 조방 앞 자유시장 2층에서 화엄경을 같이 공부하는 도반이다.

출가

화엄경 강의가 한참 무르익어갈 즈음의 어느 날, 내가 서보신에게 말했다.

"출가하려고 하는데 어떻게 생각해요?"

서보신이 특유의 제스처와 나직한 목소리로 말한다.

"출가 문제는 화엄경 공부 끝내고 나서 생각해 보면 어떨까요."

각성스님의 화엄경 강의를 시작할 때부터 서보신과 같이 상의를 해 왔고, 어려운 일들이 생길 때에도 서로 위안이 되어 힘을 모아가며 대화를 하다 보니 정이 많이 들었다.

"아니~ 화엄경 공부 끝내려면 몇 년 있어야 할 거 아니요?"

서보신과 헤어진 후 어머니에게 얘기했다.

"엄마, 나 이제 절에 갈란다."

"또 그 소리 시끄럽다. 마!"

어머니는 여러 번 들은 소리에 그냥 지나가는 말로 대응했다.

"아니, 이번에는 진짜야. 진짜!"

그래도 어머니는 내 말을 믿지 않았다. 더 이상 말을 할 필요를 느끼지 못했다.

동생을 만나 얘기했다. 얼마 후 속세를 정리하고 절에 가서 중이나 한다고.

어머니와 동생에게 말을 했고 도반인 서보신에게 말했으니, 중요한 사람에게는 다 말한 셈이다. 아버지께는 말할 필요가 없었다. 말이 통하지 않는 분이셨기에 건너 뛰었다. 출가 날짜를 정하고 난 후, 장소를 정하기 위해 서보신을 만났다.

"출가 장소는 어디가 좋을까요?"

"글쎄, 범어사는 너무 가깝고 해인사나 송광사 중에서 생각해 보는 게 좋겠습니다. 제 생각에는……"

서보신이 조심스레 말을 했다. 약간의 침묵이 흐르고 있었다.

"뭐, 다른 절은 없을까요? 가서 처음부터 불교 교리 배우고 예절 배우는 일반적인 절 말고 화끈한 절이 없을까?"

나는 서보신을 보면서 말했지만 혼자 말처럼 나에게 말하는 것 같았다.

"아니, 스님 하려는 사람이 하심下心공부도 안 하고 스님 하려 합니까?"

서보신이 나지막하게 훈계하는 모습으로 말했다.

"아, 예. 꼭 그런 건 아니고 우리야 참선파 아닙니까! 평생 참선하여

도를 깨치는 것이 목적이니 거기에 맞는 절을 골라보자 이 말이죠."

이런저런 논란 끝에 우리는 문경의 봉암사로 정했다.

봉암사는 879년 신라 헌강왕 5년에 지증국사께서 창건하였다. 헌강왕이 봉암사라는 이름을 하사했다. 지증국사는 이곳을 둘러보고는

"산이 병풍처럼 사방에 둘러져 있어 봉황의 날개가 구름을 흩는 것같고 계곡의 물이 서쪽에서 흘러 동쪽으로 가니 '서출동류수西出東流水'라! 뿔이 없는 용의 허리가 돌을 덮은 것과 같다."

하시며 경탄하고는

"이 땅을 얻게 된 것이 어찌 하늘이 준 것이 아니겠는가! 스님들의 거처가 되지 않으면 도적의 소굴이 될 것이다."

라고 하여 많은 대중을 모아 절을 지었다. 지증대사가 봉암사를 개산하여 선풍을 크게 일으키니 이것이 신라후기의 구산선문의 하나인 희양산문이다. 해방 직후 사회적 혼란이 극심한 현실에서 한국불교의 현대사에 새로운 기운을 창출한 '봉암사 결사'의 본거지이기도 하였다.

'봉암사 결사'는 성철스님을 필두로 청담, 자운, 법전, 성수, 혜암스님 등 20여 명이 결사에 참여하였다. 당시 결사 대중 스님들은 추상같은 법도를 세우고 지켜 오늘날 수행의 근간을 세웠다.

1972년에는 향곡스님을 조실로 모시고 15명의 수행납자가 정진하였다. 1978년 이후에는 서암스님을 조실로 모시면서 청룡의 승천과 봉황의 날개처럼 웅대한 자태를 희양산 자락에 펼치게 되었다.

1982년 문경군에서 사찰경내의 땅을 확정 고시하여 일반인의 출입을 막아 동방제일의 수행도량으로 조성하였다.

2

봉암사 출가

봉암사와의 만남 | 은사스님과의 첫 만남 | 부처님 오신 날
초발심자경문 | 출가의 길 | 행자 시절

어둡고 오래된 동굴도 어둠을 쫓아낼 필요 없이
밝은 불빛만 비추면 동굴이 자연적으로 밝아지듯이
어둠을 밀어내려 하지 말고
내 마음의 밝은 등불을 밝히면 모든 것이 해결될 것 같았다.
억지로 구정물을 버리려고 통을 거꾸로 뒤집을 필요가 없다.
통을 뒤집는다는 것은 새로 태어나지 않으면 어려울 것 같다.
새로운 물을 계속 공급하면 통은 자연적으로 깨끗해질 것이다.

봉암사와의 만남

입산할 날짜를 정하였다. 그리고는 주위를 하나씩 정리하기 시작했다. 소중한 책들을 책의 내용에 따라 필요한 사람에게 나누어 주었다. 남에게 줄 수 없는 책과 기타 소지품은 한데 모아 불에 태웠다. 불에 타 들어 가는 내가 소유하였던 물건을 보면서 싱긋이 웃었다. 불은 잘 타오르고 있었다.

주위의 사람들에게 입산한다고 말할 필요가 없었다. 속옷, 세면도구를 챙겨 작은 가방에 넣고 약간의 여비를 준비하여 시외버스터미널에서 서보신을 만났다.

우리는 문경 가는 버스를 타고 둘이서 나란히 앉았다. 차창에 스쳐 지나가는 자연의 모습과 풍경들을 보면서 나의 지나온 생활과 연관을 짓고 생각에 잠겨 들었고 버스는 계속 달리고 있었다. 문경에 도착하여 가은행 버스를 타고 가은에서 내려 점심을 먹었다. 속세에서의 마지막 점심이라 생각하니 가슴이 저려 왔다.

버스가 종점인 봉암사에 도착했다. 우리는 초행의 길이라 설레었지만 절에서 입산을 거절하면 어쩌나 하는 두려움을 안고 발길을 옮겼다. 곧 봉암사 입구라는 것을 알 수 있었다. 사람과 차의 출입을 통제하기 위해 바리케이드가 길을 막고 있었고 옆에 조그만 경비실이 보였다.

경비 아저씨가 물끄러미 쳐다보더니 입을 열었다.

"어떻게 왔어요?"

"예, 봉암사에 가려는데요."

"여기 봉암사는 일반인들 출입이 안 됩니다."

순하게 보이는 아저씨가 단호하게 말했다.

"주지 스님 만나러 왔습니다."

"주지 스님과 만날 약속했나요?"

"예, 전화로 약속했습니다."

우리는 이 관문을 통과하기 위해 거짓말을 하였다.

"잠깐 있어 봐요. 내가 확인해 볼 테니."

아저씨가 경비실로 들어가 연결되어 있는 유선 전화기로 전화를 했다. 때마침 주지 스님이 자리에 없어서 전화 연결이 되지 않은 눈치였다. 난처해하는 경비아저씨에게 우리는 부산에서 왔으며 불교학생회 활동을 하였다는 등 불교 신도임을 알리기에 급급했다.

경비실을 가까스로 통과했다. 길을 따라 천천히 올라갔다. 오른쪽에는 개울물이 시원스레 흐르고 있고 왼쪽은 나지막한 산이었다. 조금 지나니 다리가 보였다.

오래된 다리 같았다. 다리 앞에 심류교라 씌어 있고 왼쪽의 글씨를 보니 용추동천이라 씌어 있다. 산과 물의 소리와 나무와 바람 그리고 우리 둘만 있었다.

아니 자연 그대로의 모습에 빠져 우리가 있는 줄도 몰랐다. 법당을 찾아 부처님께 삼배했다. 옆에 극락전이 있어 삼배하고 내려와서 개울 옆에 큰 건물이 있어 내부를 살펴보았다. 큰 가마솥이 2개가 나란히 정돈되어 있고 뒤편으로는 장작나무가 빼곡히 쌓여 있는 것을 보고는 공양간인 줄 알았다.

건물 옆에는 절구통이 큼직하게 자리 잡고 있었다. 스님을 찾아보니 보이지 않았다.

근처에서 서성거리고 있는데 저 멀리 스님 한 분이 오고 있었다.

아주 편안한 복장에 걸음걸이마저도 평온했다. 가까이 오는 스님의 모습은 너무나 온화하였다. 스님이 서서히 다가오자 나는 긴장되었다. 그러나 스님이 막상 눈앞에 다가오니 마음이 편해지고 걱정 근심이 사라졌다. 스님의 나이는 알기 어려우나 45세 전후의 나이로 보였다. 우리는 스님께 합장하였다. 스님이 우리를 보고 말했다.

"어떻게 오셨소?"

"예, 출가하려고 왔습니다."

"두 사람 다 출가하러 왔습니까?"

"저 혼자 ……"

나는 차분하게 스님의 눈을 보면서 말했다.

"여기는 행자를 안 받아요. 그러니 큰 절에 가서 행자 생활하세요. 나중에 스님이 되시거든 참선하러 다음에 오십시요."

"스님, 그걸 모르는 게 아니고⋯⋯"

다음 할 말이 생각나지 않아 얼버무리고 말았다. 서보신이 옆에서 거들었다. 우리는 대학을 졸업했고 불교 활동을 많이 하였으며 지금도 화엄경을 공부할 정도로 불교교리 공부는 어느 정도 하였기 때문에 이제는 참선 공부하려고 봉암사로 오게 되었다고 경위를 설명했다. 우리는 스님의 눈치를 보면서 약간의 긴장을 하고 있었다.

"그나저나 여기는 조금 전에 말했지만, 행자를 받을 수도 없고 행자 교육할 스님도 없으니 내려갈 버스 시간 더 늦기 전에 다른 곳으로 찾아가십시오."

스님은 듣는 사람 기분 나쁘지 않게 다정한 말씨로 차분히 말했다.

"스님! 그럼 여기서 얼마 동안이라도 공양간 일이나 도우면서 생활 좀 하게 해 주세요."

내가 애걸하다시피 가련한 모습을 지으며 말했다.

"그 결정은 내가 하는 게 아닙니다. 주지 스님이나 조실스님께서 결정할 문제인데 지금 어르신들이 안 계시니 답을 못 드리겠습니다."

아! 다행이다. 바로 '하산하시오' 하면 어떻게 대처해야 할까? 잔머리를 돌리고 있었기 때문이다.

"그럼, 오늘은 먼 곳에서 여기까지 오셨으니 빈방을 내어 드리겠습니다. 두 분이 여장을 풀고 쉬었다가 나중에 저녁 공양시간에 맞추어 공양하세요."

"고맙습니다, 스님."

우리는 깍듯이 두 손 모아 합장을 하고 스님께 고마움의 예의를 표했다. 눈물이 글썽거렸다.

두 손 모아 합장한 일이 많았지만 지금처럼 마음에서 우러나오는 합장은 처음인 것 같았다. 우리는 스님이 정해준 방에 갔다. 방은 깨끗하고 따뜻했다. 가방을 놓아두고 절의 주위를 둘러보았다.

가까이서 보는 희양산의 기세가 정말 힘차고 곧게 뻗어 있어 마음에 들었다. 삼각형의 모습을 그대로 빼닮은 시원한 돌산이었다. 법당 밑의 삼층석탑은 오랜 세월을 말해주듯 이끼가 서리고 색깔은 퇴색되었으나 고풍을 자랑하고 있었다.

그 옆의 왼쪽 건물이 스님들이 참선하는 선방이었다. 언제 저 안에 들어갈 수 있으려나? 생각만 해도 머리가 시원해지고 공부가 되는 것 같았다.

계곡을 따라 올라가 보고 싶었지만 절에서는 공양시간이 지나면 밥을 굶어야 하기에 내일 올라가기로 했다. 저녁공양 시간을 알리는 목탁소리가 들렸다.

"똑 똑 똑 또또또 또 또 또 도 도 도······"

우리는 공양실에서 김 처사와 같이 저녁을 먹었다. 김 처사는 오십대 중반으로 보였는데 별로 말이 없는 분이었다. 키는 작고 피부는 검은 편이었다. 김 처사는 생전 처음으로 같이 앉아 밥을 먹는 우리에게 눈길을 주지 않았다.

공양을 마치고 공양간 옆의 개울에 가서 세면을 하고 발을 씻었다. 개울물은 차가웠다. 숲 속의 벌레 소리와 새소리, 바람 소리가 하모니를 이루어 귓가에서 맴돌고 주위는 금방 깜깜해지고 있었다. 저녁 8시밖에 안 되었지만 너무 조용했다.

말을 하면 가까이 있는 나무와 새들도 다 들을 수 있을 정도의 고요함 때문에 서보신과 나는 말을 꺼낼 수가 없었다. 산사의 밤하늘은 적막과 고요가 무엇인지를 가르쳐주고 바람 소리는 속세의 먼지를 날려 보내는 것 같았다. 잠을 자려고 했으나 잠이 오지 않았다. 이런 생각 저런 생각, 수많은 생각과 생각들이 스쳐 지나갔다.

생각이 바뀔 때마다 때로는 미소가 흘러나오고 때로는 씁쓸한 느낌을 느끼면서 생각은 쉬지 않고 꼬리를 물고 이어 나아갔다. 옆자리의 서보신도 잠이 오지 않는 모양이다. 우리는 불을 켜고 일어나 앉아서 목소리를 낮추어 얘기했다.

"기분이 어때요? 이형."

서보신이 물었다.

"뭐, 그저 그렇지요."

담담히 말을 했다.

"내일 서형은 몇 시에 부산에 내려 가려 합니까?"

"아침공양 마치고 산에 올라갔다 내려와 법당에서 천배하고 가려고 합니다."

"그렇게 하세요. 그건 그렇고 서형은 언제 출가할 거요?"

"예, 정리되는 대로 출가하려 해요."

새벽 도량석 치는 목탁소리에 일어나 세면하고 법당으로 갔다. 부처님을 바라보니 내가 너무 초라해 보였다.

세상살이에 까불면서 아는 척하며 살아온 내가 민망했다.

부모를 속인 일이 한두 번이 아니고 불효한 자신이 부끄러웠다. 사람들에게 진실로 대하지 못하고 가식적으로 살아온 내가 미웠다.

눈물이 글썽인다. 눈물이 쏟아진다.

그러나 부처님은 눈물을 닦아 주지 않았다.

부처님은 똑같은 모습으로 흐느끼는 나를 바라보고 있었다.

법당 안에서는 종소리가 은은히 들려오고 있었다.

개경계

무상심심 미묘법 無上甚深 微妙法
백천만겁 난조우 百千萬劫 難遭隅
·················
원차종성 변법계 願此鐘聲 遍法界
······

아침종성이 끝남과 동시에 죽비소리가 났다.

"딱"

모두가 일어났다. 서보신과 나는 이런 예불을 본 적이 없어 스님들 하는 행동을 보고 따라서 절을 하였다.

"딱" 반배

"딱" 일배

"딱" 일배

"딱" 일배

"딱" 반배

아침예불이 끝났다.

법당에서 나와 극락전에 가서 삼배하고 나왔다. 새벽 3시 반이었다. 다른 절 같으면 4시가 넘어야 끝나는 아침예불인데 봉암사의 예불은 간단명료했다. 목탁을 사용하지 않고 죽비로써 '딱 딱 딱' 하면 끝난다.

참선도량이라 예불의 절차를 간소히 하는 모양이다. 예불시간을 줄여서 참선할 시간을 늘리는 것 같았다. 하늘을 쳐다보니 별들이 이처럼 맑을 수가 없었다. 이렇게 별들이 우리 가까이 있는 줄 몰랐다. 소소한 바람 소리와 멀리서 들리는 생명체의 고유한 소리를 하나하나 들으면서 천천히 걸어서 우리의 방으로 왔다.

아침공양 시간까지는 꽤 많은 시간이 남았다. 우리는 그냥 앉아 있다가 어느새 잠이 들고 말았다. 아침공양을 알리는 목탁소리를 듣고서야 일어나 공양실에서 김 처사와 같이 3명이 아침을 먹었다. 김 처사에게 봉암사에 대하여 궁금한 여러 가지를 물었다.

절은 큰데 왜 스님들이 안 계시는지?

조실스님과 주지 스님의 법명은 무엇인지?

계곡을 따라 올라가면 어느 정도 올라가야 하는지?

김 처사는 봉암사에 어떻게 오게 되었는지?

어제와는 달리 김 처사는 자상하게 우리의 물음에 답해 주었다. 김 처사는 경남 의령에서 왔으며 공양간에서 부목負木 일을 하고 있고 여기 온 지는 2년이 넘었다고 한다.

계곡을 따라 올라가면 옥석대와 선녀탕이 있고 좀 더 올라가면 용추 계곡이 나오는데 약 30분 넘게 걸린다고 했다.

일반인들은 옥석대까지만 올라가서 그곳에 있는 마애불에게 참배하고 앞에 있는 목탁석을 한 번씩 두드려본 후, 최치원 선생의 돌에 새긴 글을 본 다음 내려온다고 한다.

조실스님과 주지 스님의 법명을 물었을 때는 김 처사가 오히려 이상하다는 표정으로 물었다.

"어떻게 주지 스님, 조실스님의 존함도 모르고 여기까지 왔습니까?"

"예, 그냥 발길이 이곳으로 닿아 오게 되었습니다."

김 처사의 의아해하는 모습을 보고 간단히 말했다.

"봉암사는 암자가 몇 군데나 있습니까?"

"저 아래 동쪽으로 가면 만오스님 한 분이 살고 있는 동암이 있고 계곡 따라 옥석대 올라가기 전에 오른쪽으로 올라가면 백련암이 있는데 법연스님, 정광스님, 도범스님이 살고 있지요. 어제 두 분과 이야기한 스님이 법연스님입니다. 용추계곡으로 올라가면 오랫동안 묵언을 하고 있는 스님이 계시는 용추토굴이라고 있어요. 공양시간에는 간혹 한 번씩 내려옵니다."

김 처사의 말을 듣고서야 봉암사 가람에 내하여 대중은 알게 되었다.

"그런데 처사님, 절은 큰데 스님들이 몇 분 안계시네요?"

어제의 궁금했던 내용을 물어보았다.

"모르세요? 해제했으니 스님들이 없어요."

"해제가 뭔데요?"

"봉암사 선방에 온 사람들이 결제, 해제도 모르고 왔습니까?"

김 처사가 딱하다는 표정을 지으면서 우리에게 되물었다.

"예, 잘 모릅니다."

우리는 어느 정도 알고 있었지만 모른다고 말했다.

"얼마 전 음력 1월 15일 해제하여 운수행각을 떠난 스님들도 있고 자기 절로 돌아간 스님들도 있고……"

김 처사와 대화의 고리를 끊지 않으려고 말을 이었다.

"그럼, 다음에는 언제 스님들이 많이 모입니까?"

"그러니까 돌아오는 사월 초파일 지나서 음력 4월 15일 결제를 하니 그 며칠 전부터는 스님들이 많이 와요."

김 처사가 날짜를 음력으로 말을 하여 오늘이 음력으로 며칠인가 달력을 보았다. 1월 24일이었다.

김 처사의 이야기를 듣고 난 후 우리는 옥석대와 선녀탕을 보려고 계곡을 오르기 시작했다. 옥석대와 선녀탕은 어떤 모습일까? 기대감을 가지고 흥겨운 마음으로 올라갔다.

길은 힘들지 않게 올라갈 수 있었다. 길은 외길이었다. 15분 정도 올라가니 하얀 돌이 보였고 그 돌은 너무 넓었다. 그 위로 맑은 물이 소리 내어 흐르고 있었다. 가까이 가서 보니 돌이 백옥 같았다. 그래서 옥석대라 부르는가.

　부처님이 한 분 계셨다. 큰 돌에 그대로 새긴 부처님이시다. 김 처사
가 말한 마애불이었다. 마애불 부처님 앞은 방석이 필요 없을 만큼 깨
끗하였다. 넙죽넙죽 삼배를 하고 일어나 다시 부처님을 보니 코는 성형
수술한 것 같았다. 수술하기가 어려웠는지 성형이 잘되지 않아 딸기코
가 되어 있었다.

이 부처님은 얼마나 행복할까? 다른 부처님들은 법당이라는 건물 안에 계셔서 갑갑할 것이고 신도들이 너도 나도 와서 향을 피우니 그 냄새에 취하여 머리도 아플 것이며 신도들의 그 애절한 사연의 소원을 일일이 들어주려면 얼마나 바쁠까하는 생각이 들었다. 그에 비해 마애불 부처님은 시원한 물줄기와 옥석 같은 넓은 돌이 앞을 장식하고 있으니 얼마나 자유롭고 여유가 있겠는가.

생각이 거기에 미치자 내가 출가하러 봉암사에 잘 왔다는 느낌이 나를 행복의 순간으로 몰아넣었다. 백옥같이 넓은 바위에 그대로 누웠다. 하늘은 너무 깨끗했다. 바람은 거의 불지 않았다. 물 흘러가는 소리가 공간의 고요함을 그런대로 채우고 있었다.

김 처사가 말한 선녀탕을 찾기 위해서 우리는 다시 걷기 시작했다. 얼마나 걸었을까. 왼쪽을 보니 많은 물이 고여 있고 물줄기 위쪽에는 조금 가파른 돌이 미끄럼틀처럼 시원하게 이어져 있었다. 물이 깊어 깨끗한 청색, 아니 정확한 색깔을 표현할 수 없었다.

인간들의 때가 묻지 않는 이곳은 선녀탕. 선녀가 목욕하기에 충분한 넓고 깊은 물이 깨끗함을 자랑하고 있고 선녀탕 양쪽으로 선녀가 옷을 벗어 둘 장소가 오목하고 반듯하게 자리 잡고 있었다. 나는 서보신에게 오늘 밤 여기 와서 선녀 목욕하는 모습을 구경하고 내일 부산에 가는 게 어떠냐고 물었다. 그 선녀 중 마음에 드는 선녀가 있으면 선녀 옷을 숨기어 선녀와 나무꾼이 되어 보는 것도 한바탕 인생살이에 재미있는 삶이 아니겠는가 하며 농담을 했다. 서보신은 그렇게 살아본들 일장춘

몽一場春夢이고 남가일몽南柯一夢이라며 나에게 더 이상 농담하지 말라는 뜻으로 길을 재촉했다.

용추계곡이 어딘지 모르면서 우리는 용추계곡을 찾으려 계속 걸었다. 작은 몽우리가 맺혀 있는 나무도 보이고 잡풀들이 많은 지역과 갈대가 집단으로 서식한 지역을 지나니 길이 물에 젖어 있어 우리는 길의 가장자리로 걸어서 올라갔다. 평지나 다름없는 길이었다. 많은 물이 흐르는 물줄기를 발견하고는 그곳에서 쉬기로 했다. 여기가 용추계곡이 아니더라도 우리는 산행을 여기까지만 하기로 하였다. 산에서 내려오는 발걸음은 한결 가벼웠다.

우리는 나중에 우리들의 방에서 만나기로 약속하고 서보신은 법당으로 갔다. 나는 가까운 계곡으로 가서 앉기 좋은 자리를 찾았다. 오랜만에 혼자만의 시간이다. 물은 소리를 내며 작은 돌 큰 돌 사이를 쉼 없이 흐르고 있었다.

'누구도 똑같은 강물을 두 번 건널 수 없다.'라는 어느 철학자의 말이 떠오르고 그리스의 철학자 탈레스의 '만물의 근원이 물'이라는 말들이 생각난다. 고등학교 시절에는 윤리 시간에 서양철학과 동양철학의 사상에 빠져들곤 했다.

고등학교 2학년 국사 시간에 내가 책을 읽을 차례가 되어 책을 읽으려고 자리에서는 일어났으나 책을 읽지 못하자 선생님이 화를 냈다. 그리고 교단 앞으로 나오라 하여 나갔더니 나가자마자 바로 뺨을 어러 대 맞은 일이 불현듯 떠올랐다.

나는 초등학교 4학년 때 옆에 말을 더듬는 급우의 흉내를 내다가 나도 말더듬이가 되었다. 고통이 이만저만 아니다. 친구들과는 그런대로 지낸다고 하지만 선생님이 나를 지명하여 대답하라고 하면 알면서도 대답을 못했다. 말이 나오지를 않고 얼굴만 빨개지는 것이다. 말더듬증을 고치려고 중학교 때는 교정학원도 다녀 보았는데 소용이 없었다. 어떻게 하면 말더듬증을 고칠까?

영국의 처칠 수상이 말더듬이였는데 고쳤다고 친구가 말해주었다. 나는 위인전에 나오는 처칠 수상의 전기를 읽어보았다. 처칠 수상은 말을 더듬는 이유가 말을 할 때 말 자체에 신경을 너무 쓰고 말을 잘하려고 집착하기 때문이며 또한 말을 듣는 상대방에 부담을 느껴 말을 더듬거린다고 생각하였다.

그래서 생각해낸 방법이 주머니에 항상 작은 자갈들을 가지고 다녔다. 말을 할 때 먼저 자갈을 입에 넣고 말을 하면 입안의 자갈에 신경이 모두 집중되어 오히려 더듬거리지 않아서 말더듬증을 고쳤다고 한다. 좋은 방법이라고 생각했지만 나는 그 방법을 할 용기가 없었다.

대학생이 되어서 나는 더욱더 심각해졌다. 미팅이 자주 있었는데, 가면 허탕이었다. 말을 더듬거리니 어느 여학생이 좋아하겠는가? 해결책을 찾기 위해서 많은 고민을 했다.

호흡을 순일하게 하기 위하여 복식호흡 하는 습관을 들이기로 했다. 말을 할 때 호흡의 날숨에 맞추어 말을 하고 말의 첫 마디를 꺼낼 때는 노래하듯이 길~게 끌었다.

노래를 부르면 말을 더듬거리지 않는 점에 착안하였다. 다른 방법으로 우리 집에 개가 한 마리 있었는데 개하고 놀면서 얘기하고 개의 이름을 부를 때는 말을 더듬지 않았다. 그래서 내가 말을 할 때 앞에 있는 모든 사람을 개로 보기로 작정했다.

처음에는 그게 힘이 들었다. 사람을 개로 봐야 하는 상상력을 총동원한다는 게 쉬운 일이 아니었다. 그래서 인간들의 인성을 생각하였다. 개보다 못한 인간이 얼마나 많은가! 통쾌한 상상의 날개를 폈다.

그러니 전부가 개판이다. 암캐, 수캐, 큰 개, 작은 개, 못난 개, 용감한 개, 비굴한 개. 나는 거의 1년 넘는 세월을 내가 상상으로 만들어 낸 개들하고 대화한 셈이다. 개들하고 대화하면서 호흡을 조절하고 노래하듯이 말을 하니 서서히 말하는데 자신이 생겼다. 말 더듬는 것을 고친 이후는 사람을 개로 보지 않고 사람으로 보았다.

고3 때는 집에 가지 않고 홍지관이라는 학교 내의 숙소에서 공부하고 잠을 자곤 했다. 아침 8시 30분이 되면 언제나 아버지가 도시락 2개를 가지고 왔고 나는 빈 도시락을 건네주곤 했다. 아버지가 오지 않는 날은 급우들에게 밥을 조금씩 얻어서 배를 채우곤 하였다. 밥을 얻어먹었지만 사이가 별로 좋지 않은 급우들의 밥은 얻지 않았다. 똑같은 밥이지만 밥맛이 달랐다. 괜히 잘못 먹었다가 배탈이라도 나면 나만 손해를 보기 때문이다.

중학교 시절 옆집의 동갑내기 여학생을 좋아하여 만날 때마다 뽀뽀한 기억을 하니 웃음이 나온다. 송도 바닷가 등대에서 가을에 낚시하여 '꼬시래기'를 많이 잡아서 통에 가득 담고 집으로 돌아오는 모습을 그리고 있는데 갑자기 장면이 바뀌면서 고등학교 1학년 늦은 봄에 옆집

아저씨랑 붕어낚시를 즐겁게 다닌 모습이 생각났다.

이웃집의 조씨 아저씨는 미군부대에서 문관으로 근무하였는데 붕어낚시가 취미생활이었다. 붕어낚시는 낚싯대 하나에 낚시와 미끼를 5개정도 끼워서 던지면 한 번에 2~3마리씩 올라오곤 했다. 한번 갔다 오면 평균 200마리 넘게 잡아왔고 무와 고추 등을 넣어 매운탕을 만들어 이웃 잔치를 하곤 했다.

송도 해안가 방파제의 돌과 돌 사이의 구멍 난 자리에 뱀장어 머리 부분을 찢어 철사에 동여매어 넣으면 조그만 게가 한 번에 4~6마리씩 붙어 나오는데 한 주전자를 금방 채우고 즐겁게 왔던 일, 그러다가 어느 날에는 방파제에 발이 미끄러져 손과 정강이를 다쳐 오랫동안 고생한 일이 스쳐간다.

어머니는 철학관, 점집을 좋아하여 자주 다니시는데 갔다 오면 하시는 말씀이

"가서 물어보는 곳마다 너는 명命이 짧다고 한다. 머리 뒤에 제비초리도 있고. 그래서 부처님 전에 너를 팔아야 좋다고 하더라."

늘 그렇게 말하곤 했다. 어머니는 당신이 별생각 없이 내뱉는 말이 어린 나에게 어떤 영향을 미칠지를 미처 헤아리지 못하신 것 같았다. 어느 날 어머니는 나를 약수암에 데리고 가서 바다를 보고 계시는 관세음보살상 앞에 나를 세우고는 부모님이라 생각하고 절을 하게 했다. 앞으로도 중요한 일이 생길 때마다 여기 와서 절을 하라고 하셨다.

중학교 1학년 때 같은 반의 가난한 급우를 돕자고 하여 친구 2명과 함께 남포동, 광복동 골목을 누비면서 국제신문을 팔고 다녔다. 비가

오고 날씨가 싸늘하여 추위를 면하려고 따끈한 호떡과 어묵을 먹고 나서 신문을 판 수입금으로 호떡 값을 지불한 일들이 스쳐간다.

어릴 때는 바닷가에서 자란 덕분에 수영을 그런대로 잘하였다. 헤엄쳐서 멀리 갈 때 힘이 들면 물 위에서 뒤로 누워 쉬기도 하였다. 친구들과 헤엄치기 시합도 하고 여름날에는 조금 깊은 바다에 가서 발을 비비어 모래 밑에 숨어 있는 대합과 고동을 잡으면서 놀았다. 어떤 때는 대합에 발가락이 물려서 물밑에서 깜짝 놀라기도 하였다.

초등학교 6학년은 중학교 진학시험 때문에 피 말리는 시기였다. 나는 68명의 반에서 5등 안에 성적이 왔다 갔다 했다.

시험이 끝나면 틀린 숫자만큼 선생님이 순서대로 발바닥을 때렸다. 발바닥은 불이 나고 아픔은 오래갔다. 많이 틀려서 발바닥을 계속 맞고 있던 손말덕이라는 여학생이 갑자기 뒤로 나자빠졌다. 일어나지를 않는다.

선생님은 갑작스러운 상황에 얼굴이 창백해지셨다. 우리도 어리둥절하여 어찌할 줄을 몰랐다. 한참을 있다가 손말덕이 일어났다. 다행이었다. 수업 마친 후 손말덕에게 왜 그렇게 했느냐고 물어보았더니 선생님이 시험만 치르면 발바닥을 때려 일부러 쇼를 했다고 한다.

중학교 시험에 낙방했다. 200점이 만점인데 커트라인이 '한 개 반'이었다. 체력장이 20점으로 17점만 받아도 낙방이다. 발이 평발인 나는 달리기를 잘하지 못했다. 나보다 공부 못한 급우는 체력장 점수가 좋아 합격하고 나는 불합격하고 말았다. 지금 그런 생각이 나는 것은 그때의 낙방이 나로서는 엄청난 충격이고 억울했던 것 같다. 하긴 내가 초등학교 시절에 공부를 잘하였던 것도 따지고 보면 담임선생님에게 따로 선생님의 집에서 과외공부를 받았기 때문이라 생각하니 야릇한 미소가 흘렀다.

혼자 있으니 이렇게 많은 생각과 생각들이 연이어 떠오르고 지나갔다. 시계를 보니 서보신이 법당에서 나올 시간이 된 것 같아 자리에서 일어나 방으로 갔다. 서보신이 먼저 와 짐을 챙기고 있었다. 법당에서 천 배를 하고 난 후의 그의 모습은 약간 상기되어 있었다. 우리는 천천히 버스 타는 곳으로 내려갔다. 버스 시간표를 미리 알아두었기 때문에 얼마 지나지 않아 버스가 왔다. 서보신과 아쉬운 작별을 하고 나는 다시 봉암사로 올라왔다.

점심공양은 김 처사와 둘이서 같이 했다. 오늘은 별미로써 국수를 먹는데 절에서 먹는 국수의 맛은 정갈하고 운치가 있었다.

"처사님, 제가 할 일이 뭐 있습니까?"

"스님께 물어보셔요."

"어느 스님께 물어볼까요?"

내가 물었다. 스님들은 몇 사람 있었지만 경내에서 가다 오다 마주쳐도 나에게 말을 걸어오는 스님이 없었다. 나도 스님들에게 말을 할 구실이 없었다. 그럭저럭 삼일이 지났다.

은사 스님과의 첫 만남

점심공양 후에 법연스님이 나를 찾았다.

"조실스님께서 이제 오셨으니 인사할 준비 하세요."

나는 세면하고 옷가지를 여미며 마음의 준비를 하였다. 법연스님이
나를 조실스님 거처로 데리고 갔다.

"이 사람, 누고?"

조실스님이 짧게 말했다.

"예, 스님. 며칠 전에 출가한다고 왔는데, 여기는 안 된다고 말을 했
는데도 절에서 일이나 도와주며 있겠다고 고집을 피우고 있습니다."

법연스님이 나를 한번 슬쩍 보더니 편안한 목소리로 조심스럽게 말
했다.

"중은 뭣 때문에 하려고?"

조실스님이 나에게 엄하게 말했다.

"생사를 초월하려고 합니다, 스님."

"뭐라고 했나? 지금."

조실스님이 목소리를 높였다.

"..................."

나는 대답을 못하고 그냥 있었다.

"그래, 나이는 몇 살인고?"

"예, 서른 살입니다."

"학교는?"

"예, 상과대학을 졸업했습니다."

"내려가 봐!"

조실스님이 법연스님과 나를 차례로 보더니 명령하듯이 말했다. 법연스님과 나는 조실스님과 헤어진 후 천 년의 세월동안 이끼 낀 삼층석탑 방향으로 걸어가고 있었다. 법연스님은 나의 가족관계를 묻고 불교 경전은 어느 경전을 공부했는지 사회에서는 무슨 일을 하였는지 몇 가지를 물었다.

"스님, 그럼 이제부터 무슨 일을 할까요?"

"글쎄요, 주지 스님이 안 계시니 뭐라 말씀드릴 게 없네요."

아주 태평하게 자연스러운 표정으로 법연스님이 말했다.

"조실스님께서 산문 밖으로 나가라는 말씀이 없으셨으니 다행입니다. 주지 스님은 뭐라 하실지 모르겠지만요."

법연스님이 재차 말을 이었다.

나는 공양간으로 와서 김 처사를 찾았다. 김 처사가 하는 일을 도우기로 작정하고 장갑을 끼고 공양간 밖에서 김 처사가 쪼갠 장작들을 차곡차곡 정리하였다.

김 처사는 체구는 작았지만 어디서 그런 힘이 나는지 통나무 쪼개는 모습을 보면 달인의 경지였다. 큰 나무통이 바닥에 고정되어 깔려 있었다. 그 위에 이미 톱으로 썰어져 쪼개지기를 기다리는 통나무들을 하나씩 차례대로 올려 도끼로 찍으면 한방에 '쫘~악' 소리와 함께 갈라진다. 갈라진 땔나무들을 차곡차곡 쌓는 게 나의 일이었다.

김 처사는 가마솥에서 밥하는 방법을 가르쳐 주었다. 대중 식구들의 숫자에 따라 쌀의 양을 재는 법, 쌀을 미리 씻어 보관하는 방법, 솥 안의 물 조절은 손등이 닿을락말락 할 정도가 알맞다며 하다 보면 요령이 생기니 걱정하지 않아도 된다고 한다. 가마솥 뚜껑은 절대로 열지 말고 가마솥에 물이 한 방울 나올 때쯤이면 불을 확 빼는 것이 요령인데 타이밍을 잘 맞춰야 한다. 몇 분 후에 꺼낸 불을 다시 밀어 넣고 어느 정도 밥의 구수한 냄새가 나면 아궁이의 불을 완전히 제거하고 찬물을 가마솥 뚜껑 위에 적당히 붓는다는 것이었다.

밥하는데도 요령이 필요하고 정성을 쏟아야 하며 밥이 잘 되도록 간절히 빌어야 한다고 하였다.

'밥을 제대로 못 하는 사람이 어떻게 마음공부를 제대로 할 수 있겠어요?' 라고 말할 때는 김 처사의 새로운 면모를 보게 되었다.

김 처사는 봉암사에 온 지 2년이지만 '서당 개 삼 년이면 풍월을 읊는다.' 라는 말이 생각났다. 지금은 대중 스님이 적어서 밥하기가 쉬운데 나중에 결제철이 되면 스님이 50명쯤 오시기 때문에 식단 준비에 정신 바짝 차려야 한다고 다시금 강조하였다.

　김 처사는 밥하는 데 도사였다. 나머지 반찬들은 장만하기 쉬웠다. 김치 등은 이미 땅속의 도가니 속에 충분하게 준비되어 있었다. 법당청소와 공양간 청소, 설거지, 허드렛일을 하고 나서 도량 청소와 해우소를 청결하게 하는 일이 나의 하루 일과였다.

　이틀 후 주지 스님이 도착했다고 경비실에서 연락이 왔다. 나는 긴장 되었다. 주지 스님은 뭐라고 하실까. 다른 절에 가라고 하면 어떻게 할까?

　주지 스님 거소는 법당의 오른편에 있는 극락전에서 아래 계단 쪽으로 동쪽에 자리 잡고 있다. 법연스님이 나를 데리고 주지 스님에게 갔다. 주지 스님은 키가 작았고 얼굴 생김새가 산적 같았다. 승복을 입지 않고 이런 깊은 산중에 있으면 영락없이 산적의 모습이었다.

　지증 대사가 봉암사를 창건할 적에 '이곳이 스님들의 거처가 되지 못하면 도적의 소굴이 될 것이다.' 라고 말한 내용이 순간 떠올랐다. 법연스님이 나를 옆에 세워놓고 말했다.

　"주지 스님, 행자 하려고 온 사람인데 인사드린다고 합니다. 일주일 정도 됩니다."

　"그래요, 조실스님께 인사드렸나요?"

　산적같이 생긴 주지 스님이 법연스님에게 물었다.

　"예, 조실스님께는 인사를 했습니다."

　법연스님이 웃으면서 말했다.

"어디서 왔어요?"

주지 스님이 나를 보면서 묻는다.

"부산에서 왔습니다."

"그럼, 학교는 부산에서 나왔어요?"

"예"

"나도 부산에 있는 선암사에서 살아봐서 부산은 좀 알고 있어요. 조실스님께 인사를 했다고 하니 굳이 내가 따로 할 말이 없네요."

주지 스님은 조실스님께서 내가 봉암사에 있는 것을 허락하신 줄 알고, 당신이 다른 말을 할 필요가 없다고 생각하는 것 같았다. 다행이었다.

만약 조실스님보다 주지 스님을 먼저 만났으면 나는 어떻게 되었을까?

"절 생활 잘하시오!"

라는 주지 스님의 말을 듣고는 발걸음 가볍게 공양간으로 내려와 나의 일을 하기 시작했다. 점심을 먹고 나니 담배 생각이 났다. 그러나 담배는 없었다. 긴장이 풀려서 그런가 하고 마음을 다잡았으나 한번 생각난 담배는 피우고 싶어 참기 어려운 지경이 되었다. 사탕을 먹었다. 숨을 크게 들이마시고 내쉬었다. 찬물을 벌컥벌컥 마셨다. 누룽지를 먹었다.

할 수 없이 버스종점의 가게로 가서 담배를 구입하여 바로 한 대를 피웠다. 머리가 핑 돌았다. 머리가 어지럽다. 속이 메스꺼웠다. 몇 모금 더 피우니 어지러움이 사라지고 예전의 꿀맛 같은 담배의 맛이 살아났다. 살 것 같았다. 저녁공양을 하고 난 후 세면하러 계곡에 가서 담배 한 대 피우고 양치했다. 하루에 세 대씩만 피우고 이 담뱃갑이 떨어지면 완전히 끊겠다고 결심했다.

4월 중순경 최철규라는 사람이 출가하러 왔다. 경상북도 영덕에서 고등학교를 올해 졸업하고 봉암사로 온 것이다. 얼굴은 약간 까만 편이었고 몸매는 준수하여 키는 나보다 조금 크게 보이니 175cm는 될 것 같았다. 말씨는 앞 음절에 악센트가 강하게 말을 하는 등 전형적인 영덕 출신의 말투였다.

나하고 십 년의 차이가 나니 그는 나를 형님이라 불렀다. 봉암사에서는 이미 내가 와서 행자 생활을 하고 있어 최철규를 받아줄 수밖에 없는 것 같았다. 우리 둘은 한 방에서 같이 생활을 하게 되었다. 나에게 졸병이 들어온 셈이다.

어린 나이의 최철규를 보니 대견해 보이기도 하고 안쓰럽기도 했다. 한편으로는 부러웠다. 일찍 출가했으니 속세에서 나만큼 죄를 짓지 않았을 테니까.

우리는 공양간 옆방에서 생활하였고 지현스님이 우리 둘에게 허름한 승복을 주어서 우리는 입고 다녔다. 지현스님은 조실스님을 시봉하고 있었다. 저녁공양을 마치고 최 행자와 같이 세면하러 계곡으로 갔다. 담배를 꺼냈다. 최 행자가 놀란 토끼 눈으로 나를 보면서 물었다.

"아니, 형님 담배 피우는가 봐요?"

"좀 있다 끊을끼다. 이 안에 있는 담배만 피우고."

나는 담뱃갑을 보이면서 말했다.

"담배 피우는지 몰랐는데요."

최 행자가 나의 약점을 잡았다는 듯 목에 힘을 주어 말했다.

"그래, 자네 몰래 피웠지. 하루에 세 개 정도 피웠으니 표시 안 났겠지."

나는 말을 둘러대기 시작했다.

"형님, 그것만 피우고 나머지 담배는 버리세요!"

강력하게 최 행자가 말했다. 어쩔 수 없었다. 나이 어린 사람이 핀잔하니 자존심이 상하여 나머지 담배를 손으로 전부 잘라서 담뱃갑에 넣어 쓰레기통에 버렸다.

다음날 아침공양 후에 담배의 맛이 생각나 미칠 지경이었다. 최 행자와 약속을 했으니 다시 담배를 사올 수도 없고, 조용히 눈을 감았다. 숨을 내쉬고 들이쉬기를 열 번쯤 했다. 그래도 담배 맛이 생각났다. 물을 마셔도 소용이 없다.

생각을 바꾸기로 하였다. '이놈의 담배 피우고 싶은 생각이 어디에서 나는고?' 담배 생각이 나는 장소를 찾아보았다. 입인가 손인가 생각인가 마음인가 습관인가. 습관이라면 습관은 어디에 있는가. 5분 정도 그렇게 생각하니 담배 생각이 없어졌다. 다음에 또 담배생각이 날 때마다 그렇게 했다. '담배 생각이 어디서 나는고?'

우리 두 사람의 형색이 좀 어색했다. 옷은 승복이고 머리는 길었다. 그러나 매일매일을 즐겁게 보내고 있었다. 4월 하순경 경상남도 산청에서 김갑수라는 청년이 와서 같이 생활하게 되었다. 김갑수는 나보다 두 살 어렸다.

김갑수가 오고 며칠 뒤에 충청도 괴산에서 박중민이라는 청년이 와서 같이 생활하게 되었다. 나이는 25세이고 운전을 할 수 있다고 했다. 우리는 어느새 식구가 4명으로 되었다. 내가 제일 고참이지만 우리는 그런 개념이 없었다.

나는 지현스님을 만나 머리가 길어서 귀찮으니 삭발을 하고 싶다고 했다. 지현스님이 다른 스님과 상의를 하였다.

1986년 5월 2일

오전 9시. 스님 중 한 분이 삭발을 잘 한다고 하여, 선방 아래에 있는 감로수 물이 담겨 있는 큰 돌 옆에 세숫대야를 준비하고 있었다.

스님이 오셨다. 뭔가 염불을 하는 것 같았다. 나는 스님께 합장하고 윗옷을 벗고 쪼그려 앉았다. 스님은 면도날이 잘 나갈 수 있도록 하기 위해 따뜻한 물에 머리를 감게 한 후 비누를 풀어서 머리를 촉촉하게 적셨다. 그러면서 나에게 물었다.

"지금 기분이 어때요?"

나는 대답을 하지 않았다. 드디어 스님이 면도칼을 오른손에 쥐고 왼손으로는 나의 이마를 짚고서는 일생일대의 제일 크나큰 행사를 하려고 몸을 움직였다. 면도칼의 날카로운 금속이 나의 피부에 닿았다.

나는 죽는구나.

지금까지의 나는 사라지는구나.

내가 살아온 삶의 껍데기가 무너지는구나.

나는 다시 태어나기 위해, 새로운 마음가짐을 갖기 위해, 깨달음을 얻기 위해, 중생을 구제하기 위해 여기에 있다. 지금은 나의 인생에서 가장 기쁜 날이 되어야 한다.

드디어 스님의 면도날이 한 획을 그었다.

스님의 면도날이 정수리 앞부터 목뒤까지 길게 '쓰윽' 거침없이 내려갔다. 나의 머리가 두 쪽으로 갈라졌다. 나의 세계가 반으로 쪼개졌다. 다음에는 왼쪽 귀 머리에서 오른쪽 귀 있는 곳까지 '쓰윽' 쓸어 버렸다.

나의 세계가 반의 반으로 쪼개졌다. 나머지의 머리카락들은 짧게 '쓱, 쓱…… 쓱, 쓱' 스님의 면도날 지나가는 작은 소리는 나의 크게 뭉쳐져 있는 업장을 없애 주는 활인검 같았다.

머리카락은 세숫대야의 물속으로 빠져들었고 또 다른 머리카락은 가을에 우수수 떨어지는 낙엽마냥 힘없이 세숫대야 옆으로 떨어지고 있었다. 나의 세계가 완전히 산산조각으로 부서졌다.

머리카락이 떨어져 나가듯이 나의 무명번뇌가 이렇게 없어지면 얼마나 좋을까. 떨어져 있는 나의 머리카락이 눈 아래로 보였다.

부모님이 생각났다.

눈시울이 맺히고 있다.

나의 번뇌가 하나씩 사라지는 것을 느꼈다.

부처님! 참된 수행의 길을 잘 갈 수 있도록 인도하여 주십시오.

'쓱' 하더니 끝났다고 한다. 나는 스님께 고맙다는 합장을 하였다. 스님이 나보고 '머리통을 보니 영락없는 중머리' 라고 놀려댔다. 나는 왠지 모르게 기분이 좋았다.

나와 같이 생활하는 세 명의 행자들이 나를 보고 부러워했다. 자기네들은 언제 삭발할지 모르기 때문이다. 나는 삭발은 했지만 방은 그들과 함께 사용했다. 다른 큰 절처럼 행자가 입는 옷이 따로 없으므로 그냥 승복을 입고 다녔다. 봉암사에 처음 오는 객스님들은 나를 보고 스님인 줄 알고 인사를 한다.

　그럴 때마다 '저는 행자입니다.' 라고 말하면, 객스님들은 '봉암사에 행자도 있나?' 혼잣말처럼 내뱉으며 지나갔다.

　그즈음 조실스님을 시봉하고 있던 지현스님이 경상북도 상주시 화북면에 있는 원적사로 가서 생활하게 됨에 따라 조실스님 공양 담당은 나의 차지가 되었다. 공양간에서 따로 상을 차려서 조실스님께 공양을 올리는 일이었다.

　초파일 준비 때문에 점촌에 가서 장을 보러 다녔다.

　물건들을 구입하다가 팔각형의 나무로 만들어진 멋진 찻상이 보였다. 너무 낡아서 품위가 없는 조실스님의 밥상이 떠올랐다. 잘 되었다 싶어 구입을 하였다.

　다음날 아침 공양 준비시간이다. 여느 때처럼 공양을 정성스레 담아 어제 구입한 멋진 상에 올리고 밥상보를 덮어 조실스님께 올리고 내려왔다. 시간이 되어 비어 있을 밥상을 가지러 갔는데 이게 웬일인가! 내가 갔다 드린 밥상이 그대로 있지 않은가!

　"스님, 공양 안 드셨습니까?"

"네, 이놈! 공양이고 뭐고 거기 앉거라!"

갑작스러운 스님의 큰 목소리에 깜짝 놀랐다.

"예……"

기어들어 가는 목소리로 말했다.

"앉으라니까!"

분위기가 심상치 않았다. 나는 꿇어 앉았다.

"이 상다리 어디서 생겼노?"

"예, 어제 점촌에 장 보러 갔다가 하나 구입했습니다."

"왜 샀노?"

"예, 스님 밥상이 너무 낡아서 새로 구입했습니다."

"야이, 멍청한 놈아! 이 밥상에서 밥 묵으면 밥맛이 달라지나?"

"스님, 그게 아니고 밥상이 낡아 바꿀 때가 된 것 같아서……"

"이~놈이 그래도 정신 못 차리고 있어!"

조실스님은 다시 한 번 나를 똑바로 바라보면서 말했다.

"…………"

"그래, 이 밥상은 누구 돈으로 샀노?"

"예, 저……어제 장 보면서 그 돈으로 구입했습니다."

"미친놈 아니가! 그 돈이 네 돈이냐? 네 마음대로 쓰고 그래!"

조실스님께서 고함을 치듯이 말했다. 나는 가만히 있었다. 그리고는
생각했다. 무슨 도인이라면서 고함은 왜 칠까?

"시주 돈을 이런 데 쓰는 게 아니여!! 엊그제 들어온 놈이 벌써 시
주 돈 무서운 줄 모르니…… 그래 가지고 무슨 중노릇 하겠다고……

쯧쯧."

나는 눈물이 핑 돌았다. 울고 싶었다. 점심공양 때는 예전처럼 낡은 밥상을 들고 다녔다.

봉암사에 왔다가 하루 정도 객실에서 자고 가는 스님들이 많았다. 음력 4월 15일 결제 때 봉암사에서 한철을 살려고 방부 드리는 스님들이었다. 그즈음 효광스님이 결제하려고 봉암사에 왔다가 원주소임을 맡게 되었다.

우리는 효광스님의 지시에 따라야 했다. 효광스님은 속가 나이로 29세이며 검은 테 안경을 쓰고 피부가 고왔다. 승랍이 8년이니 고등학교 졸업하고 바로 출가를 한 것이다.

원주스님은 남자다운 기질이 있어 일할 때는 시원시원하게 결정을 잘하였고, 매사에 일을 정확하게 처리하였다. 우리가 물어보면 모르는 것이 없었다.

"행자들은 봉암사에서 행자 생활을 하니 전생에 인연이 있는가 본데 열심히 공부하여 견성하시오."

이런 말을 하면서

"봉황은 오동나무가 아니면 깃들지를 않고 대나무 열매가 아니면 먹지를 않는다. 봉황의 기상을 살려 앉을 자리를 잘 구분하고 먹을 때는 아무것이나 먹는 것이 아니다."

라고 강조하였다.

부처님 오신 날

4월 8일 부처님 오신 날이다.

봉암사의 등燈은 모두 똑같은 백색 등이다. 등 값을 많이 내고 적게 내는 것은 내는 사람의 마음이다. 등이 평등해서 좋았고 신도들은 즐거운 마음으로 보시하고는 자기들이 달고 싶은 자리에 등을 달았다.

"등燈 값이 얼마입니까?"

보살들이 묻는다.

"정해진 등燈 값은 없습니다. 보살님이 정하세요."

대학생 시절에 불교학생회 정기모임을 구덕운동장 옆의 보타원에서 자주 하였다. 그 당시 초파일에 보타원에서 일을 돌보곤 했는데 초파일 등燈이 전부 똑같은 주름등燈으로 걸려 있는 모습이 인상적이었다.

부처님 오신 날 등燈을 달고 동참하는 것은 부처님이 세상에 오신 날을 축하하며 부처님의 정신을 본받자는 뜻이다.

보시하는 금액은 보시하는 사람의 능력에 따라 보시 금액이 달라야 하고 그게 진실한 평등이라 생각했다. 보시 금액의 많고 적음에 따라 연등을 달아주고 팔각등, 주름등을 달아주는 모양은 절에서도 인간 차별의 적나라한 모습을 보는 것 같아 좋지 않게 생각하고 있던 터였다. 봉암사는 등燈이 일률적으로 같아서 좋았다.

봉암사를 참배하러 온 신도들은 나를 보고 스님이라고 불렀다. 삭발한 머리에 승복을 입었으니 누가 보아도 스님이라고 생각했다. 봉암사에 있으니 참선 잘하고 수행 잘하는 스님으로 아는 것 같았다.

이마에 행자라고 안 붙여 놨으니 그럴 수밖에 없었다. 오늘은 내 평생 스님이라는 말을 제일 많이 들었다.

점심 공양 때는 비빔밥을 타기 위해 신도들이 질서 정연하게 줄을 지어 기다리고 있었다. 점심 먹을 장소가 비좁아 신도들은 각자가 편안한 곳을 찾아 공양하였다. 공양이 거의 끝날 즈음에 공양실의 큰 방에서 몇 팀이 삼삼오오 모여 과일을 먹으면서 담소를 나누고 있었다. 큰 방의 안쪽 모서리에 보살들만 5명 정도 앉아서 유쾌하게 웃는 대화를 하는 팀이 보였다. 나는 다가가서 물었다.

"뭐, 더 필요한 것은 없습니까?"

가까이서 보니 나와 비슷한 또래의 젊은 보살들이었다.

"스님, 물어볼 게 있는데 물어봐도 되는지요?"

짧은 치마를 입은 보살이 물었다.

"예, 물어 보세요."

"스님들은 여자 생각이 나면 어떻게 하세요?"

머뭇거림이 없이 조금 야릇한 미소를 띠면서 보살은 말했다.

"여자 생각이라, 도 공부하는 사람이 공부하기도 바쁜데 언제 여자 생각이 나겠어요."

"거짓말 하지 마세요! 그럼 훌륭한 원효스님은 왜 요석공주와 사랑에 빠졌나요?"

"보살님, 원효스님은 세속적인 육체의 몸뚱이에 집착한 사랑이 아니고 원력을 갖고 설총이라는 대학자를 탄생시키려고…… 차원 높은 사랑이죠."

"스님들은 핑곗거리가 많아서 좋겠네요. 말하기 곤란하면 '차원이 다르다.' 또는 '공부가 깊어지면 알게 된다.' 라고 말하면서 발뺌을 잘 하네요."

"보살님 같은 초등학교 수준의 질문을 거기에 맞춰서 답을 하려니 어렵네요."

말하는 보살의 기세를 꺾으려고 상대를 초등학교 수준으로 취급하였다.

"스님, 스님이 확실히 알고 있다면 우리가 유치원생이건, 초등학생이건, 대학생이건 우리가 이해할 수 있는 답을 해 주셔야 하는 거 아니에요?"

"아! 보살님! 보살님이 말한 대로 내가 아직 공부가 덜 되어 속 시원한 답변을 못해서 미안해요."

나는 말을 하면서 은근히 화가 났다.

"그건 그렇고. 보살님들 절에 다니면서 더군다나 젊은 보살이 그렇게 짧은 치마 입고 다니면 죄를 짓는 행동이에요. 죄를……"

나는 열을 올리며 말을 했다.

"우리가 죄를 짓는다고요…… 왜요?"

"아, 그…… 설명하기 어렵네. '초발심자경문'에도 나와 있어요. '여자를 독사 보듯이 해라.' 여자는 수행 공부하는 데 큰 방해가 된다고 합니다. 젊은 보살이 짧은 치마 입고 살랑살랑 다니면 스님들의 마음이 평온하겠어요?"

"아, 스님 조금 전 제가 '여자 생각이 날 때는 어떻게 하느냐?'라고 물었을 땐 '공부하는데 여자 생각이 어떻게 날 수 있느냐?'라고 말해 놓고는 지금 와서는 무슨 딴말입니까?"

보살은 마지막 말에 힘을 주어 말하면서 나를 쳐다보았다.

"제가 말한 그 내용은 우리 봉암사 스님들이야 공부를 열심히 하니 여자 생각이 안 난다는 말이고, 다른 절의 스님들은 견물생심見物生心이라 여자 때문에 수행에 방해된다는 말이죠."

나는 거짓말을 하려니 얼굴이 화끈거렸지만 기죽지 않고 말했다.

"그러니 보살님들 절에 다닐 때는 옷매무시를 단정히 하고 다니세요. 가급적 스님들하고 얘기도 하지 마세요!"

훈계하듯이 강력하게 말했다.

"스님, 스님은 절에 오신지 몇 년 되었습니까?"

옆에 앉아있던 머리는 짧고 안경 쓴 보살이 물었다. 뭐라고 말을 할까 고민하던 찰나에 김 행자가 급히 이쪽으로 오면서

"이 행자, 원주스님이 빨리 오시랍니다."

이 한마디에 나는 위기를 모면할 수 있었다. 앉아있던 보살들은 행자라는 말을 듣고는 나를 다시 쳐다보는 것 같았다.

얼른 자리를 떴다. 부처님 오신 날의 행사는 시간이 흐르면서 금방 지나갔다.

시간.

시간이란 묘한 것이다. 시간 앞에서 영원한 것은 없다. 생로병사라고 했지만 그것도 시간이 흘러가는 한 단면이 아니겠는가?

시간 속에서 모든 것은 변해가고 있다. 낡아지고 파괴되고 소멸하고… 과거, 현재, 미래라고 하는데 현재는 어디에 있는가?

'말해도 30방 말하지 않아도 30방'으로 유명한 덕산스님이 선의 깊은 세계를 알기 전의 일화가 있다.

덕산스님은 중국의 남쪽에서 '직지인심 견성성불 불립문자直指人心 見性成佛 不立文字'라 하여 선이 성행하고 교학을 무시한다는 말을 듣고 선가에서 유명하다는 용담스님을 만나러 가는 도중에 점심을 먹으려고 한 식당에 들렀다. 집주인 노파가 물었다.

"걸망에는 무엇이 들어 있습니까?"

덕산스님이 금강경이라고 답을 하자 노파가 다시 물었다.

"금강경에 과거심 불가득不可得, 현재심 불가득不可得, 미래심 불가득不可得이 있는데 스님은 지금 어느 마음에 점심을 하려고 합니까?"

덕산스님은 아무런 대답을 못했다. 시간이 과거, 현재, 미래가 없다면…… 공간은 어떠한가.

공간.

공간은 과거, 현재, 미래가 있을까?

과거의 아름다웠던 초등학교시절을 생각하면 그 공간이 그때는 존재했었다. 그런데…… 그 공간이 지금은 없다.

시간이 흘러 가버렸으니 그 추억의 공간은 하나의 기억으로 남는다. 그러면 공간 역시 과거 공간, 현재 공간, 미래 공간이 있는가? 없는가?

'시간은 흘러가는 것이어서 내가 어찌할 수 없는 무저항의 개념이고, 공간은 흐르지 않는 것이어서 내가 만들 수 있는 창조적인 개념'이라고 생각했는데, 그 생각이 흐트러지기 시작한다. 시공을 초월한다는 말은 무슨 의미일까?

우주라는 넓은 공간과 내가 있는 작은 공간을 그려본다. 그 넓은 우주공간을 내가 생각하고 만들어 내는 것을 보면 내가 우주보다 더 넓은 공간이란 말인가!

친구의 기분 나쁜 말 한마디에 옹졸하게 화를 내고 괘씸하게 생각하는 나의 공간은 너무 좁은 공간이다.

친구가 상을 타서 기분이 좋아 자랑하면 '축하한다.'라고 말을 하면서도 나의 마음은 아니꼬운 생각으로 채워졌다.

병원에 있는 친구에게 문병을 가면 '어떻게 하다가 이리되었나?'라고 걱정하는 말을 하면서도 '잘난 체하고 다니더니 고소하다.'라는 생각이 마음의 저 밑바닥에 흐르고 있었다.

과연 나는 어떤 인간인가?

남의 아픔을 진정으로 같이 아파하지 않으면서 말은 반대로 그럴 듯하게 꾸며대는 이중인간인가?

남의 생각이나 판단이 맞는 말인데도 나하고 감정이 좋지 않기 때문에 그 사람의 말이 틀린다고 우겨대는 이기적인 인간, 그게 나란 말인가? 생각할수록 나의 공간은 더럽고 추하고 좁쌀보다 작은 공간이라는 것을 새삼 느낀다.

나의 본래의 시간과 공간을 찾아 나서야 한다.

살아오면서 세속의 탁한 공간에 물들여진 나쁜 기운을 없애야 한다.

나의 공간에 가득한 나쁜 기운을 어떻게 없앨까?

구정물이 있는 통에 새로운 깨끗한 물을 계속 부어 넣으면 구정물은 자연적으로 사라지고 깨끗한 물만이 통에 남게 되는가?

어둡고 오래된 동굴도 어둠을 쫓아낼 필요없이 밝은 불빛만 비추면 동굴이 자연적으로 밝아지듯이 어둠을 밀어내려 하지 말고 내 마음의 밝은 등불을 밝히면 모든 것이 해결될 것 같았다.

억지로 구정물을 버리려고 통을 거꾸로 뒤집을 필요가 없다. 통을 뒤집는다는 것은 새로 태어나지 않으면 어려울 것 같다. 새로운 물을 계속 공급하면 통은 자연적으로 깨끗해질 것이다. 지금부터는 맑고 바른 생각만 하여야겠다. 그 생각이 결정체가 되어 맑고 바른 행동이 저절로 생겨날 때까지.

저녁공양 후에 우리 행자 4명은 원주실에 모였다. 스님의 말을 듣는 시간이다. 나는 원주스님에게 물었다. 출가하기 전에 서보신하고 토론

한 내용이었다.

"스님, 해인사에서 출간하는 '해인' 이라는 격주간지 책이 있잖아요? 그 내용 중에 성철스님께서 '절의 불상 앞에 보시하는 것보다는 지나가는 배고픈 강아지에게 빵 한 조각 주는 공덕이 더 크다.'고 했는데 어떻게 생각합니까?"

"이 행자는 어떻게 생각해요?"

원주스님이 나에게 되물었다.

"예, 제 생각에는 신도들이 절에 와서 소원을 빌며 그 소원을 성취해 달라고 보시를 합니다. 대가를 바라고 하는 보시는 진정한 보시가 아니라는 것을 깨우쳐 주기 위하여 비유를 들었습니다. 강아지에게 빵을 주는 것은 대가를 바라지 않는 순수한 보시이니 순수한 보시가 더 공덕이 크다는 말씀인 것 같은데요."

"이 행자 말이 어느 정도 맞는 말입니다."

원주스님은 우리 모두를 향하여 설명하였다.

보살의 중요한 수행에 육바라밀六波羅密이 있다. 그 가운데 최초가 보시바라밀布施波羅密이다. 보시라는 것은 '준다', '사물을 나누어 가진다'의 뜻이다.

그런데 무슨 이유로 보시가 육바라밀의 첫 번째 수행이 될까?

나의 물건을 남에게 주는 것은 상당히 어려운 일이다. 인간은 누구나 이기적인 생각을 가지고 있기 때문이다. 인간은 무의식중에 자기의 이득과 손해를 항상 계산하고 있다. 마지막에는 조금이라도 손해를 안 보려고 안간힘을 쓴다. 그래서 싸움이 생기고 소송이 일어나고 전쟁이 일어난다. 그나마 보시를 하는 경우에도 아부나 아첨하는 선물이 되는 경우, 상대를 불쌍히 여기며 주는 거만한 경우, 자기의 이름을 선전하기 위해서 하는 경우 등 이기적인 생각이 들면 진실로 깨끗한 보시는 잘 안 되는 것이다. 진정한 보시는 보시를 하는 사람, 보시하는 물건, 보시를 받는 사람이 청정하여야 한다. 또한 그 사이에는 아무런 구속도 없고 대가도 없으며 집착이 없어야 완벽한 보시가 되는데 우리는 그게 잘 안 된다.

그만큼 어려우니 수행의 첫걸음으로 보시하는 노력을 해야 한다. 보시를 잘하는 사람이 있다면 벌써 그 사람은 상당히 정화가 된 사람이다. 그러므로 성철스님께서 말씀하신 내용은 수행의 첫걸음인 보시를 청정히 하고 보시의 참뜻을 중생들에게 가르쳐주는 것이다. 원주스님의 말씀이 오늘은 무게 있는 말인 것 같았다.

우리는 오늘 대화의 진지한 분위기에 위축되어 조용한 가운데 스님의 말을 경청했다.

봉암사는 결제 준비하는 분위기로 변하고 있었다. 스님들이 걸망을 메고 한둘씩 모이기 시작했다. 우리의 일손은 바빠지고 있었다.

일반적인 행자 생활은 군대의 규율과 같은 엄한 규칙과 법도가 있다. 그런데 봉암사는 행자에 대한 교육과정과 불교의식이나 예의범절을 체계적으로 가르쳐주는 스님이 없다.

천수경을 한 달 만에 외워야 한다든지, 행자 생활을 하다가 잘못을 했으면 참회의 대가로 일 천 배를 해야 한다든지 하는 구속이 없다.

행자 중에서 세 번째 입산한 김갑수 행자는 고집이 강했다. 우리끼리 모여 일의 처리 관계를 상의할 때 꼭 자기 고집대로 하려고 했다. 그의 기세를 꺾을 요량으로 내가 물었다.

"김 행자, 천수경 외울 줄 알아요?"

"못 외우는데 그게 뭐 문제가 있어요?"

김 행자는 못마땅하다는 표정으로 나에게 대들듯이 말했다.

"아니지. 외우지 못하면 밤낮으로 천수경을 외우세요. 그래가지고 중 생활 똑바로 하겠어요!"

나는 형이 뿔 난 동생을 타이르듯이 말하면서 김 행자의 눈치를 보았다.

"천수경 외우기 싫어서 참선만 하려고 봉암사에 왔는데 무슨 쓸데없는 말을 하는 거요?"

"아니, 천수경은 기본인데 다시 다른 절에 가서 행자 생활하면서 천수경부터 똑바로 배우는 게 좋을 듯한데."

나는 약간 비꼬는 말투로 김 행자의 감정을 건드리면서 말했다.

"그럼 불교 경전은 무슨 경전을 봤나요?"

"경전은 무슨 경전! 참선하러 왔다니까!"

김 행자가 대답하기 귀찮은 투로 말했다.

"그럼 맹목적으로 출가하러 왔단 말이요?"

내가 더욱더 다그치며 말했다.

"이 행자, 당신이 어떻게 남의 사정을 안다고 간섭이요! 봉암사에 조금 빨리 왔다고 더럽게 폼 잡네!"

김 행자는 눈 꼬리를 치켜세우고 나를 빤히 쳐다보면서 막다른 골목에 몰린 쥐가 고양이를 노려보는 듯한 저돌적인 눈빛으로 말했다.

"김 행자, 그러면 절에 온 목적이 뭐예요?"

"당신이 스님이야! 그런 걸 나에게 물을 자격이 있어? 갈수록 태산이구먼!!"

김 행자의 목줄에는 빨간색인지 파란색인지 분간하기 힘든 핏줄이 올라와 있었다.

"아, 오늘 그만 합시다. 김 행자의 일은 본인이 알아서 하세요."

대화를 끝내려고 나는 손사래를 치며 자리에서 일어섰다.

"이 행자! 앞으로 내가 하는 일에는 어떤 간섭도 하지 마세요. 나의 일은 내가 알아서 할 테니! 이 행자 일이나 똑바로 해요!"

김 행자의 그 말을 들으면서 나는 방에서 나와 버렸다.

나는 열을 식히기 위하여 공양간 뒤의 냇가로 갔다. 내가 어리석었다.

내가 김 행자를 바로잡아 주려고 하였지만 나의 표현이 상대를 비판하는 말씨 때문에 상대의 감정을 건드렸다. 그것이 도리어 나에게 화살로 돌아온 것이다.

링컨 대통령의 말이 생각났다. '어느 누구에게도 악의를 품지 말고 비난이나 잘못을 말하지 말자. 비난이나 힐책은 상대를 더욱 정당화시키려 하고 결국은 화살이 나에게 돌아온다'

대학시절에 교양과정을 들을 때 철학과 교수의 말이 생각난다. '사람들을 상대할 때는 상대는 감정을 가진 동물이라고 생각하면서 대화를 하여야 한다. 어떠한 사람도 상대는 논리적이지도 못할뿐더러 편견과 자존심이 강하기 때문에 먼저 상대를 칭찬하면서 상대방의 처지에서 판단하는 것이 현명하고 그렇게 하여야 관계가 좋아진다.'

나는 이런 내용을 알고 있었지만 실행을 못한 결과, 김 행자와 아주 껄끄러운 사이가 되어버렸다.

나는 발길을 돌려 우리들의 방에 들어가서 보니 김 행자는 어디로 갔는지 보이지 않았다.

얼마 후 김 행자가 들어오는 모습이 보였다. 나는 호흡을 크게 가다듬고 마음을 진정시키면서 김 행자에게 다정하게 말을 건넸다.

"김 행자님, 어디 갔다 오세요?"

"남이야 어디를 갔다 오던 당신이 무슨 상관이요!!"

나는 차분한 목소리로 다시 말을 하였다.

"김 행자, 조금 전에는 미안했어요. 아직 수행이 못 되어 언성을 높인 점 사과합니다."

김 행자는 말없이 나를 쳐다보고 있었다.

"김 행자, 나는 우리가 같이 공부하자고 한 말인데 김 행자가 잘 못 들은 것 같아요. 미안합니다."

가만히 앉아있던 김 행자가 언성을 높이면서 말한다.

"뭐라고요? 내가 잘못 들었다고요?! 아니 당신이 말을 할 때 내만 들은 것이 아니잖소! 옆에 다른 사람도 다 들었어요! 물어보세요!"

나는 '아차~ 또다시 상대의 잘못을 지적하여 감정을 건드리는 말을 하였구나!' 생각했으나 말이 이미 나와 버렸으니 때는 늦었다.

"김 행자 그래서 내가 먼저 사과한다고 하였잖소!"

나도 언성을 높이어 말을 하였다.

"뭐요! 사과한다는 사람이 그렇게 큰 소리로 말해요!"

김 행자도 질세라 말을 받아쳤다. 나는 분위기가 심상치 않아 다시 방을 나와 버렸다.

옥석대 가는 방향으로 걸어가면서 조금 전의 일들을 다시 돌이켜보았다. 말은 차분하게 꺼냈음에도 불구하고 감정이 격해있는 사람에게 나의 말을 잘못 들었다고 지적을 했으니 이 얼마나 어리석은 짓인가.

상대는 감정을 가진 동물이라고 알고 있었지만 내가 나의 감정을 조절하지 못했다. 오히려 감정을 더욱더 악화시킨 결과를 가져왔다.

원주스님이 조실스님께 말하여 우리는 조실스님께 초발심자경문을 배우기로 하고 원주스님은 기초 교리 등을 가르쳤다. 우리는 매일 점심 공양 마치고 설거지를 한 후에는 조실스님 방에 가서 초발심자경문을 배웠다.

책상도 없이 방바닥에 그대로 책을 펴서 무릎을 꿇은 자세로 한 시간 반쯤 앉아 있어야 했다. 그 다리가 아픈 고통은 이루 말할 수 없다. 조실스님은 그걸 아실 테지만 한 번도 '다리 좀 펴라'는 말씀이 없다. 공부 중에 아픈 통증을 도저히 참을 수가 없어 다리를 살짝 풀어도 거기에 대해서는 말씀이 없었다.

초발심자경문初發心自警文은 전부 한문으로 되어 있었고 그날 배운 것은 반드시 외워야 하고 다음날 공부시간에 점검하신다.

초발심자경문은 계초심학인문과 발심수행장과 자경문으로 구성되어 있다.

계초심학인문은 고려 불일 보조국사의 저술이이다. 스님이 팔공산 거조암에서 송광산 길상사로 옮기신 5년 후에 송광사의 낙성과 함께 지침서로 선포되었다. 내용은 처음 불문에 들어온 사람과 많은 승려들의 기강을 지도하는 청규淸規적인 성격을 띠고 있다.

초발심자경문

계초심학인문 誡初心學人文

부 초심지인 夫初心之人은
수 원리악우 須遠離惡友하고
친근 현선 親近賢善하며
수 오계십계등 受五戒十戒等하야
선지 지범개차 善知持犯開遮호리라

대저 처음으로 발심한 사람은
모름지기 악한 벗을 멀리하고
어질고 착한사람을 가까이 하여
5계와 10계 등을 빌아
지키고 어기는 것을 잘 알아서 열고 닫을 지니라.

계초심학인문의 내용은 어려움이 없었으나 외우기는 어려웠다. 우리가 외우기 힘들어 하는 것을 조실스님께서 아시고는, 계초심학인문을 외우지 말고 원효스님의 발심수행장은 음률도 있고 하니 무조건 외우라 하셨다. 발심수행장은 신라 원효스님이 저술하였다. 내용은 부처와 중생, 천당과 악도, 성聖과 마魔 이런 식으로 대비를 이루어 글 전체의 흐름이 시적詩的으로 구성되어 있다.

발심수행장 發心修行章

부제불제불 夫諸佛諸佛이
장엄적멸궁 莊嚴寂滅宮은
어다겁해 於多劫海에
사욕고행 捨慾苦行이요

중생중생 衆生衆生이
윤회화택문 輪廻火宅門은
어무량세 於無量世에
탐욕불사 貪慾不捨니라

대저 모든 부처님께서

적멸궁을 장엄하심은

많은 겁해동안에

욕심 버려 고행했기 때문이요.

많고 많은 중생들이

화택문을 윤회함은

무량세 동안에

탐욕을 버리지 못했기 때문이다.

나는 며칠 후, 원효스님의 발심수행장을 독송하면서 아침에 도량석을 하여야 하는 명령을 조실스님께 받았다. 천수경 독송할 때는 그런대로 천수경에 맞추어 목탁을 치고 했는데 도량석할 때의 목탁 치는 법은 원주스님에게 따로 배웠다.

경내에서는 연습할 곳이 없어 연습할 때마다 목탁을 들고 옥석대로 올라갔다.

올림목탁…… 도 도 도 또 또 또 또또또 똑 똑 똑

내림목탁…… 똑 똑 똑 또또또 또 또 또 도 도 도 도

올림목탁과 내림목탁을 세 번 하고 난 후, 한발 짝에 맞춰 목탁을 한 번 치고 발심수행장을 큰 소리로 독송하면서 반주를 맞추어 보았다. 대학시절에 기다를 쳤기 때문에 박자와 음률에 대한 감각이 있어 그런대로 조화를 맞출 수가 있었다.

내일이면 평생 처음 도량석을 하는 날이다. 목탁은 그런대로 맞춘다 해도 목청은 내가 들어도 아니었다. 아직은 속물 때가 물씬 풍기는 속세의 둔탁한 목소리만 귀에 들렸다. 목청을 바꾸려면 선녀탕 폭포 아래에 가서 큰소리로 염불하여 목에 피가 나고 여물기를 몇 차례 해야 제대로 염불 소리가 나온다고 원주스님이 가르쳐주었지만, 나는 그렇게 하지 않았다.

드디어 도량석하는 첫날.

새벽 2시 반에 일어나 만반의 준비를 하였다. 혹시나 발심수행장 중에서 생각나지 않는 구절이 있으면 큰일이다 싶어 작은 종이에 만든 컨닝 페이퍼를 아랫주머니에 챙겨 넣었다.

새벽 2시 55분. 나는 법당으로 올라갔다.

걸려 있는 큰 목탁을 손에 쥐었다. 호흡을 길~게 마시고 내 쉬고~ 긴장을 풀려고 했다. 시계를 보니 정각 3시를 가리키고 있었다. 부처님을 향해 서 있는 자세로 삼배를 올렸다.

도 도 도 또 또 또 또또또 똑 똑 똑……

올림목탁을 쳤다. 새벽의 공기를 뚫고 나의 목탁소리는 파동을 이루며 우주를 향해 마음껏 헤엄치고 있었다. 내림목탁을 치며 세 번을 반복했다. 이제 극락전의 방향으로 발걸음을 옮겨야 한다. 일자목탁과 이자목탁을 적절히 배합했다. 발심수행장을 목소리 높여 독송하면서.

"부 제불 제불이 장엄 적멸궁은 어 다겁해에 사욕고행이요~~

중생 중생이 윤회 화택문은 어 무량세에 탐욕불사니라~~"

조용한 산사에 나의 목탁소리, 나의 목소리, 나의 발걸음만 있는 것 같았다. 상쾌한 기분으로 나의 도량석은 그럴 듯하게 진행되고 있었다.

　하늘의 맑은 웃음이 나에게 미소를 보내고 여린 나뭇가지를 지나온 잔잔한 바람은 나에게 박수를 보내고 있었다. 도량석을 하면서도 여러 가지 잡다한 생각이 일어났다 사라졌다 하고 있었다. 내가 이제 인간 구실을 하는구나! 봉암사에 잘 왔지! 독송이 계속 잘 이어져 나가야 할 텐데.

"무 계행 자는 여보소도이 불기행이요……"

　다음 구절이 생각이 안 난다. 아무리 생각을 해도 기억을 할 수가 없다. 그러나 목탁은 연속적으로 쳐 나가야 한다. 독경의 목소리가 없이 목탁 소리만이 밤의 정적을 깨고 있었다.

　주머니에 컨닝 페이퍼가 있는데 꺼낼 방법이 없다. 꺼내려면 목탁을 몇 박자 쉬어야 하고 꺼내본들 컨닝 페이퍼를 보면서 목탁을 칠 재간이 없었다. 그렇다고 너무 빨리 도량석을 끝낼 수가 없다.

　도량석이 끝나면 바로 법당 안에서 종을 치는 스님과 연결이 되어야 하는데 종을 치는 스님이 준비되었는지도 모르겠다. 등 뒤의 속옷이 촉촉해지고 있었다. 가볍게 느껴지던 목탁이 갑자기 천근이나 되는 목탁으로 변해버렸다. 목탁의 리듬 박자도 마음이 춤을 추는 것과 같이 일정하지 못했다. 독송을 처음부터 다시 하여 지금까지의 내용만 독송하여도 시간은 보낼 수 있을 것 같았다. 할 수 없다. 처음부터 다시 했다.

"부 제불 제불이~~......................."

조금 전 한번 해본 경험이 있어 이번에는 좀 잘 되는 것 같았다. 여유가 생겨 감정도 넣고 목소리의 높고 낮음도 조절하면서 이어져 갔다. 발심수행장의 마지막 문구는 컨닝 페이퍼가 없어도 확실히 기억이 났다.

신필유종 身必有終하리니
후신 後身은 하호 何乎아
막속급호 莫速急乎며
막속급호 莫速急乎인저

육신이란 반드시 끝이 있으리니
다음 생의 몸은 어떻게 될 것인가?
얼마나 급한 일이며
더욱 급하지 아니한가~~

이 부분은 천천히 이 글의 내용대로 절박한 심정이지만 여유를 갖고 세 번을 독송하고 끝냈다. 내림목탁을 한번 쳤다.

똑 똑 똑 또또또 또 또 또 도 도 도

휴우~~

아침공양을 끝내고 원주스님과 마주쳤다.

"이 행자, 새로 나온 발심수행장이 있나요? 앞부분만 두 번이나 독송하고."

새벽 도량석의 잘못을 지적하면서 원주스님이 부드럽게 말했다.

"미안합니다. 스님, 앞으로 잘하겠습니다."

짧게 말했다. 스님이 우리들을 옥석대 올라가서 목탁 연습하라고 하여 우리는 목탁을 들고 옥석대로 올라갔다. 오후에는 초발심자경문 강의를 듣기 위해 우리들은 각자의 책을 들고 조실스님 방으로 갔다. 나는 오늘 새벽 도량석을 잘 하지 못한 것이 자꾸만 마음에 걸려 스님의 불호령을 각오하고 있었다.

조실스님은 '모든 주어진 일에 열심히 하여라.' 하시면서 새벽의 도량석 잘못한 일에 대하여는 전혀 말씀이 없으셨다. 오늘은 '출가의 길'에 대하여 말씀을 하시었다.

출가의 길

때로는 '출가하여 중이 된다면 얼마 안 되는 인생이 아깝지 않을까?'라는 의문을 던질 수도 있다. 사람으로 태어나 한평생을 살면서 더 멋지게 살 수 있는 보람 있는 일들이 많지 않은가.

'중이 된다는 것.'

과연 대장부 한 생애를 걸어 볼 만큼 가치 있는 일인가?

직업 또는 살아가기 위한 방편으로서의 승려 생활이라면 그보다 더 비생산적인 일도 없을 것이다.

오늘날 우리 사회에서 일어나고 있는 종교의 부정적인 현상의 뿌리도 여기에 있다. 그러나 삶과 죽음의 문제, 인간의 궁극적인 구원의 문제를 진지하게 추구하여 그 열망이 승려 생활로 이어진다면 그보다 더 가치 있는 삶도 없을 것이다.

부처님의 가르침을 따르고 큰 각성을 얻기 위해서 반드시 출가하여 승려가 되어야만 하는 것은 아니다.

그러나 출가하여 어려운 수행의 길을 걷는 것이 올바른 수행을 위한 가장 빠르고 좋은 길이며 수행하여 얻은 것을 중생들에게 되돌려 주는 스승의 역할을 하기에도 적합한 것이 승려라는 신분이다.

그러므로 모름지기 승려는 자신이 먼저 각성에 이르러야 하며 어려운 수행을 통해 얻은 각성을 중생들에게 되돌려 주어야 하는 의무를 지닌 존재다. 그러기에 승려 생활은 여간 어려운 일이 아니다.

입산하는 사람 중에는 세상살이가 고달파서 찾는 사람이 있는가 하면 석가모니 부처님이 그랬듯이 인생의 고통을 응시하여 그 실체를 구명하기 위해 산사를 찾아오는 사람도 있다.

전자의 경우라 하더라도 수행을 하는 과정에서 올바르게 발심을 하여 새로운 용기를 얻는 사람이 있는가 하면, 후자의 경우라 하더라도 승려 생활의 일상 관습에 젖어 종단이나 교단 내부에서의 권력이나 재물을 탐하며 그럭저럭 살아가는 부류도 없지 않다.

그럭저럭 살기에는 절집이 편리한 장소일 수도 있다. 그러나 공부하지 않고 고통을 이겨내지 못하면 입산 출가한 본래의 목적에서는 아득히 멀어질 뿐이다.

요즘은 정진 수행하여 큰 깨달음을 얻기보다는 절집 생활에 안주하여 그것을 직업으로 인식한 나머지, 주지住持 하나라도 얻으면 그것으로 만족하여 살아가는 경우가 있다.

이처럼 승려가 직업화되면 불교는 발전하지 못하고 거꾸로 후퇴한다. 우리 불교에 이런 현상이 만연되고 있으니 이 병폐를 먼저 고쳐야 한다.

출가한 목적을 제대로 이루려면 발심부터 달라야 한다. 중이 되어 무슨 특이한 공부를 해 보겠다거나, 종단의 권력을 잡아 보겠다거나, 돈을 많이 벌어야 하겠다는 마음을 조금이라도 품었다면 그런 욕망은 산문 밖에서 누더기를 벗듯이 벗어 던지고 오직 깨끗하고 순수한 열정으로 산문에 들어야 한다.

이런 어두운 마음으로 출가하면 자기 한 몸의 재앙에 그치지 않고 중생들에게 미치는 나쁜 영향이 아주 크다.

그런 사람은 산문 안에 발을 들여놓지 말아야 한다. 요즘은 권세와 겉치레만 쫓는 추세라 신도들이 스님들을 판단하는 기준이 잘못되었다. 스님들 자신도 뭔가 으스대야 잘하는 것으로 잘못 알고 있는 경우가 있다.

석가모니 부처님은 출가 전에 얼마나 좋은 환경과 자격을 갖추고 있었는가?

지금 세상과 비교하면 자랑거리가 한두 가지가 아니다. 그런 배경만으로도 충분히 여유 있게 살 수 있었을 텐데.

왜? 모든 것을 다 버리고 홀로 거렁뱅이 같은 생활을 하셨을까?

자기 스스로 이 헛된 꿈을 깨고 자기 눈을 뜨지 않고는 중생을 교화하고 일깨울 수가 없었기 때문이다. 눈먼 장님이 장님을 데리고 길을 갈 수 없는 노릇인 것이다.

일단 출가한 후에는 이론으로 배우려 해서는 안 된다.

실제 행동으로 배워야 한다. 이론이 아닌 실천으로 진지한 마음으로 따르고 배우면 차츰 환희심이 생겨난다.

울력과 심부름을 시켜도 단순히 시키는 것이 아니라 다 까닭이 있어 시키는 것이며 그 모든 것이 살아 있는 공부다. 그런 후에 차츰 경전을 보고 기도도 하고 마침내 정진에 힘쓰면 날이 갈수록 자신감이 생기고 확신이 여물어 간다. 그리고 어느덧 인생이 바뀌게 된다.

세속에서 느끼지 못했던 우주와 인생의 오묘한 진리를 깨달아 혼자 미소 짓게 된다.

산중 새벽잠에서 깨어나 목탁소리와 종소리를 들을 때야말로 형언할 수 없는 느낌을 받게 된다. 이는 출가한 사람에게 주어지는 가장 큰 선물의 하나이다.

하루해가 저물어 먼 산봉우리에 노을이 질 때 청아한 염불 소리를 들으며 마음의 때를 닦아내면 생명의 밝은 이치가 그 모습을 드러내지 않을 수 없다. 공기 좋은 곳에 가면 몸과 마음이 다 시원해지지만 시끄럽고 번잡한 곳에 가면 귀찮고 우울해지는 것은 인지상정이다. 산사의 맑고 깊은 분위기, 자연과 생명의 본질에 더 가까이 근접한 분위기 속에서 한 걸음 한 걸음씩 앞으로 나아가면 믿음은 깊어지고 마음은 금강석처럼 여물어진다.

어느 정도 수련이 되면 스스로 뼈를 깎는 고행으로 공부해야겠다고 느끼게 된다. 여기서 본격적인 수행의 길로 들어서게 된다. 누가 시켜서 그런 일을 한다면 얼마 가지 않아 중도 하차하고 만다. 하지만 스스로 큰 용기를 내어 택한 길이라면 끝까지 멈추지 않을 것이다.

마침내 본격적인 참선 수행에 들어가면 시간과 공간을 모두 잊어버리고 화두를 붙들고 참구하여 삼매三昧에 빠지게 된다.

일체 망념을 버리고 삼매에 빠지면 그것만으로도 엄청난 열매를 얻을 수 있다.

여기서 좀 더 나아가면 만물의 이치가 훤히 밝아지는 대 자유, 대 광명의 세계가 열린다. 그다음에는 누구에게도 어떤 상황에서도 흔들리지 않는 확고한 진리의 세계가 구축된다. 이것이 안심입명安心立命의 경지이다.

그다음에는 무엇을 하던지 무엇을 보던지 간에 미혹하거나 흔들리지 않는다. 그렇게 살아가다 보니 그 사람의 말과 행동이 남에게 피해를 주지 않는 것은 물론, 오히려 무엇인가 깨우침을 주게 되는 것이다. 중생을 돕고 구하는 일은 의도적이기보다는 저절로 이루어져야 한다.

조실스님께서 우리들을 한 명씩 찬찬히 보시면서 법문을 끝내었다.

행자 시절

세 명의 행자들도 삭발했다.

최 행자는 두상이 깨끗하고 하늘을 향해 잘 빠졌다. 길쭉하게 생긴 팽이처럼 미끈하게 잘 빠졌다. 김 행자는 머리가 울퉁불퉁하여 삭발해 주는 스님이 힘이 들었다. 머리가 둥글지 못하여 욕심쟁이 놀부의 혹이 여러 개 붙은 모양이었다. 바다 멍게의 모습이 떠올랐다. 박 행자는 두 상은 둘째 치고 삭발을 하고 나니 얼굴이 확 피어 밝게 보였다. 그래서 그런지 삭발한 후로는 항상 웃고 다녔다.

봉암사는 경내의 서쪽 옥석대 올라가는 방향에 선방 108평을 불사한 다고 분주하게 돌아가고 있었다.

조실스님의 원력으로 많은 보시금이 들어와서 불사를 시작하였고, 동춘 주지 스님과 본사가 통도사인 원행스님의 활약으로 순조롭게 공 사가 진행 중이었다.

우리 행자들은 나무를 나르고 기왓장을 나르고 쉴 새 없었다. 날씨는 더워서 조금만 일을 해도 땀이 뻘뻘 나는 무더위가 계속되었다. 일꾼들은 막걸리를 옆에다 갖다 놓고 참 먹을 시간이 되면 맛있게 마시곤 했다.

'행자는 스님이 아니니 먹어도 된다.'고 일꾼들은 우리들을 꼬셔 댔다. 우리들은 땀이 나고 일에 지쳐서 막걸리를 먹고 싶었지만 먹을 수가 없었다. 차라리 막걸리가 없으면 몰라도 옆에 있는데 먹을 수가 없는 심정은 사랑하는 여인이 옆에 누워 있는데 키스도 못하는 심정보다 더 안타까웠다. 우리의 이런 마음을 눈치챈 원주스님은 며칠 후에 행자들을 위하여 파티한다고 약속했다.

절에 와서 파티라는 말은 처음 들어본 것 같았다.

며칠 후

저녁공양을 마치고 원주스님이 우리를 불러 옥석대로 올라가자면서 라면 상자를 들라고 하셨다. 우리들은 상자 안에 무엇이 들었는지를 느낌으로 알고 있었지만, 모른 체하고 휘영청 밝은 달이 밝혀주는 달의 길을 따라 옥석대로 올라갔다. 곧 벌어질 새로운 세상에의 기대감을 가지고서 동해바다에 배 한 척이 지나간 뒤에 출렁이는 물결처럼 우리들도 출렁이고 있었다. 걸음걸이는 오랜만에 공원을 산책하는 강아지의 뒷다리 마냥 출렁거렸다. 옥석대에 도착했다. 우리들은 손과 발을 씻고 윗옷을 벗고 맨발로 넓고 시원한 옥석대의 바위에 모여 앉았다.

"여태까지 땀 흘려가며 불사하느라 수고 많았고 안전사고가 안 나서 다행이다. 이런 불사에 동참하는 것은 복을 짓는 일이며 나중에 참선 공부할 때 마장이 생기더라도 잘 극복할 수 있는 밑거름이 된다.”

라고 스님이 말했다. 우리는 그 말이 귀에 들어오지 않았다.

빨리 라면 상자를 뜯고 싶었다.

“행자님들! 전부 옷을 입고 몸을 정갈히 하세요.”

원주스님의 그 말에 우리는 어리둥절하였다. 왜? 갑자기 옷을 입으라고 하는지. 스님과 우리들은 바로 옆의 마애불 앞에서 삼배했다.

“부처님, 오늘은 용서하십시오. 그동안 행자들이 불사를 돕는다고 노고가 많아 오늘 잠시 스트레스를 좀 풀려 합니다. 자비로써 용서를 빕니다.”

원주스님이 마애불에게 낮은 목소리로 신고하였다. 그 저음의 목소리로 부처님께 고하는 모습이 너무 엄숙하여 가슴이 짠하였다. 다시 원래의 자리로 돌아와 상의를 벗고 우리는 둘러앉았다. 상자를 열었다. 막걸리와 안주 그리고 과자가 들어 있었다.

“원주스님, 이거 어디서 났어요?”

주위의 나무들이 듣지 못할 정도의 목소리로 내가 물었다.

“그런 것은 묻는 게 아닙니다.”

스님이 짧게 말했다.

우리는 처음으로 막걸리를 앞에다 두고 그동안의 못다 한 이야기를 주고받았다. 한잔의 막걸리를 쭉~ 마셨다. 대학 다닐 때 학교 앞 ‘수원지 상회’에서 막걸리 마시면서 개똥철학으로 꽃 피웠던 같은 경제과 친구들의 모습이 한둘씩 떠올랐다.

우리는 처음의 술자리라 취기가 빨리 오르기 시작했다. 머리 위에 떠 있는 달을 쳐다보았다. 만해 한용운 스님이 감방에서 달을 보고 노래한 시가 생각이 났다.

달아달아 밝은 달아
내 나라에 비친 달아,
쇠창을 넘고 넘어
나의 마음 비친 달아,
계수나무 베어내고
무궁화 심으고저.

달은 노란색이었다. 아니 황금색이었다. 달 안에 약간 거무스름하게 뭔가가 있는 것 같았다. 저게 계수나무인가? 달님도 술을 한잔하여 얼굴이 거무칙칙했다.

우리는 발그스름해졌다. 그게 달의 얼굴과 사람 얼굴의 다른 모습일까? 기분이 좋았다. 나는 시조 한 수 읊었다.

"청~산~리 벽계~~수~야
수이~~감~을 자랑~~마~라~"

박수가 흘러나오고 어디서 배웠느냐고 누군가가 물었다. 나 혼자 기분을 내어 미안했다. 다른 행자들보고 차례대로 노래 한 곡씩 해라고 하자 노래를 독창으로 부르기 시작했다.

술이 들어오고 노랫가락은 계곡 물소리와 함께 흘러가고 기분은 옛

날로 돌아갔다. 어느새 취기가 더욱 오르기 시작하여 기분은 만땅이 되었다. 우리들은 오늘만 생각하기로 하였다.

지금 이 시간 즐겁게 놀아보자. 스트레스도 풀 겸 신이 났다. 내일은 생각할 필요가 없다. 누군가 선창을 하면 합창으로 같이 불렀다. 개울에 가서 조그만 돌을 두 개 들고 와서 노랫소리에 맞추어 쿵짝 쿵짝 반주를 넣었다.

'돌아가는 삼각지' '불효자는 웁니다' '과거는 흘러갔다' '어디 쯤 가고 있을까' '하얀 나비' '별이 빛나는 밤에' '잊지는 말아야지' '용두산 엘레지' '이별의 부산 정거장' '애수의 소야곡' '비 내리는 고모령' '굳세어라 금순아' ······

갈수록 목소리는 커지고 흥이 나서 춤을 추었다. 산천초목이 우리들의 아우성을 즐기며 반기고 있었다.

술이 없어서 우리들의 노랫소리도 끝이 났고, 우리들은 내려왔다.

다음날

원주스님이 대중 스님들 앞으로 불려갔다. 대중공사에서 원주스님의 잘못에 대한 추궁이 이어졌다. 어젯밤 행자들이 떠들고 노래 부르고 술 마시고 하여 산중의 기강을 흩트리게 한 죄, 대중 스님들 공부하는데 방해 한 죄, 행자들 감독 지도 못 한 죄 등이다.

대중공사는 '대중이 원하면 소도 잡아먹을 수 있다.' 라는 말이 있을 정도로 결정권한이 대단한 것이다. 상을 내릴 때나 벌을 주는 경우 등

크고 작은 모든 일을 승가 전원이 참석하여 대중공사를 통하여 결정한다. 대중공사에서 원주스님이 무슨 말을 했는지 어떤 벌을 받았는지 우리들은 모른다. 원주스님이 우리에게 말을 안 했으니. 원주스님이 걸망을 메고 봉암사를 떠나지 않은 것이 다행이었다.

그런 일이 있고부터는 우리는 일체 막걸리 먹을 기회가 없었다. 우리 행자들은 108평 선방 불사 공사 현장에서 더운 날씨에도 아랑곳하지 않고 열심히 일을 했다.

박 행자는 운전 실력이 좋아 '딸딸이차'를 혼자서 몰고 다니면서 종횡무진으로 열심히 하였다.

3
업보와 인연

첫 번째 죽음의 문턱 | 수계식 | 서암스님

마음의 흔적이란 우리의 지나온 생각과 말과 행동,
그리고 기억들이 마음의 한 공간에 남아있는 것을 말한다.
이 마음의 흔적이 좋고 나쁨을 판단하는 기준이 되어
좋고 나쁨의 인식방향을 결정하고 우리의 생활에 영향을 미치는 것이다.
그러므로 우리들은 현재 어떤 형태의 마음의 흔적을 가지고 있는가에 따라
또한 앞으로 어떤 형태의 흔적을 마음에 심느냐에 따라서
인생의 방향이 바뀌게 되는 것이다.

첫 번째 죽음의 문턱

어느 날

원주스님이 나와 김 행자를 저녁공양 마친 후에 불렀다. 우리 세 명은 공사현장에서 짐을 옮길 때 사용하는 지프차를 개조한 위 뚜껑이 없는 차를 타고 마을로 내려갔다.

기분 좋을 정도로 막걸리를 마신 후, 원주스님이 운전하고 나는 옆자리에 앉았으며 김 행자는 뒤의 짐칸에 실려 봉암사로 돌아오고 있었다. 우리는 달리는 차에서 노래를 불렀고 차는 속력을 내면서 달리고 있었다. 어떤 때는 천천히 달리면서 밤의 공기를 헤치고 노랫가락과 함께 달리고 있었다. 어디쯤 왔을까?

순간! 차가 기울기 시작하더니 몸의 중심을 잃어버렸다.

"쾅, 콰쾅!!!"

하는 소리와 함께 우리 세 명은 왼편의 계곡 쪽으로 추락했다.

순식간이었다.

아차! 하는 생각이 순식간에 머리를 스쳐갔다. 그런데 나의 몸을 누가 아래에서 받드는가 싶었는데 사뿐히 내려앉았다.

사방을 둘러보니 그믐의 달밤이라 사물을 제대로 분간할 수 없었다. 나는 정신을 차렸다. 우리는 차와 함께 돌이 많은 계곡으로 떨어진 것이다.

그럼 두 사람은 어디에 있는가? 신음소리가 들렸다. 사람이었다. 잘 보이지 않아서 만져 보았다. 얼굴에서 끈적끈적한 액체가 흐르고 피 비린내가 났다. 다른 한 명은 다리가 아프다면서 다리 쪽을 가리키는 것 같았다. 다리에서 기분 나쁜 냄새의 액체가 흐르고 있었다.

이 두 사람을 나로서는 어떻게 할 방법이 없었다. 암담한 상황이었다. 달빛도 별빛도 없었다. 플래시도 라이터도 없었다. 검은 흑막 속에서 보이는 것은 희미한 물체의 윤곽뿐이었다.

나는 일어나서 옹벽을 타고 올라갔다. 저 멀리 불빛이 보이는 마을의 외딴집으로 숨 가쁘게 달려갔다. 때마침 주인이 잠을 자지 않고 있었다.

점촌의 큰 병원에 전화하여 위급한 상황임을 알렸다. 30분쯤 후에 앰뷸런스가 도착하여 두 명을 싣고 나와 함께 병원으로 가게 되었다.

병원에 가서 보니 김 행자는 다리뼈가 부러졌고 그곳에서 피를 많이 흘린 흔적이 보였다. 원주스님은 코뼈가 부러지고 피를 흘리고 있었다. 응급조치를 하고 병원에서 잠을 자야 했다. 나는 승복 위 저고리의 뒤쪽이 5cm쯤 찢어져 있었다.

나의 몸은 다친 곳이 없었으니 의사와 간호사도 나를 보고는 의아해

하였다.

나는 그 당시를 다시 생각해 봤다. 차가 왼쪽 계곡으로 떨어지는 순간에 '꽝' 소리와 거의 동시에 누군가 나를 받쳐 주었는데 누구일까?

그때의 그 느낌은 잊을 수가 없다. 만약에 나까지 다쳐 피를 흘리고 끙끙 앓고 있었다면, 우리 세 명은 인적 없는 그 조용한 곳에서 어떻게 되었을까? 생각하니 아찔했다.

시간은 흘러 두 사람은 퇴원을 하였다. 퇴원하기 전에 병문안을 몇 번 갔다.

그런 큰일이 있고 난 후에 우리는 다른 잡생각 할 여유가 없었다. 퇴원 후 며칠이 지난 뒤 원주스님 방에서 스님의 강의를 듣는 날 스님이 우리에게 물었다.

반야심경에 나오는 '색즉시공色即是空'에 대하여 아는 만큼 설명하라고 하였다. 누구 하나 설명할 사람이 없어 그냥 있었다. 원주스님이 말하였다.

이 세상의 모든 모양이나 현상이나 사건이나 모든 일체를 색色이라고 한다면, 그것 자체는 공空하다는 것이다.

공하다는 뜻은 비어 있다는 말이며 그 안에는 희로애락이 없으며 좋고 싫음이 없는 것이다. 우리가 인식하면서 온갖 알음알이, 즉 분별하는 마음을 내기 때문에 희로애락이 생기는 것이다.

예를 들어 키가 160cm인 두 명의 남자가 있다고 가정하면 160cm인 키 그 자체는 모양이니 색色이 되며 그 자체에는 좋고 나쁨이 없는 공空인 것이고 텅 비어 있는 것이다.

그런데 한 명은 키가 작은 것에 항상 콤플렉스를 가지고 있고, 다른 한 명은 키가 작았던 유명한 위인들을 생각하며 더욱더 노력하여 키 작은 것에 집착하지 않고 생활하는 사람이 있다.

　그렇기 때문에 우리가 어떻게 인식하느냐의 차이가 생길 뿐이지 키가 작은 그 자체는 좋은 것도 아니고 나쁜 것도 아니라는 것이다.

　어떠한 사건이나 사물도 마찬가지로 사람들은 각자의 입장에 따라 좋거나 나쁜 것으로 평가하기 마련이다.

　친구 중에 신경질을 잘 내는 친구가 있다고 하면 그 친구에게는 신경질을 내는 특성이 있다고 생각할 것이다. 그러나 다른 사람은 그 친구를 신경질 내지 않는 다정한 사람이라고 여기며 좋아하는 사람이 있을 것이다. 즉, 그 친구 자체에는 신경질을 내는 고유한 특성은 없는 것이다.

　만약 그 친구가 신경질을 내는 것이 개인의 고유한 특성이라고 한다면 주위의 모든 사람이 그 친구를 신경질스럽게 여길 것이다. 하지만 그 친구의 신경질은 공空이고 비어 있기 때문에 신경질 자체는 없는 것이다. 나의 입장에서 그 사람을 신경질적으로 생각할 뿐이다.

　또 다른 예를 들면 어떤 두 사람이 손을 잡고 걸어가는데 오토바이가 갑자기 두 사람 사이에 끼어들어 두 사람이 약간의 찰과상을 입었다. 한 사람은 신경질을 내면서 짜증스러운 말투로 운전자에게 욕설하였고, 다른 사람은 이미 벌어진 사건이라는 것을 바로 알아차리고는 운전자에게 도리어 다친 곳이 없느냐고 반문을 하는 사람이 있다.

왜 이런 현상이 일어날까? 두 사람이 똑같은 사건을 당하였지만 받아들이는 인식의 차이 때문에 말과 행동이 전혀 다르게 나타나는 것이다.

길가에 피어 있는 코스모스를 보면서 어떤 사람은 코스모스를 좋아했던 옛 연인을 생각하며 그 당시의 즐거움을 느낄 것이지만 다른 사람은 코스모스를 보면서 차를 몰고 가다가 교통사고가 난 아픈 추억을 떠올릴 것이다.

즉, 이 세상에는 그 자체로 좋고 나쁜 사건이나 사물은 없다는 말이다. 그러면 그것의 판단은 전적으로 내 마음에 따라서 좋고 나쁨으로 달라지는 것일까? 우리는 흔히 말하기를 모든 것은 마음먹기에 달렸다는 말을 종종 사용해왔다. 그러나 그렇지 않다.

우리의 마음에서 좋고 나쁨을 판단하는 데는 그렇게 판단할 수 있도록 만드는 나도 모르는 힘이 있는 것이다. 그것은 바로 마음의 흔적이다.

마음의 흔적이란 우리의 지나온 생각과 말과 행동, 그리고 기억들이 마음의 한 공간에 남아있는 것을 말한다.

이 마음의 흔적이 좋고 나쁨을 판단하는 기준이 되어 좋고 나쁨의 인식방향을 결정하고 우리의 생활에 영향을 미치는 것이다. 그러므로 우리들은 현재 어떤 형태의 마음의 흔적을 가지고 있는가에 따라, 앞으로 어떤 형태의 흔적을 마음에 심느냐에 따라서 인생의 방향이 바뀌게 되는 것이다.

지금 일어나고 있는 현상세계에서의 모든 일에 대하여 현재 가지고 있는 마음의 흔적을 알고 있다면 마음의 원리와 세상의 원리를 알 수 있을 것이다.

우리가 이번에 교통사고로 인하여 많이 다치고 고통을 받은 것은 사실이지만 그것 자체로는 좋고 나쁨이 없는 것이므로 그 사건의 아픔과 고통에 집착하지 말고 마음을 다잡아 공부에 더욱더 정진하는 모습이 우리 수행자가 할 일이다.

우리가 태어나서 오늘까지 살아오면서 행위를 한 사소한 거짓말이나 죄업의 감정들이 마음에 흔적으로 남아 있기 때문에, 그런 부정적인 흔적이 나무가 자라듯이 점차 커져서 인과 연을 만나 이런 큰 교통사고를 당하였다.

과거의 나쁜 마음의 흔적들에 대한 업보를 받았으니 지금부터라도 우리의 마음에는 항상 좋은 흔적을 심을 수 있는 말이나 행동을 하여야 한다. 남을 무시하는 행동과 죄업을 짓는 행동 등 부정적인 행위들은 부정적인 흔적으로 남아 오랫동안 잠재의식에 남게 된다.

이것이 7식과 8식에 저장되어 자라기 때문에 언젠가는 부정적인 흔적들이 6식인 의식의 세계로 출현하여 그만한 보상과 대가를 받는 것이다.

마음의 잠재된 영역은 무한하며 마음이 바로 운명을 만들어 가는 것이다. 지금 우리가 새겨가는 흔적의 종류에 따라 우리의 인생이 바뀌어 가고 성공과 실패가 결정된다.

이런 논리로 풀어보면 현재의 성공한 사람들은 과거에 관대하고 좋은 흔적을 심었기 때문에 현재 그만한 대가를 받고 있는 것이다.

현재 불행한 사람들은 지금부터라도 좋은 일을 많이 하여 좋은 흔적을 심어놓아야 미래에 좋은 일이 생긴다. 우리들은 좋은 흔적을 만들기 위해 하루하루 진실하고 부지런히 정진을 하여야 한다.

원주스님의 말씀이 끝난 후 우리는 '색즉시공色卽是空'에 대하여 새로운 각도로 이해하게 되었다.

조실스님의 초발심자경문 강의가 끝이 났다. 우리는 선방 신축 건축 현장에서 생활하다 보니 우리들의 얼굴은 여름의 따가운 햇볕을 맞아 검게 변하고 있었다. 원주스님이 9월 초에 범어사에서 수계식이 있을 예정이라는 말을 했다. 우리 네 명의 행자는 설레는 마음으로 하루하루를 보내고 있었다.

8월 초

은사 스님을 정해야 할 때가 왔다. 법연스님과 원주스님이 상의하는 것 같았다. 조실스님은 상좌를 받지 않으므로 우리는 모두 동춘 주지 스님 상좌가 되어야 한다고 했다. 나는 주지 스님 상좌는 안 하겠다는 의지를 원주스님에게 분명히 말했다. 원주스님이 나의 뜻을 알고 조실 스님께 여쭈어 보았으나 조실스님은 상좌 받을 뜻이 없음을 명백히 밝히셨다 한다.

원주스님이 나를 달래었다.

"조실스님께서 상좌를 안 받겠다고 하시니 어쩔 수 없는 상황이지 않느냐? 공부하는 사람이 은사 스님이 뭐 그리 중요하냐? 어차피 본사가 봉암사인데! 그것만 해도 대단한 거여!"

나는 그런 말들이 귀에 들어오지 않았다. 어느 날 법연스님을 만나서 물어보았더니 법연스님도 원주스님과 같은 말을 하였다. 나는 단호히 말을 했다.

"이번에는 계를 안 받고 행자 생활 1년 더 할랍니다."

나의 표정이나 말투가 강해서인지 법연스님은 별다른 말을 하지 않고 헤어졌다. 다른 행자들도 나보고 이번에 계를 받아 같이 주지 스님 상좌가 되자고 회유를 하였다.

며칠 뒤

공양실에서 설거지를 하고 있는데 박 행자가 급히 뛰어오면서 허겁지겁 나를 불렀다. 말을 하지 않고 나의 소매를 잡으며 끌고 갔다. 우리의 방이었다. 우리 방은 공양실과 붙어 있었다. 방문을 열어보는 순간 깜짝 놀랄 일이 벌어졌다.

최 행자가 오른손 집게손가락을 끊어서 피가 흐르고 있었다. 방안에는 피의 냄새가 코를 찌를 정도로 흥건한 피가 고여 있었다. 위급한 상황이었다. 점촌에서 앰뷸런스가 오고 최 행자가 실려 갔다. 끊어져 나간 피 묻은 손가락을 깨끗한 비닐봉지에 담아서.

봉암사 대중 스님들이 모여 말들이 많았다.

'행자를 안 받는 봉암사에서 행자를 받으니 산중에서 음주가무를 하지 않나! 차 사고를 내어 말썽을 일으켜 산중을 어지럽히지 않나! 손가락을 끊지를 않나!' 하면서 우리 행자들에게 곱지않는 시선을 보내었고, 몇몇 스님들은 우리를 미운 오리 새끼처럼 취급하였다.

며칠 후 최 행자는 퇴원하였다. 손에 붕대를 감아서 일을 할 수가 없는 처지가 되어 우리 세 명이 함께 그의 소임까지 처리하고 있었다.

어느 날, 점심공양 후에 계곡에 앉아서 원주스님이 최 행자에게 물었다.

"최 행자, 왜 갑자기 단지斷指를 하였소?"

최 행자는 싱긋 웃고만 있었다. 내가 옆에서 거들었다.

"이 사람아, 말해봐. 이유를 알아야 할 거 아니야!"

그 자리에는 원주스님, 최 행자, 그리고 나 세 명뿐이었다.

"조실스님께 뭔가를 보여주고 싶어서 그랬습니다."

최 행자가 눈에 광채를 띠면서 원주 스님을 향해 또박또박 말했다.

"조실스님께 무엇을 보여준단 말이오?"

원주스님이 즉시 말을 받았다. 약간의 침묵이 흐르고 있었다.

"원주스님! 최 행자의 원래 계획은 단지斷指한 손가락을 들고 조실스님께 가서 무릎 꿇어 증표를 보이고 싶었다는 말인 것 같습니다."

내가 옆에서 참견하였다. 최 행자는 말없이 입가에 미소만 머금고 있었다. 원주스님은 고개를 끄떡거리면서 손을 턱밑으로 가져가서 무언가를 생각하는 것 같았다.

"알았어요. 내가 조실스님께 말하리다."

원주스님의 말을 듣고 나서 우리는 자리에서 일어났다.

우리 네 명의 은사 스님 문제는 해결되었다. 나와 최 행자는 조실스님을 은사 스님으로, 김 행자와 박 행자는 주지 스님을 은사 스님으로 계를 받기로 정해졌다.

수 계 식

우리들은 수계 받을 준비 한다고 마음이 들떠 있었다. 주민등록등본, 사진, 기타서류를 준비하였고 승복과 가사, 발우, 걸망을 마련했다. 발우는 은사 스님이 해 주었다. 가사 입는 법, 발우 공양하는 법 등을 원주스님에게 배웠다. 우리는 범어사로 향했다.

범어사는 대학생 불교 활동을 하면서 여러 번 참배하였던 곳인데 오늘은 새롭게 느껴진다.

전국에서 많은 남여 행자들이 사미계를 받기 위해 모여 들었다. 범어사 금강계단에서 엄숙한 수계식이 거행되었다.

1986년 9월 5일

조계종단에 승적을 올린 날이다. 승려증도 받았다. 나는 '지홍', 최 행자는 '지정', 김 행자는 '인행', 박 행자는 '일조' 라는 법명을 받았다. 오늘부터 나는 스님이다. 우리끼리도 서로 법명을 부르고 뒷말에는 스님이라는 칭호를 붙였다. 행자에서 스님이라는 호칭으로 부르려니 뭔가 좀 어색했다.

1986년 9월 7일

해인사에서 '전국 승려대회'가 열려 2,000여 명이 운집하여 불교계의 자주화를 선언하고 10개 항을 결의하였다.

그중에 제8항의 언론 편파보도 시정의 내용은 TV나 교과서 등에서 불교관계 서술이나 보도 등을 할 때 타 종교에 비해서 편파적으로 보도하였기 때문에 청소년들과 일반인들에게 불교의 교리를 올바르게 전달하여야 한다는 시급한 사안이었다.

제10항의 '10·27법난'은 정권이 총칼로 무장한 군인들의 군홧발로 법당을 짓밟은 사건이다. 군사정권이 폭력적인 방법으로 불교계를 제압하여 정권의 하수인으로 만들겠다는 의지였으니, 오늘 대회에서 '10·27법난'을 폭거로 규정하였다. 불교계의 참을 수 없는 모욕을 씻어내기 위해 모든 승려의 이름으로 항거한 것이다.

'호국불교'에 대한 개념을 '정권의 비호'가 아닌 '국민의 비호'라고 확대 해석함으로써 종전의 보수종단적인 성격을 탈피하는 계기를 마련하였다. 집행위원장 월주 스님은

"오늘의 이 대회는 불교관계법 폐지를 위한 것만이 아니라 이 땅의 진정한 민주주의와 민족의 정통성을 회복하기 위한 것"이라며 대회의 진정한 뜻을 역설하였다.

해인사 주지 법전 스님은 "열과 성을 가지고 한국 불교의 역사적, 종

교적 소명을 다 할 수 있도록 용맹정진할 것"을 당부하였다.

결의문이 낭독되는 중에 금산사의 지광 스님은 스스로 손가락을 잘랐다. '불자여 깨어나라.'라는 혈서를 썼고 다른 스님들도 혈서를 쓰는 바람에 분위기는 고조되었다. 대회를 마치고 대웅전을 돌아 일주문 밖으로 나가서 가두시위를 벌였다.

해인사에서 전국승려대회를 마친후, 버스를 타고 학교로 돌아가던 중앙승가대학 스님들이 안암동 로타리에서 버스에 부착되어 있는 현수막 글자의 내용 때문에 교통경찰관과 실랑이를 하는 중에 교통 경찰관이 "이 중놈들……" 하는 승려를 비하하는 발언을 하자 시비는 격화되었다. 폭언을 사과하라는 승려들에게 최루탄을 쏘았고, 이 과정에서 많은 승려가 부상을 당하여 18명의 스님이 강제로 연행되었다.

중앙승가대학 스님들은 철야 농성을 계속하였다. 결국 5명의 스님은 구속, 10명은 불구속 입건, 3명은 훈방되었다.

해인사 승려대회는 불교의 자주화 선언과 함께 현실참여를 표명함으로써 불교의 사회적인 의무와 책임을 규명하였고, 승가의 단합된 모습을 전국에 보여줌으로써 불교의 위상을 강화하는 데 큰 족적을 남겼다.

우리는 해인사의 '전국승려대회'를 마치고 즐거운 마음으로 봉암사로 돌아왔다. 은사 스님께 인사를 해야 한다. 김 처사가 반가이 맞이해 주면서 "이제부터 스님이라 불러야 하겠네. 축하해요, 스님들."하고 악수를 한 번씩 했다. 우리 네 명은 조실 스님께 가서 삼배의 예를 갖추었고 주지 스님께 인사를 했다. 원주스님에게도 고맙다는 인사를 했다.

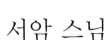

서암 스님

　은사 스님이신 서암스님은 성은 송宋씨이며 이름은 홍근鴻根이시다. 스님의 모친께서 '고목에서 꽃이 피고 수많은 별이 쏟아지고 거북이 나타나는' 태몽을 꾸시고는 살고 계시던 풍기 땅에서 친정인 안동 구송리로 옮기시니, 그곳에서 1917년 10월 8일 부친 송동식과 모친 신동경 님 사이에서 5남 1녀 중 셋째로 탄생하셨다.

　절개가 굳고 의인이셨던 스님의 부친께서 일제 치하에서 풍기 일원의 독립운동단체의 지도자로 활약함에 따라 가족은 삶의 터전을 잃고 안동, 단양, 예천, 문경 등지로 떠돌게 되었다. 스님께서는 추위와 굶주림의 참담한 유랑생활로 유년시절을 보내셨다.

　"많이 배워라. 기상을 죽이지 마라."

　는 부친의 가르침과 헌신적인 모친의 희생을 입고서 동네 서당과 단양의 대강보통학교, 예천의 대창학원 등에서 품팔이하시면서 한학과 신학문을 배우게 되었다. 인간의 삶과 진실, 세계와 우주의 질서, 그

비밀에 접근하는 열쇠를 찾기 위하여 스님께서는 책을 탐독했고 틈만 나면 생각에 젖어들었다.

타고난 영민함과 박학博學, 깊은 사색思索을 지닌 스님께서는 인생에 대한 진지한 논쟁을 여러 사람과 즐기셨다. 어린 나이였지만 필적할 만한 이가 없었다. 그러던 중

"책이나 선생들로부터 들은 것 말고 단 한마디라도 좋으니 너 자신의 이야기를 해보라."

는 예천 서악사의 화산華山노장님의 말씀에 최초의 부끄러움을 느끼고

"제 인연은 스님에게 있습니다."

는 말과 함께 머슴과 같은 행자 생활을 하게 되었으니, 16세(1932년)의 일이다. 고된 생활 가운데에서도 당시 대 강백이셨던 화산스님께 초발심자경문, 치문, 불교의식 등을 틈틈이 배우며 출가 수행인으로서의 기반을 다지셨다.

은사되실 화산스님이 3년이라는 긴 행자 기간을 지내도 사미계를 주실 생각이 없으셨다. 당시 경허鏡虛 스님과 교분이 있던 장진사라는 분의 간청에 의해 비로소 본사인 김룡사에서 19세(1935년)의 나이로 낙순 화상을 계사로 모시고 사미계를 받았다.

21세에 김룡사 강원생활 하던 중 금오金烏 스님을 모시고 비구계를 받아 그해 대덕법계를 품수하게 되었다. 목마른 학문의 열정을 적시기 위하여 결심하게 된 것이 일본 유학이었다.

종비 장학생의 자격으로 유학생활을 하면서 힘든 노동과 배고픔의

대가를 치러야 했다. 육체는 병이 들어 당시 사형선고와 같은 폐결핵이라는 진단을 받게 되었다.

24세에 귀국하여 죽음만을 기다리며 사는 것이 헛되다고 돌이키시며 26세에 김룡사 선원에서 수선안거修禪安居에 들어갔다. 여름과 가을이 지나가면서 마음은 맑아지고 몸은 가벼워졌다.

28세에 금강산 마하연과 신계사에서 여름을 정진하시며 지내니 어느덧 몸에 있던 병마는 흔적 없이 사라졌다. 가을이 되자 묘향산, 백두산을 거쳐 다시 남으로 내려와 문경 대승사의 천연동굴에서 성철性徹스님과 함께 용맹정진하셨다.

30세에 스님은 훌쩍 계룡산 골짜기에 있는 나한굴羅漢窟이라는 천연동굴로 들어가셨다.

'깨달음을 얻기 전에는 살아서 이 바위굴에서 나가지 않으리라.'

목숨을 건 정진으로 머리는 풀어 헤쳐지고 뼈만 앙상하게 남아갔으나 스님의 의식은 오히려 맑아지고 있었다. 나중에는 잠도 잊고 먹는 것도 잊은 채 선정삼매禪定三昧의 날들을 보내시다가 한순간 탄성이 저절로 터져 나왔다.

본무생사라本無生死!

삶과 죽음의 경계마저 한갓 공허한 그림자처럼 사라진 것이다. 계룡산에서 내려온 스님은 수행의 고삐를 늦추지 않으셨다. 만공滿空스님 회상의 정혜사, 한암漢岩스님 회상의 상원사 그리고 해인사, 망월사, 속리산 복천암, 대승사 묘적암 등지에서 정진을 계속하셨다.

32세부터 34세까지의 금오金烏스님과의 인연은 각별했다. 지리산 칠불암, 광양 상백운암, 보길도 남은암, 계룡산 사자암에서 금오스님을 계속 모시고 정진을 하셨다. 특히 칠불암에서의 '죽기 살기 식'의 정진은 유명한 일화로 남아 있다.

54세(1970년)에 스님은 봉암사 조실로 추대되었으나 사양하시고 선덕禪德 소임을 자청하였다. 당시 봉암사 대중들이 선방 벽의 용상방龍象芳에 스님의 법호를 조실자리에 붙이면 스님께서 떼어내고 다시 대중들이 붙이면 스님이 또다시 떼어내곤 하셨다.

59세(1975년)에 제10대 조계종 총무원장을 맡아 어려운 종단사태를 수습하고 얼마 뒤에 사퇴하셨다.

62세(1978년) 이후부터는 자연스럽게 봉암사 조실로 계시면서 해이해진 승풍을 바로 잡으시고 낙후된 가람을 중창하셨다.

한편 수행환경을 위해 전국에서 유일하게 산문을 일반인에게 통제하여 오늘날 '모든 수좌의 고향'으로서의 봉암사를 있게끔 하셨다.

77세(1993년)에 제8대 조계종 종정으로 추대되시었다. 그러나 스님은 이듬해에 종정직과 함께 봉암사 조실까지 사임하시고 거제도, 삼천포, 팔공산 등지를 거쳐 태백산 자락에 가건물을 지어 무위정사라 이름하고 무위자적 하셨다.

85세(2001년)에 봉암사 대중들의 간청에 의하여 8년 만에 봉암사 염화실로 돌아와 한거하셨다.

87세(2003년) 3월 29일 봉암사 염화실에서 여러 시봉들이 지켜보는 가운데 오른쪽으로 누워 편안히 열반에 드셨다.

나는 다음 동안거 결제일이 궁금하여 달력을 보았다. 음력 10월 15일이 양력으로는 11월 16일이었다. 두 달 정도 여유가 있었다. 나는 한 달을 계획하여 구산선문을 전부 순례하기로 작정하고 조실 스님께 말씀을 드렸다.
"알아서 하거라."
조실스님은 간단히 말씀하셨다. 나는 구산선문을 돌아보면서 가는 도중에 가고 싶은 절을 참배하기로 일정을 잡았다.

통일 신라 말의 어지러운 국내정치 속에서 학문을 위주로 하는 교학 불교가 화려하게 귀족을 중심으로 전파되고 있었다. 이에 교학 위주에서 벗어나 당나라에서 유학한 훌륭한 스님들이 여러 명 나타나 불교의 이론보다는 '마음과 일상을 중시하여, 마음을 올바르게 가지면 누구나 부처가 될 수 있다.' 라는 선종중심의 사상과 '신분 차별을 부정하는 불교의 보편성'을 강조했다. 이들은 일반 백성과 지방 호족의 지지를 얻어 수도인 경주를 제외한 9개의 지역에서 독자적인 선문을 세웠다. 이것이 구산선문의 시초가 되었다.
교학 불교에서 소외된 승려와 중앙 정권으로부터 소외되어 불만이 많았던 지방호족들이 자연스럽게 힘을 모아 신라 말 혼란기의 사회질서를 재편하는 데 일익을 담당하였다. 821년부터 구산선문이 세워지기 시작했다.

구산선문 참배를 마치고 봉암사에서 조용히 하루하루를 보내고 있었다. 어느 날 법연스님이 말했다.

"지홍스님. 야성스님께 인사를 드렸나요?"

"야성스님이 누굽니까?"

"조실스님 상좌인데 현재로서는 맏 상좌인데 모르셨나요?"

"예, 미처 몰랐습니다."

나는 야성스님에게 인사드리러 버스를 타고 원적사에 갔다. 원적사에 도착하니 야성스님과 지현스님이 원적사 불사를 한다고 작업복 차림으로 한창 일을 하고 있었다. 늦게 인사하러 온 나를 보고는 인상이 안 좋았다.

야성스님은 거의 목수 같았다. 모든 일을 주도하고 진행하는 모습이 너무 열심히 하였고 정확했다. 나에게도 일을 시켰는데, 하는 일마다 꾸중을 들었다. 저녁공양을 마치고 예불을 끝낸 후에 야성스님이 원적사와 관련 있는 이야기를 들려주었다.

지유 큰스님이 젊어서 행각하실 때의 일이다.

지유스님이 원적사에 살려고 가시는 도중에 상주 갑장사에 계시는 금봉 큰스님을 참배했다. 원적사로 가는 길이라고 하니 금봉 큰스님께서 말씀하셨다.

"홍근 수좌(서암스님)가 뭐가 있긴 있는데 도통 알 수가 없어. 원적사에 가거든 '열반경 40권이 다 마구니의 설법이라고 하는데 어떻습니까?' 라고 한번 물어보게."

지유 큰스님이 다음날 원적사로 갔다. 이 질문을 잊고 정진하시다가 어느 날 문득 생각이 나서 금봉스님께서 그런 말씀을 하시더라고 서암스님께 여쭈었다.

"그럼, 정식으로 묻게나."

서암스님이 정색을 하시며 말했다.

"열반경 40권이 다 마구니의 설법이라고 하는데 어떻습니까?"

"다 마구니의 설법이니라."

지유스님의 일화를 끝내고는 풍수를 하는 거사와의 일화를 들려준다. 젊은 시절 여백우 거사와의 일이다. 여백우 거사는 정진도 열심히 한 분이었지만 약이나 풍수에도 밝았던 분이었다. 하루는 원적사에 와서 스님께 묘墓자리에 대해 장황한 주장을 하였다. 한참을 듣고 계시던 스님이 거사에게 물었다.

"왜 묘자리가 그리 중요한 거요?"

"사람이 죽으면 그 혼魂이 몸에 붙어 있기 때문에 묘를 잘 써야 하지요."

"그럼 죽어서 시간이 지나면 뼈가 몇 조각나는데 그땐 혼도 몇 조각나는 거요?"

"그렇지요……"

"그럼 죽어서 화장해서 가루를 내어 허공에 뿌리면 혼이 뿔뿔이 흩어지겠구만?"

"………………"

"불교를 안다는 분이 인과因果는 이야기 않고 허망한 소리를 해서야 되겠소이까?"

또 다른 이야기를 들려준다. 하루는 어떤 사람이 원적사에 찾아왔다. 조실스님께서 물었다.

"어떻게 오셨소?"

"스님과 제가 둘이 아님을 깨쳤습니다."

"둘이 아니라? 글쎄…어째서 둘이 아니오?"

그 사람이 손뼉을 '짝' 하며 쳤다.

"그게 왜 둘이 아닌 소식이오?"

"………………"

"그대가 애쓴 건 인정하지. 하지만 그런 건 다 의식을 희롱하는 것이며 참으로 그대와 내가 둘이 아닌 소식은 아니오. 그대 스스로가 진실하게 점검해 보면 잘 알 거요. 천하의 그 누구를 속일 수는 있어도 자기자신은 속일 수가 없지."

조실스님의 옛 일화를 들으니 원적사의 가풍을 어느 정도 짐작할 수 있었다. 다음날 아침공양을 하고 나는 봉암사로 가야겠다고 말했다.

'엊그제 중 된 놈이 빤질빤질하게 요령만 피운다.'는 소리를 뒤로 한 채 나는 봉암사로 오기 위해 정류소에서 버스를 기다리고 있었다.

버스표를 사려고 가게에 들어가니 부부가 가게를 운영하면서 버스표를 팔고 있었다. 아저씨는 앉아 있었는데 오른쪽 다리를 심하게 떨고 있었다. 다리가 아프냐고 물어보니 아픈 게 아니고 그냥 버릇처럼 앉아서 자기도 모르게 떤다는 것이었다. 그 다리를 떠는 모습이 마치 기계가 규칙적이면서 연속적으로 움직이는 모습과 같았다. 아저씨는 이 동네에서 40년 넘게 살아오고 있으며 동네의 일들을 모르는 게 없다고 자랑하였다.

나를 보더니 어디로 가느냐? 원적사에는 어떤 일로 갔다 오느냐? 물었다. 나는 그냥 간단하게 대답을 하면서 마실 것을 하나 골랐다. 아저씨가 원적사의 서암스님을 오래전부터 모셨다고 하면서 옛날의 이야기를 들려준다.

6 · 25전쟁이 끝나고 얼마 지나지 않았을 때이다.

청화산 원적사는 백두대간에 위치하기 때문에 패잔병들이 이북으로 넘어가는 길목이라 가끔 공비들이 출몰하였다.

탁발을 나갔다가 돌아오실 때면 산 입구에서 군인들이 산 출입을 통제하였다. 하지만 스님은 '달라고 하면 뭐든지 다 줄 것이니 겁날 것이 없습니다.' 하며 고집을 피워 매번 올라가곤 하셨다.

그러던 어느 날, 그날도 군인들이 통제하는 곳을 통과하여 원적사로 올라가시는 중이었다.

그런데 오솔길 가운데에 웬 큼직한 구렁이 한 마리가 가로누워 꼬리를 '탁탁' 치며 길을 막고 있는 것이었다. 스님께선 그 광경을 보시고 조용히 발길을 돌리셨다.

산 아래 마을에서 숙박하시고는 다음날 아침 절에 올라와 보니, 아니나 다를까 절간의 곡식이란 곡식은 다 비워져 있고 부뚜막의 아궁이에는 아직도 타다 남은 불씨가 그대로 남아 있었다. 공비들이 지나간 것이었다.

여기까지 말을 하고는 콜라를 마시면서 다시 말을 이어갔다.

스님께서는 동네를 다니시며 탁발하시곤 했다. 준수한 용모와 수행력에서 우러나는 위엄과 듣는 이의 마음을 편안하게 하는 염불 소리는 일품이었다. 60년대에는 시절이 어려워 거지가 많았다.

하루는 스님이 탁발하러 다니시는데 거지들이 줄줄이 따라다니는 것이었다.

"스님, 사람들이 스님에게는 돈과 음식을 잘 주면서도 우리 거지들에게는 잘 주지 않으니 스님이 탁발하시면 우리에게 좀 나누어 주시오."

스님이 가시던 길을 돌아보시며

"그대들도 복을 좀 짓지 않겠나?"

하시며 오히려 거지들에게 빈 발우를 들이미셨다.

"아니, 우리 같은 거지들에게 얻을 게 뭐 있다고 그런 말씀을 하시오?"

"귀한 것을 구하는 것이 아니네. 뭐라도 좋으니 조그마한 복이라도 지으시게."

"우리에게 먹다 남은 부스러기 과자가 있으니 이것도 괜찮겠습니까?" 하며 내놓았다.

스님은 "좋구 말구" 하시며 그들이 내미는 때 묻은 과자를 너무나도 맛있게 드시었다.

"별 이상한 스님을 다 봤구면. 그나저나 평생 처음 남에게 베푸는 일을 해 봤네. 기분이 나쁜 것은 아니구면."

하고는 좋아하며 돌아갔다.

버스가 왔다. 아저씨에게 고맙다는 말을 하고 버스에 올랐다. 봉암사로 오면서 아저씨에게 들은 말들을 다시 한 번 생각하면서 깊은 뜻을 느껴보았다.

4

수행과 바뀐 운명

봉암사 일상생활 | 용맹정진
두 번째 죽음의 문턱 | 객스님과 일화

"스님, 화두를 해도 자꾸 놓칩니다. 어떻게 하면 좋습니까?"

"자전거 탈 때 넘어지면 또 타고 또 넘어지면 타고 하듯이 화두 놓치면 다시 잡고 또 놓치면 또다시 잡고 그렇게 하면 된다. 처음엔 그렇게 하는 거다."

"공부하는 도중에 나타나는 경계는 어떻게 합니까?"

"모든 경계는 망상妄想의 소치所致이다.

그것은 일고一顧의 가치도 없다. 결국 화두 일념이 되어야 극복할 수 있는 거다."

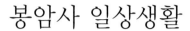

봉암사 일상생활

봉암사의 생활은 단조로운 일과가 계속되었다.

조실스님 방의 옆에 조그만 방이 하나 있다. 나는 그곳에서 생활했기 때문에 매사가 조심스러웠다. 매일 스님 방을 쓸고 닦는 것도 내 소임 중의 하나였다.

하루는 방을 쓸고 있는데 조실스님께서 들어와 보시고는

"방 청소하는 모습을 보니, 공부하는 수좌가 아니야!"

라며 꾸중을 하신다. 빗자루를 약간 눕혀서 머리를 쓰다듬듯이 먼지가 안 나게 소리도 안 들리게 아랫목에서 윗목으로 차례로 쓸어 모아라 하신다.

걸레로 방 닦는 방법을 알려주시는데, 나보고 비켜라 해놓고 직접 닦으면서 시범을 보이신다. 옆에 있으려니 얼굴이 확 달아올랐다.

하루는 떡이 너무 많아서 마을에 나누어 준 적이 있었다.

"절 음식을 나눠 먹는 것은 좋지만 수행자는 배만 채우면 되는 것이니 두고두고 밥 삼아 먹으면 될 것을 왜 그렇게 쉽게 음식 처리하느냐?"

또 꾸중을 하셨다.

나물 반찬 남은 것을 몰래 파묻었다가 스님이 아시고는 다시 들어내 씻어서 같이 드신 적도 있었다.

신도가 와서 우유를 많이 갖다 놓은 것을 스님께서 잘 안 드셔서 한쪽에 미루어 두었던 것이 상하였다. 스님께서 그것을 보시고는

"우유가 상했구나. 상한 음식도 끓여 먹으면 괜찮다. 끓여서 같이 먹자."

상한 음식을 차마 스님께 드릴 수 없어서 혼자 몰래 끓여 먹었다.

일력日曆의 종이를 모아두었다가 메모지로도 쓰시고 화장지로도 쓰셨다. 편지를 받으시면 겉봉투를 뜯어내고 안쪽 면은 메모지로 사용하셨다. 코를 풀고 난 화장지는 바닥에 잘 말렸다가 화장실에서도 쓰시고 붓글씨 쓰시다가 바닥에 묻은 먹을 닦는 데 사용하셨다.

선물로 들어온 종이 상자들을 그냥 버리는 일이 없으셨다.

크고 높이가 적당한 것들을 따로 모아 그 속에 다른 종이 상자들을 오려서 채워 넣고 선물을 포장해 왔던 종이로 다시 싸서 베개를 만드셨다. 그것을 여러 개 만들어 두었다가 손님이 찾아오면 내놓으시며 말씀하셨다.

"여기는 다른 데와 달라서 베개 인심이 좋지. 이 베개로 자고 나면 머리가 개운할 거야."

비가 오는 날이면 양말 젖는다고 맨발로 다니시곤 하셨다. 모시옷을 입고 외출하셨다가 비에 젖어 돌아오시면 웬만하면 다시 빨아서 풀을 할 텐데 극구 "그럴 필요 없다." 하시며 방바닥에 잘 깔아 말려서 입으셨다.

빨래는 어떻게 하느냐고 스님께서 나에게 물었다. 나는 대답을 안 하고 있었다. 말해본들 꾸중 들을 게 뻔한 일이니까. 물을 아끼면서 빨래하는 방법을 일일이 설명하신다.

삭발 목욕하는 날이면 스님께서는 대중 스님들의 목욕이 끝난 후에 목욕을 하셨다. 하루는 스님께서 목욕탕에 들어가셨는데 어느 스님이 물을 틀어놓고 빨래를 하고 있었다. 스님께서 가까이 가서 말씀하셨다.

"자네 정신이 있는 사람인가? 스님들이 쓰고 난 욕탕 물이 아주 깨끗하지는 않지만 우선 그 물로 빨고 나서 헹굴 때나 한번 깨끗한 물로 하면 될 것 아닌가?"

하루는 풀 먹이는 법을 가르쳐 주셨다. 보통 옷에 풀을 먹일 때에는 풀을 쑤어서 대야에 담은 옷을 부어 넣고 치대는데 그것이 잘못되었다고 가르쳐 주신다. 우선 대야에 옷을 넣으시고는 작은 찻잔을 가져오라고 하신다. 찻잔에 조금씩 풀을 담아 옷에 부어 치대시고 다시 조금 부어 치대시고 끝내 그렇게 조금씩 부어 옷을 다 풀 먹이는 것이었다. 냄비에 풀이 조금 남아 있으면 방에서 쓰시던 좌복피를 가져오라고 하시어 남김없이 풀을 사용하셨다.

빈방에 전등이라도 켜놓는 날에는

"너거 아버지가 한전 사장이라도 되느냐? 모든 게 다 시주의 은혜로

충당하는 것이다. 시주하는 사람이 절에 아까운 돈 갖다 주는 것은 스님들이 공부하라고 하는 것이거늘 왜 필요없이 낭비하느냐?"

불호령이 떨어진다.

점촌에서 숙박업을 하는 송 보살이 봉암사의 불사에 동참을 많이 하고 조실스님께 열렬한 팬이었다. 지난번에 송 보살과 딸이 차를 몰고 가다가 교통사고가 나서 타고 간 차를 폐차할 정도의 큰 사고였는데 송 보살과 딸은 기적적으로 살아났다.

송 보살은 그런 기적이 일어난 것은 조실스님의 은혜라고 항상 말을 하곤 하였다. 어느 날 스님께 고맙다는 인사로 차를 사드린다고 말했다. 스님께서 말씀하신다.

"나에게는 이미 좋은 차가 있다. 기름도 필요 없고 어디 주차시킬 걱정도 없다. 이 두 다리만 있으면 다른 차들이 못 가는 산이며 강이며 내가 가고 싶은 곳은 어디라도 갈 수 있다.

게다가 서울 가면 늙은이라고 해서 지하철이나 시내버스를 공짜로 타고 다닌다. 우리나라가 그래도 살기 좋은 나라이긴 해."

바쁘게 방에 들어가는 바람에 고무신 신발이 비뚤게 놓여 있으면 바로 호통이 날아온다.

"그따위 정신 가지고 뭐 하겠어!"

하는 일마다 꾸지람과 호통뿐이다. 신발뿐만이 아니다.

평소 스님께서는 너무 정확하시어 촛대 등 어떠한 물건이라도 바로 놓여 있지 않으면 그냥 넘어가는 경우가 없으셨다.

"수행자는 매사에 정확해야 한다. 마음 하나 밝히면 매사가 저절로 정확해지는 법이다."

그렇게 하나하나 지적하시며 바로 잡으셨다.

스님께서 충북 음성에 있는 미타사에 법문하러 간혹 다니신다. 오실 때 버스가 떨어지면 가은에서부터 절까지 걸어서 오신다. 늦게 도착하시면 나는 긴장한다.

나아가서 인사를 하면 '잠 안 자고 뭐 했노?' 하시면서 '그냥 들어가서 자라.'고 하시면서 혼자서 정리하고 주무신다.

동안거 결제일이 다가오니 봉암사가 다시 활기를 띠기 시작한다. 전국의 스님들이 서서히 모이기 시작한다. 나는 조실스님께 이번 동안거에 참여하고 싶다고 말씀드렸다. 스님께서는 승낙하셨다. 그래서 기분이 좋아 스님께 몇 가지 여쭈어 보았다.

"스님, 공부는 어떻게 합니까?"

"화두 있나?"

"예, 있습니다."

"그래, 그렇게 하면 된다."

"스님, 화두를 해도 자꾸 놓칩니다. 어떻게 하면 좋습니까?"

"자전거 탈 때 넘어지면 또 타고 또 넘어지면 타고 하듯이 화두 놓치면 다시 잡고 또 놓치면 또다시 잡고 그렇게 하면 된다. 저음엔 그렇게 하는 거다."

"공부하는 도중에 나타나는 경계는 어떻게 합니까?"

"모든 경계는 망상妄想의 소치所致이다. 그것은 일고一顧의 가치도 없다. 결국, 화두 일념이 되어야 극복할 수 있는 거다."

"스님, 음욕淫慾이 치성致盛하면 어떻게 합니까?"

"정진해라."

"정진을 해도 음욕이 일어나면 어떻게 합니까?"

"독하게 정진해라."

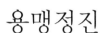

용맹정진

음력 10월 15일, 결제일.

큰방에서 참선할 시간에는 40명의 대중이 숨소리 하나 없다. 결가부좌하고 앉아 있으면 마음이 그렇게 편할 수가 없다. 마음은 편안한데 머리의 생각은 이런 생각 저런 생각이 끊임없이 이어져 가고 있다.

'이 뭐꼬?' 가 어디로 가버렸는지 가버렸다. 망상의 흥미있고 재미있는 세계를 한참 돌고 나서야 아차 하면서 '이 뭐꼬?' 를 다시 찾는다. 찾은 그놈을 놓치지 않으려고 부단한 노력을 한다. 몸과 마음이 평정되면서 고요함에 이른다.

기분이 좋아지는 것을 느낀다.

머리가 텅 비어 있다는 것을 느낀다.

정신만이 허공에 있는 것 같다.

몽롱해진다는 것을 느낀다.

'딱' 장군죽비가 나의 어깨를 내리친다. 나는 아차 하며 깨어난다. 졸고 있었던 것이다. 50분을 참선하면 죽비소리가 들린다. 고무신을 신고 나가서 포행을 10분 정도 한다.

천천히 주위를 걷는 것이다. 다시 들어와 좌복 위에 앉아서 화두를 챙긴다.

그렇게 40일이 지나갔다. 앞으로 5일 후 음력 12월 1일부터 7일간은 용맹정진이 있다고 한다.

12월 8일이 부처님께서 도를 이루신 성도일이기 때문에 일주일간은 잠을 자지 않고 죽을판 살판 끝장을 보는 기간이다. 기대가 되었다. 지금까지의 공부가 여물지 못하고 듬성듬성하여 다른 잡념이 끼어들 공간이 많았는데, 이번 용맹정진으로 순일하게 공부를 하고 싶었다.

용맹정진이 시작되었다.

하루 24시간 중에서 아침, 점심, 저녁공양 시간을 1시간씩 제하고 난 나머지 시간을 정진해야 한다. 정진을 하면서 힘든 시간대는 새벽 시간이었다. 매일 잠을 자던 그 시간대에는 졸음이 와서 눈을 반쯤 뜬 상태로 허리 펴고 앉아 있는 것이 여간 힘든 게 아니었다. 허리는 구부러지고 눈꺼풀은 무거워져서 자꾸만 맞닿고 있다.

경책스님의 어깨를 치는 장군 죽비 소리가 오히려 자장가처럼 들린다. 잠이 오면 조용히 밖에 나가 찬물로 세수하고 포행을 조금하고 다시 들어온다. 밤은 길다는 것을 새삼 느낀다.

아침 해가 뜰 즈음에 밖이 서서히 밝아오면서 간밤의 피로가 오히려 사라져간다. 어둠이 사라지면서 나의 피로가 같이 사라진다. 새로운 기운이 샘솟고 있었다. 처음 2~3일간은 잡념이 많이 떠올랐다.

화두는 어디론가 달아나 도망가 버렸고 내면 깊숙이 숨어 있었던 습기와 집착이 아주 생생하게 돌아온다.

수면을 취하지 못하니까 별 희한한 일이 벌어지기도 한다.

일어서서 태권도의 기마자세 폼을 잡는 스님, 혼자서 유행가 가사를 흥얼거리는 스님, 그림 그리는 흉내를 내는 스님 등 여러 가지 재미있는 일이 생긴다.

나흘째가 되니 몸도 어느 정도 적응이 되면서 화두 공부가 탄력을 받는다. 밥을 먹을 때나 화장실 갈 때도 공부가 되니 남하고 말을 할 시간도 없고 간섭할 필요가 없다. 일체의 시시비비가 끊어지면서 화두는 성하게 되고 몸도 편안해진다.

몸과 마음은 편안할수록 존재를 느끼지 못한다.

몸이 아파 편안하지 못하면 몸이 느끼고, 허리가 아프면 허리가 느끼고, 다리가 아프면 다리가 느껴서 알게 되지만 몸이 편안하니 몸이 있다는 것을 느끼지 못한다.

몸뚱이 없이 화두를 챙기다가 문득 몸을 생각하니 몸은 그 자리에 있다. 부처님은 설산에서 6년동안 정진하셨는데……

몸과 번뇌가 사라지지 않고는 어떻게 6년 공부가 가능했을까? 용맹정진의 시간에 가속력이 붙기 시작한다. 말도 하기 싫었다.

오직 그놈을 찾기 위해서……

처절하게 찾았다.

그러나 그놈은 보이질 않았다.

용맹정진이 끝나고 평상시의 생활로 돌아왔다.

좌복에 앉으면 그전 보다 훨씬 몸이 편하고 공부가 잘되었다. 이제는 걸을 때나 밥을 먹을 때에도 공부되는 것 같았다.

일을 할 때는 더 공부가 잘되었다. 잠을 잘 때 꿈을 꾸거나 뒤척이는 것을 보니 아직 공부가 멀었다는 증거이다.

3개월이 눈 깜짝할 사이에 지나갔다.

음력 1월 15일. 해제일

스님들이 떠난 봉암사는 다시 고요해졌고 허전함이 느껴졌다. 그러나 이번 동안거 한철은 나에게 많은 변화를 가져다주었다. 남에게 불편을 주는 행동이 무엇이며 그것이 어떻게 나타나는지를 알게 되었고 그런 행동을 하지 않게 되었다. 조금이라도 아는 체하는 마음이 없어지게 되었다.

내가 누구인지 모르는 놈이 무엇을 안다고 까불대며 살아온 지난날들이 부끄러웠다. 집착과 애착이 없어지면서 개인적인 욕심과 공적인 욕심을 구분하는 힘이 생겼다.

스승이 심하게 꾸중을 하는 것은 제자를 진정으로 아끼기 때문이라는 것을 확실히 알 수 있었다. 밥 한 톨의 생명의 가치를 깨닫고는 공양 지을 때의 행동이 달라졌다. 종이나 소모품을 함부로 낭비하는 자체가 바로 살생이라는 것을 알았다.

봉암사에는 몇 분의 스님만이 있었다. 그중에 나와 나이가 비슷한 해인사가 본사인 혜각스님이 있었다.

해제를 했는데도 떠나지 않고 봉암사에서 생활하고 싶다고 하여 같이 생활을 하였다. 혜각스님은 대학을 졸업하고 바로 출가를 했기 때문에 나보다는 법랍이 4년 정도 빨랐다. 우리는 말이 통하는 사이가 되어 소중한 도반이자 친구가 되었다.

혜각스님과 옥석대에 갔다 오면서 우리는 즐거운 대화를 하고 불법을 이야기하곤 하였다.

혜각스님이 나에게 물었다.

"밑 빠진 물통이 있는데 물을 채우는 방법을 말해 보세요."

"그야 간단하지요. 밑 빠진 곳을 때우면 되지요."

나는 혜각스님의 물음이 끝나자마자 바로 대답했다.

"하하, 그렇게 쉬우면 내가 왜 물었겠어요! 밑 빠진 곳을 보수하지 않고 물을 채우는 법을 말해보세요."

웃으면서 말하는 스님의 모습은 너무 천진해서 좋았다. 재미있다는 듯이, 그것도 모르느냐는 듯이 빙그레 웃고 있었다. 나는 머리를 굴리고 있었다.

이 문제의 답을 말해야 한다. 그렇지 않으면 체면이 깎일 것 같았다.

"아, 알았어요."

"말해보세요. 쉬운 문제가 아닌데. 답을 들어보면 지홍스님 공부가 어느 정도 되었는지 알 수 있겠는데……"

혜각스님은 약간의 놀리는 말을 섞어가며 천천히 말을 했다.

"물을 부으면 밑으로 물이 빠져나갈 것 아닙니까. 그 빠져나가는 속도보다 더 빨리 많은 양의 물을 부으면 되는 것 아닙니까."

나는 정답을 알았다는 뿌듯함을 갖고 자신 있게 말했다.

"뭘 그렇게, 수고스럽게 물을 채웁니까?"

혜각스님은 나의 대답이 번뇌에 가득 찬 잔머리에서 나온 것임을 대번에 알아차리고 여유롭게 말을 던졌다. 나는 더 이상의 답을 구할 수 없었다. 겸연쩍어서 작은 소리로 말했다.

"스님, 답이 뭔데요?"

"답은…… 밑 빠진 물통을 그대로 물이 많은 호수나 바다에 빠뜨리면 그 물통 안에 항상 물이 차있을 것 아닙니까. 하하."

혜각스님이 오랜만에 통쾌하게 웃으며 시원스레 말했다. 나는 뒤통수를 한 대 얻어맞은 것 같았다.

"아, 예, 맞네요."

나는 감탄을 하며 스님의 말을 인정했다. 혜각스님은 내가 엉뚱한 답을 하니 기분이 좋은 것 같았다. 스님이 계속 말을 이어갔다.

우리가 불법의 진리를 공부하고 있다. 우리의 생활 자체가 불법 진리의 물에서 생활하고 놀고 있다면 그 자체가 바로 진리이다. 진리와 한 몸이 될 때 비로소 공부가 시작되는 시기이다.

예를 들면 우리가 호숫가의 멋진 집을 보고 그곳에서 살고 싶다고 생각하면 그것은 동경의 대상일 뿐이다. 실제로 그 집에서 살게 될 때 그 집은 나의 것이 되는 것이다.

그러나 우리는 오랫동안 다겁생에 이르도록 번뇌와 망상으로 살아왔기 때문에 오랫동안의 버릇과 습관은 갑자기 고쳐지지 않는다. 지금부터라도 번뇌를 쉬게 하고 나쁜 습성을 고쳐가는 수행을 계속해야 한다.

　　그리고 공부가 되어 수행이 어느 정도 무르익었다 하여도 몸에 스며있는 번뇌는 현실생활 속에서 언제라도 다시 나타난다.

　　수행하는 것이 하나의 습관으로 자리를 잡으면 어려운 순간들이 닥쳐와도 편안하고 자연스럽게 이를 받아들인다.

　　불교 진리를 아는 것이 문제가 아니라 알게 된 연후가 훨씬 더 어렵다.

　　머리로 아는 것이 아니라 몸에 갖추어야 하기 때문이다. 그러므로 진리를 알았다는 것과 진리대로 살고 있다는 것은 엄청난 차이이다.

　　예를 들어 음악이나 예능 방면, 스포츠 분야를 처음 배울 때 생각으로는 이해가 되지만, 몸이 따라 주지 않는다. 숙달될 때까지의 고통은 이만저만이 아니다. 숙달만 되면 의식을 하지 않아도 노력을 하지 않아도 자연스럽게 몸이 움직이는 것과 같다.

　　우리의 수행도 밑 빠진 독에 물을 채우듯이 진리의 바다에 빠질 때까지가 어려운 시기이지만 진리와 내가 하나가 된다면 그 다음은 저절로 공부가 되는 시기가 온다. 그렇게 수행이 진전되어가면 자기가 변하여 간다. 불교의 수행은 자기가 다른 사람이 되는 것이 아니며 초능력을 가지는 것도 아니며 장생불사하는 것도 아니다. 알지 못했던 자기가 알게 되는 자기로 변해가는 과정이 수행이다.

　　혜각스님은 일목요연하게 설명을 하였다. 스님하고는 사이가 좋아서 그런지 그의 말이 전부 맞는 것 같았다.

스님이 나에게 물었다.

"신심명信心銘 아세요?"

"모릅니다."

나는 간단히 대답했다. 혜각스님은 공부하는 스님의 좌우명이라고 하는 신심명을 몰라서야 되느냐고 하면서 설명을 하였다.

신심명은 삼조三祖 승찬대사가 지은 글이다. 신심이란 도道의 본원本源이다. 승찬대사가 이조二祖 혜가대사를 찾아가서 물었다.

"제자는 문둥병을 앓고 있습니다. 대사께서는 저의 죄를 참회하여 주십시오."

"그대는 죄를 가져 오너라. 그러면 참회시켜 주리라."

"죄를 찾아보아도 찾을 수가 없습니다."

"그렇다면 그대의 죄는 참회 되었느니라. 그대는 오직 불·법·승 삼보에 의지하여 안주하거라."

"이제 대사를 뵈옵고 승보는 알겠사오나 어떤 것이 불보와 법보입니까?"

"마음이 곧 부처이며 마음이 법이니라. 법과 부처는 둘이 아니니 그대는 알겠는가?"

"예, 이제야 죄의 성품이 마음 안에도 밖에도 중간에도 있지 않음을 알았습니다. 마음이 그러하듯이 법과 부처가 둘이 아닌 줄 알았습니다."

그 후 승찬스님은 혜가대사의 제자가 되었다. 승찬스님은 문둥병을 앓았기 때문에 머리카락이 없었고 머리가 붉은 살 뿐이라서 적두찬赤頭璨이라는 별명을 가지고 있다.

신심명은 4언절구로 구성되었으며 146구 584자로 되어 있는 간단한 글이며 팔만대장경의 불법도리가 이 글에 포함되어 있다. 중국에 불법이 전해진 이후로 '문자로서는 최고의 문장'으로 알려져 있다. 내용은 양변을 여읜 중도中道의 사상이다.

첫 글귀는 다음과 같다.

지도무난 至道無難이요
유혐간택 唯嫌揀擇이니
단막증애 但莫憎愛하면
통연명백 洞然明白하니라

지극한 도는 어렵지 않음이요
오직 간택함을 꺼릴 뿐이니
미워하고 사랑하지 않으면
통연히 명백하니라.

지극한 도는 무상대도無上大道를 말하며 이런 무상대도를 이루는 방

법은 전혀 어려운 것이 없으니 오직 취하고 버리는 간택을 하지 말아야
한다. 미워하고 사랑하는 두 가지 마음만 없으면 무상대도는 바로 통연
히 명백할 것이다.

즉 증애심을 버리는 것이 도의 길을 가는 바른길인 것이다. 부처는
좋아하고 마구니는 미워하며 불법은 좋아하고 세간법은 미워하는 증
애심만 버리면 바로 무상대도를 이룬다는 것이다. 이 4구절이 신심명
의 핵심이고 나머지 뒤의 142구절은 모두 이 네 구절의 설명이다.

2월 20일

속가의 동생 영수에게서 전화가 왔다. 봉암사에 가려는데 언제 가면
되느냐고?

나는 날짜를 말해주면서 올 때는 녹음기 하나 가지고 오라고 했다.

눈이 많이 내리는 날, 영수와 서보신이 봉암사로 차를 가지고 오다가
눈길에 익숙하지 못한 부산 남자들이라 차는 멀리 있는 학교 근처에 세
워두고 걸어서 절에 올라왔다.

하룻밤을 절에서 지내고 다음날 점심때는 비빔밥을 같이 먹었다. 영
수가 밥이 너무 맛이 있다고 하여 한 그릇 더 달라고 한다. 나는 절밥은
무서운 것이니 밥값을 톡톡히 부처님 전에 많이 내어야 죄를 짓지 않는
다고 말했다. 동생 영수는 형이 어떻게 지내는지 보려고 왔고, 서보신
은 다음 달 출가할 계획인데 봉암사 분위기를 최종적으로 점검하기 위
해서 왔다. 두 사람은 점심공양 후에 부산으로 떠났다.

나는 부처님오신날 행사 전에 조실스님의 법어집을 만들려고 작정을 했다. 부처님오신날이 양력으로 5월 5일이니 두 달 정도 남았다. 두 달 안에 끝내지 않으면 여러 가지 사정으로 안될 것이 분명했다. 초파일이 지나면 법어집의 효용가치도 떨어질 것이며 나도 하안거 결제를 해야 하니 시간이 촉박했다. 조실스님의 말씀이 담긴 여러 녹음테이프를 구하여 들어 보았다.

작년 봉암사 대중 스님들에게 한 소참법문, 1986년 서울 보현사의 좌담법문과 1987년 1월 서암스님과 이종익 박사와의 'KBS일요방담' 세 편을 선택하여 결정하였다.

먼저 소참법문의 내용을 들었다. 내용이 쉬우면서도 마음에 들었다.

먼저 테이프의 내용 전체를 듣고 난 후 처음의 말부터 차근히 글로 옮기는 작업을 시작했다.

동생 영수가 가져온 녹음기와 종이와 연필이 있어 모든 준비는 끝났다. 테이프를 조금 듣고 '중지' 버튼을 누르고, 방금 들은 내용을 바로 적는다. 다시 테이프의 내용을 듣고 중지하고 적고…… 계속되는 반복 작업이었다. 어느 정도 정리가 되면 정리된 부분까지 다시 듣고 수정하였다.

속기사도 아니고 말소리를 글로 하나씩 옮긴다는 게 여간 힘든 게 아니었다. 초안을 3월 말까지 끝내어 인쇄소에 4월 초에 넘겨주어야 4월 말에 작품이 나올 것 같았다.

한 달 안에 3개의 테이프를 글로 완성해야 한다. 하루의 모든 일과를 이 작업하는데 보냈다. 결국은 주위의 스님들도 알게 되었다. 스님들이 나에게 물었다.

"조실스님께 말씀을 드리고 그 일을 합니까?"

"말씀 안 드렸습니다."

"왜요?"

"말씀드려봐야 쓸데없는 짓거리 한다고 호통칠 게 뻔한데 뭣 하러 말씀드립니까?"

나는 확신을 가지고 말했다.

"나중에 아시면 더 꾸중을 들을 것 아닙니까?"

스님이 걱정되어 나에게 말했다. 나는 웃으며 대답을 했다.

"꾸중을 심하게 들으면 떠나죠! 뭐! 작년 행자 시절에는 떠날 곳이 없었지만 지금은 갈 곳이 많아 걱정 없어요."

시간은 흘러 소참법문의 내용은 글로써 완성되었고 보현사의 좌담법문도 완성을 보게 되었다.

나는 이 글을 몇몇 스님들께 보여주었다. 내용에 대하여 가치성을 재확인하기 위해서였고 책의 제목을 무엇으로 하면 좋으냐고 물어보기도 했다.

조실스님께 책과 테이프를 제작한다는 말씀을 드렸다.

"공부하는 수좌가 뭐 하는 짓이냐? 책 만들려고 출가했느냐? 행자 때부터 싹수가 노란 놈으로 보이더니 별 희한한 놈 다 보겠네."

가만히 있었다. 천둥 번개가 치면 가만히 있는 게 상책이다.

한참을 있다가

"스님, 이미 다 만들어 놓았습니다."

모기만 한 소리로 목구멍에서 말을 꺼내었다. 그리고는 얼른 자리를 피해 도망치듯이 내려왔다. 책의 제목은 '인간성 회귀의 선禪'으로 정했다. 책 만드는 비용과 테이프 제작비는 전부 외상으로 했다. 비용이 꽤 많이 들었다. 판매를 해서 외상값을 갚아야 했다. 드디어 1987년 4월 24일 출판사에서 소책자가 출판되었다.

　책의 내용은　1.선리법문禪理法門　2.방담법문放談法門　3.좌담법문座談法門　4.소참법문小參法門 이었다.

　책자와 그 내용이 담긴 테이프가 봉암사에 도착했다. 기분이 좋았다.

　나는 이 작품을 미타사에 연락하여 부탁하였고 미타사에서 많은 분량을 구입해 주었다. 본전은 건진 셈이다. 열흘 후면 사월 초파일이다. 봉암사에 신도들이 많이 올 것이다. 책과 테이프를 다시 주문했다. 많은 양의 물품들이 봉암사에 도착했다.

　이 사실을 조실스님께서 알고는 나에게 물었다.

　"뭐 한다꼬 그렇게 많이 준비했노?"

　"예, 스님. 책과 테이프 내용이 좋다고들 하여 이번 사월 초파일 오는 신도들에게 봉암사 방문 기념으로 싸게 팔려고 합니다."

　나는 조심스럽게 천천히 더듬더듬 말을 했다.

　"야 이~~미친놈아. 니가 장사하려고 절에 왔나?"

　"…………"

　나는 졸지에 미친놈이 되었다. 도道에 미친놈이 되어야 하는데 돈에 미친놈이 된 것이다.

　"스님, 그러면 판매는 안 하렵니다."

나는 힘을 주면서 자신 있게 말했다. 조실스님은 나를 빤히 쳐다보고 있었다.

"오는 신도들에게 그냥 보시하렵니다. 혹시나 보시금을 내려는 사람을 위해서 옆에 보시함은 하나 마련할까 합니다."

나는 가까스로 자리를 모면하고 줄행랑을 치듯 내려왔다.

며칠 후 대구에서 변 보살이 초파일을 앞두고 봉암사로 왔다. 봉암사를 자유스럽게 출입할 수 있는 몇 안 되는 보살 중의 한 분이다. 나는 변 보살에게 책과 테이프를 보여 드리고 협조 도움을 청했다. 속칭 발이 넓은 변 보살은 몇 군데 전화하더니 많은 분량을 처리해 주었다.

변 보살과 같이 온 여러 명의 보살이 스님 방에 모여 앉았다. 봉암사 불사 진행 과정, 보살들 각자의 공부이야기 등으로 평소 조용하던 조실스님의 방이 오랜만에 사람 사는 집 같았다.

변 보살이 스님께 여쭈었다.

"스님, 제가 요즘 꿈을 꾸면 공교롭게 꿈이 현실과 잘 들어맞아서 신기하기도 하고 묘하기도 합니다."

"지금도 꿈속에서 있으면서 무슨 잠꼬대 같은 소리를 하느뇨?"

"그런 정신없는 소리는 하지 마셔요."

스님은 유머가 많으신 분인데, 이런 공부와 관련된 질문에는 면도칼처럼 답을 하신다. 인정사정이 없다.

"모든 경계가 다 꿈이다. 꿈이 꿈인 줄 바로 알아야 한다."

스님의 말씀이 끝나자 분위기가 좀 무거워졌다.

그래서 내가 물었다.

"스님, 꿈 아닌 소식은 무엇입니까?"

"꿈이 '꿈 아닌 소식'이다."

"꿈이 '꿈이 아닌 소식'이 되는 이치는 무엇입니까?"

"꿈과 '꿈 아닌 소식'을 나누니 보따리가 많구나. 그렇게 보따리가 많으니 꽤 무겁겠구나."

스님의 말씀이 끝나자 다른 보살이 여쭈었다.

"스님, 좋은 법문 좀 해 주십시오."

"좋은 법문이 따로 있나? 소리 있는 소리만 들으려 하지 말고 소리 없는 소리도 들을 줄 알아야 한다. 가만히 있어봐라. 새들도 이야기하고, 바람도 이야기하고, 산도 꽃들도 이야기한다."

스님의 말씀이 끝나고 난 후, 나는 책과 테이프의 많은 분량을 변 보살님이 처리해 주었다는 말씀을 드렸다.

"절에서는 밥을 먹는 것도 있는 것 가지고 아무렇게나 배만 채우면 되고 생활하는 것도 그냥 있는 그대로 하면 될 일이지, 왜 쓸데없이 부탁을 하여 사람을 귀찮게 하느냐? 그런 식으로 내 옆에 있으려면 당장 짐 싸서 떠나거라!"

스님의 호통에 나는 어쩔 줄을 몰라 했고 변 보살은 괜히 미안해했다. 그러나 스님은 그런 분위기를 모르는지 계속 말씀을 하셨다.

"내가 젊은 시절 수덕사 만공스님 회상을 찾아갔는데 당시 벽초스님께서 방부를 받고 계셨다. 양식이 없어서 방부를 허락할 수 없다고 하여 '그럼 제가 먹을 것을 탁발해 오면 허락하시겠습니까?' 하니 '그렇게까지 한다면 살 수는 있지요.' 하는 거라. 그렇게 해서 탁발하러 나섰고 어느 마을에 들어서자 몇몇 장정들이 타작하면서 나를 보더니
'저 중 몸무게가 몇 근이나 나가는지 잡아서 저울 달아보자.'
면서 희롱하는 거라. 그때 내가 벽력같이 소리를 지르며
'이 소리가 몇 근 나가는지부터 한번 달아보시오.'
이러니 그 기세등등한 장정들이 나의 기세에 눌려
'죄송합니다. 대사! 불순한 뜻으로 그런 것은 아니니 용서하십시오.'
그리고는 바랑 가득히 양식을 담아 온 적이 있었지."

스님의 말씀이 끝나자 옆에 있던 어느 보살이 어떤 큰 스님에 대하여 꼬치꼬치 캐물었다.
"보살님이 수사관입니까? 쓸데없는 데 관심을 두지 말고 공부나 열심히 하세요."
스님은 간결하면서 힘 있게 대답을 하셨다. 그러면서 타인에 대하여 이런저런 생각을 하고 평가를 하는 것은 쓸데없는 일이며 마음에 병이 된다면서 마음 병에 대하여 설명을 하신다.

"모양이 없는 마음에 충격을 받아 병이 일어납니다. 뭔가 자기 뜻대로 안 되어 노심초사하든지 뭔가 마음에 갈등이 일어나 생겨난 것이 마

음의 병입니다. 그런데 마음은 본시 병 붙을 자리가 없습니다. 우리 마음은 아무런 때도 없고 티도 없는데 거기에 어떻게 병이 붙을 수 있겠습니까? 모두 다 착각입니다. 착각만 풀어주면 마음의 병은 없습니다."

대화가 거의 끝나갈 즈음에 변 보살이 스님께 말했다.
"스님, 뭐 드시고 싶은 것 있으세요? 다음에 올 때 사오겠습니다."
"절 밥만 해도 충분해."
"그래도 따로 드시고 싶은 것 있으면 말씀해 주십시오."
"있긴 있지. 그런데 구하기가 힘들 거야."
"말씀해 주세요. 뭐라도 구해 오겠습니다."
"글쎄, 내가 먹고 싶은 것은 토끼 뿔하고 거북이 털하고 귀신 방귀야."
"................."
보살들은 스님 방에서 나와 삼층석탑을 둘러보았다.
변 보살은 책의 내용을 보더니 봉암사 대중 스님을 상대로 한 소참법문이 마음에 든다고 했다.

두 번째 죽음의 문턱

음력 4월 15일 하안거 결제일

나로서는 두 번째의 안거가 시작되는 시점이다. 작년의 처음 안거 때보다는 안정되었고, 실낱같은 한 줄기의 빛이 보이는 것 같았다. 공부는 진전이 있었는데 미세한 잡념들이 계속 파고들어 전혀 생각지도 못했던 일들이 갑자기 떠오르곤 했다.

올해는 유난히 덥다. 우리는 점심 공양 후 다음의 입선시간까지 시원한 계곡에 가서 시간을 보내곤 한다. 날씨가 덥기 시작한 후에는 계곡에서 발가벗고 목욕을 한다. 여러 명이 완전 나체로 헤엄을 친다.

계곡의 물을 막아서 둑을 만들었고, 중간에 수문까지 만들어 두꺼운 합판으로 열고 닫고한다.

물을 막아둔 둑의 길이가 20m나 되며 계곡의 위쪽에서는 물이 계속 내려돈다. 둑에서 보면 상류로 갈수록 폭이 좁아지면서 길이가 30m나 된다.

제법 넓은 공간이다. 여기서 우리는 혜엄을 친다. 10여 명의 머리를 빡빡 깎은 스님이 발가벗고 혜엄을 치면서 즐거운 시간을 갖는다. 이 모습은 극락의 수영장에 왔나 싶을 정도로 여유로움과 맑음이 있었다.

수영을 너무 많이 하면 참선 시간에 졸음이 온다. 적당히 하고 다각실로 가서 차 한잔하면 기분이 날아갈 것만 같다. 하루하루의 생활이 시간표대로 정확하게 움직이고 있었다.

7월 24일

오늘도 여느 때와 마찬가지로 점심공양을 하고 난 후, 계곡에 있는 우리들의 낭만의 장소인 수영장에 갔다. 벌써 여러 명의 스님이 혜엄을 즐기고 있었다.

평소보다 물의 양이 상당히 많았다. 그저께 폭우가 내려서 많은 물이 내려왔기 때문이다. 그래서 어제는 혜엄을 즐기지 못하였다. 오늘은 물도 많고 하여 더 깊은 물에서 마음껏 놀게 되었다. 나는 옷을 벗고 기분 좋게 혜엄치기 시작했다. 다른 스님들이 나의 혜엄치는 모습을 보고는 부산 바닷가에서 살아서 그런지 수영하는 폼이 다르다 하며 칭찬을 했다.

둑의 중간에 수문을 만들어 놓은 근처에서부터 계곡의 위쪽까지의 길이가 제일 길어서 그곳에서 나는 혜엄을 친다. 천천히 몸을 움직이면서 자유형과 평형을 섞어가며 즐겁게 혜엄을 친다. 오늘도 계곡의 위쪽에서 수문 있는 방향으로 혜엄을 쳐서 가고 있었다. 거의 수문이 있는 둑까지 다 왔을 때 갑자기 나의 몸이 물에 빨려 들어갔다.

순간적이었다. 눈앞이 캄캄하여 어찌할 수가 없었다.

본능적으로 나는 양손으로 둑을 잡았다.

수문의 합판이 밑 끝까지 닫혀 있지 않고 반쯤 닫혀 있다는 것을 알았다. 그러나 이미 때는 늦었다. 누가 수문을 합판으로 밀어 닫다가 수압이 세어서 끝까지 내리지 못한 것이다. 그 밑의 조그만 구멍 사이로 그 많은 물이 빠져나가니 물의 속도가 엄청나게 빨랐다.

그 조그만 구멍 사이로 나의 두 다리가 빠져들었고, 나의 아랫배는 합판에 찰싹 달라붙었다. 다리는 둑 밖으로 빠져 있었지만 몸체는 두 손은 벌려서 둑을 잡고 있어서 근근이 지탱하는 바람에 빠져나가지 않고 버티고 있었다. 꼼짝할 수가 없었다.

놀란 스님들이 와서 나의 오른손을 두 명이 함께 잡고 왼손도 두 명이 잡고서 나를 끌어올리려 안간힘을 썼지만 소용이 없었다. 그 많은 물의 압력 때문에 나를 올릴 수가 없었다.

나의 불쌍한 두 다리는 좁은 구멍 사이를 흐르는 거친 물과 함께 둑의 밖으로 나가 동동거리고 있었다. 두 다리는 나의 다리가 아니었다. 내 마음대로 할 수가 없었다. 출렁이면서 세차게 밖으로 내뿜는 물살과 함께 요동치고 있었다.

나의 손을 잡는 스님들이 땀을 흘리고 있었다. 다른 힘 있는 스님들이 와서 나를 올리려 했지만 꿈쩍도 않는다.

이 많은 물을 빼주면 나는 살아날 수 있는데.

포크레인 같은 기계가 없다.

나의 몸은 조금씩 조금씩 가라앉고 있었다.

보고 있는 많은 스님들이 안타까워해도 방법이 없었다.

얼마 후 대중 스님이 전부 모였다.

이 어처구니없는 광경, 이 기막힌 모습.

그러나 사람을 살릴 방법을 아는 사람이 없다.

고참스님 한 사람이 말을 했다.

"어차피 끌어올리지 못할 바에는 밑으로 밀어 넣자."

고 제의를 하였다. 좁은 구멍으로 몸 전체가 빠져나갈 수도 없다. 나간다 해도 양쪽의 팔은 부러져 박살이 날 것이다. 요행히 몸 전체가 구멍을 뚫고 나간다 하여도 앞이 바위와 돌멩이 밭이라 물살에 휩쓸려 머리가 박살 나서 병신 아니면 사망이다.

시간은 흐르고 있었다.

아~~ 이렇게 죽는구나. 눈으로 볼 줄 알고, 귀로 들을 줄 알고, 입으로 말할 줄 알고 숨도 쉴 줄 아는데 이렇게 죽다니 생매장도 아니고……

나의 팔을 잡고 있던 네 명의 스님들은 너무 힘이 들어 교대하여 다른 네 명의 스님들이 나의 양팔을 잡고 있었다.

나는 눈을 감았다.

나의 지나온 30년의 세월이 영화를 보는 것처럼 필름이 돌아갔다.

전혀 생각도 못하고 있던 과거의 일들이 순간적으로 스치고 있었다.

장면이 연속적으로 계속 바뀌면서 다른 장면이 펼쳐진다.

어머니가 나의 어린 시절에 나 보고 생명이 짧다고 하여 관세음보살

전에 팔았는데, 그 관세음보살님이 홀연히 떠올라 나타났다가 사라진다. 고기들의 영혼이 나타나 나를 괴롭히기 시작한다. 나를 공격하는 수많은 고기떼의 화살을 나는 피할 수가 없었다. 온몸을 향해 쏘아대는 독화살을 어찌할 수가 없었다. 그대로 당하고만 있었다.

나의 눈과 입을 공격하고, 심장을 공격하고 뇌를 공격했다.

나는 서서히 파괴되어 죽어가고 있었다.

그때 갑자기 한 줄기의 강력한 섬광이 비치었다.

속가에 있을 때 낚시하는 나의 모습이 빛을 통하여 함께 비치었다.

나는 참회를 했다. 고기들에게 나의 죄를 용서해 달라고 빌었다. 참회진언을 외웠다.

"옴 살바 못자 모지 사다야 사바하. 옴 살바 못자 모지 사다야 사바하……………………"

얼마나 했을까. 고기 혼령들의 공격이 멈췄다.

좀 살 것 같았다.

장면이 바뀌었다.

사람도 아닌 사람 같은 형상으로 나타난 혼령들이 나의 머리통을 조우기 시작한다. 머리통이 깨어질 듯 벼락 맞은 것 같은 충격을 받았다. 허리부위와 남근을 칼로 자르고 난도질을 한다. 고통의 연속이다. 관세음보살을 불렀다.

"관세음보살. 관세음보살. 관세음보살. 관세음보살. 관세음보살……"

물체가 사라졌다. 태아령의 혼령들이었다. 여자를 만나 어떻게 잘못되어 유산하였던 일이 있었다.

죽음을 눈앞에 두고 있으니 그런 원한들이 서로 앞다투어 인정사정 없이 무참히 공격을 하였다.

어디서 그런 원혼들이 갑자기 왔을까?

생각하니 순간적으로 소름이 쫙~끼친다.

다시 장면이 바뀌었다.

송도 바닷가의 모래사장이 보이고 시원한 바다가 펼쳐진다. 여름이다. 동생 영수가 튜브를 타고 물 위에서 놀고 있는데 갑자기 바람이 세게 불어 동생은 타고 있는 튜브와 함께 바다 멀리 바람이 부는 대로 떠내려가고 있었다. 어린 나는 그 광경을 보고 모래사장에 주저앉아 울고 있었다. 그때 아저씨 한 사람이 바다에 뛰어들어 능숙한 수영 솜씨로 동생을 구해주는 장면이 나타났다. 동생은 기적적으로 살아난 것이다.

살아 돌아온 동생을 부둥켜안고 한없이 울고 있었다.

다시 다른 장면이 나타난다.

군복을 입은 모습이다.

무궁화 3개를 달고 있는 연대장과 작대기 2개를 달고 있는 나와 마주 앉아 있다.

연대장이 '언제 별을 달 수 있겠느냐고' 나에게 묻는 장면인데, 나는 스스럼없이 몇 년 후에 별을 달 수 있다고 말하는 장면이다. 왜 이런 장면이 떠오를까?

내가 군대 생활 편하게 하기 위해 거짓말을 한 기억이 나쁜 흔적의 업보로써 마음속 깊은 곳에 양심의 가책으로 남아 있었던 것이 지금 살아난 것이다.

다시 장면이 바뀌면서 여러 장면들이 겹겹이 이어졌다. 이런 장면들은 아주 짧은 시간의 찰나를 스쳐서 지나갔다.

나의 손을 잡고 있는 스님이 물었다.

"지홍스님, 지금 기분이 어때요."

"스님들! 공부 열심히 하시고 계율 지키면서 잘 사세요. 내가 죽을 때가 되니 지난날의 업장이 그대로 나타나네요. 불교경전의 말씀이 하나도 틀린 게 없네요."

나는 대중 스님들이 모두 들을 수 있을 정도의 큰 목소리로 말했다. 다른 스님들은 서서히 죽어가고 있는 나를 묵묵하게 보고 있었다.

나의 팔을 잡고 있는 스님들은 땀을 흘리고 있었다. 또 다른 스님으로 교대하여 다른 스님이 나의 팔을 잡고 있었다.

생과 사.

순간의 갈림길.

젊은 나이에 물에서 죽다니.

그것도 신성한 산중의 사찰 계곡에서.

순간 나의 머리를 스치는 하나의 생각이 떠올랐다.

나는 팔을 잡고 있는 스님에게 말했다.

"여기, 나무사다리 긴 놈하고 밧줄을 가져 오라고 하세요!"

나의 말은 바로 전달이 되어 몇몇 스님들이 불사하는 현장에 뛰어가 사다리와 밧줄을 가져왔다.

나는 우선 긴 밧줄의 중간을 기준으로 나를 묶을 수 있는 곳까지는 묶으라 했다. 그리고 나서 양쪽으로 2개의 밧줄을 길게 늘어뜨리고 스님들 보고 붙잡으라고 했다. 한쪽에 10여 명의 스님들이 끈을 잡았다. 나는 나무사다리를 나의 등 뒤에 놓게 하였다.

모든 준비는 완료되었다.

"내가 하나, 둘, 셋 하면 양쪽에서 똑같이 밧줄을 힘껏 당기세요. 그러면 나는 손으로 사다리를 잡을 테니까요!"

절박한 상황이었지만 나는 차분하게 말을 했다.

모두가 나의 말 한마디에 움직였다.

"하나"

"둘"

"셋"

나는 얼른 등 뒤에 있는 사다리를 잡았다.

스님들은 양쪽에서 죽을 힘을 다하여 밧줄을 당겼다.

물속으로 들어간 나의 몸은 포물선을 그리면서 스님들이 당겨주는 밧줄의 방향대로 물가 쪽으로 나왔다.

살았다. 모두가 안도의 한숨을 쉬었다. 밧줄을 스님들이 낭길 때 내 몸 전체가 물속으로 들어가는 것을 보고는 몇몇 스님들은 '이제 끝이

구나!' 라고 생각하였다 한다.

양쪽의 허벅지는 피투성이 되어 시커먼 색과 빨간색이 섞여 있었다. 아랫배는 합판에 눌려 그대로 긁힌 자국과 피멍으로 혼합되어 사람의 배가 아니었다.

대중 스님들에게 '소란을 피워 심려를 끼쳐 죄송하다.' 라는 말을 하고 다각실로 가서 몸을 추슬렀다. 몇몇 스님이 와서 따뜻한 음식을 주었다. 몸을 녹이라고 얇은 이불도 주었다. 나는 이불로 몸을 감싸고 있었다. 고참스님 한 분이 물었다.

"살아난 소감이 어때요?"

"뭐, 그렇지요."

나는 짧게 대답했다.

"아, 그런데 그 죽어가는 순간에도 태연하더구먼. 살려달라는 소리 한번 안 하고."

옆의 다른 스님이 말을 했다. 그리고 다시 말을 이었다.

"사다리와 밧줄은 어떻게 생각했어요?"

나는 그 말을 듣고 생각해보니 내가 생각해도 신기한 일이었다. 죽어가는 내가 그런 아이디어를 떠올렸다니.

"예, 저는 잘 모르겠네요. 여하튼 그 생각이 났어요!"

나는 그때의 느낌 그대로 말했다.

그리고 내가 죽음의 순간에 갔을 때 고기들이 나를 공격하는 모습을 생생히 들려주었다. 나의 말이 끝난 후 옆에 앉아 있던 다각스님이 방생에 대한 일화를 이야기했다.

방생의 공덕에 대하여는 명나라 때 연지대사께서 방생하여 좋은 과보를 받은 여러 가지 사례들을 열거하여 만든 책이 있다. 내용은 생명이 짧은 사람이 방생하여 장수하게 되고, 가난했던 사람이 방생하여 부자가 되는 행운을 가져온 사례 등 여러 가지 좋은 과보가 열거되어 있다.

　전당골에 도금우라는 태수가 있었는데 병에 걸려 백방으로 노력해도 병을 고칠 수가 없었다. 몸이 죽을 지경이 되어 이제부터라도 좋은 일을 하겠다며 다짐을 하고 참회하면서 살아가던 중 어느 날 꿈에 관세음보살이 나타나서

　"그대는 전생에 초나라의 관리로 근무하면서 그대 스스로를 위한 이기직인 행동은 없었지만 일을 처리하면서 너무 각박하고 인정없이 행동을 하였다. 또한 살생을 많이 하였으니 단명할 운명이다. 다행히도 이제는 병중에 있으면서 참회를 하고 올바른 서원을 세우고 있으니 내가 그대를 이롭게 할 것이다.

　오직 생명 있는 것을 살려주는 것이 좋은 음덕을 쌓는 공덕이니 그렇게만 하면 그대의 목숨은 연장되고 벼슬 또한 높아질 것이다. 지금의 그 마음 변하지 말고 서원 세운 대로 행하라."

　태수가 꿈에서 깨어난 후 사람들을 모두 불러 방생을 같이하며 앞으로 어떠한 살생도 금하게 하였다. 그 후에 병은 완치되었으며 조정의 명을 받아 원주의 구강태수로 영전이 되었다. 그리고는 관세음보살의 가르침대로 일을 처리할 때에 각박하게 하지 않았고 사람을 대할 때에도 이전과는 다르게 너그럽게 행동하여 이후로는 무병장수하였다.

대선사는 화계지방의 이름난 사찰인데 다음과 같은 일화가 전해진다.

어느 날 도석향과 장지정이라고 하는 두 선비가 절 구경을 하던 중에 절 한 모퉁이의 작은 연못에서 고기들이 놀면서 숨을 어렵게 쉬는 모습을 보고 측은한 생각이 들어

"이 고기들을 구입하여 양자강 같은 넓은 강에서 자유롭게 노닐 수 있도록 해주는 게 어떻겠나."

이렇게 두 사람이 합의를 하여 돈을 모아 대금을 지급하고 일꾼을 시켜 연못에 있는 고기들을 모두 큰 강으로 가서 방생하였다. 그 후에 두 사람은 똑같은 꿈을 꾸었다. 꿈에 용왕이 나타나

"그대의 운명에는 과거에 급제할 운이 없는 사람이지만 방생한 공덕으로 과거에 급제할 수 있는 과보를 얻었으니 내가 이 소식을 전하노라."

두 사람은 똑같은 꿈을 꾼 것을 신기하게 생각하였다.

그해 가을에 도석향과 장지정은 과거에 급제하였다.

다각스님의 방생에 대한 일화를 들으니 친구 최봉수의 생각이 났다. 최봉수는 국제시장에서 제일 큰 슈퍼를 운영하고 있었는데 바다낚시를 좋아하였다. 나와 함께 여러 번 같이 가기도 하였다.

최봉수의 아버지가 세상을 떠날 때 그 아버지의 신체부위 중에 오른손 집게손가락이 다른 손가락보다 엄청나게 부어 오른 모습을 보고 집안 식구들이 깜짝 놀랐다고 한다. 집안 식구들이 괴이하게 여기어 그 이유를 스님에게 물어보았다. 고인이 생전에 사냥을 좋아하여 방아쇠를

당긴 그 집게손가락이 이제 업보를 받아 그렇다고 하였다. 부친의 그런 광경을 직접 목격한 최봉수는 그 이후로는 일절 낚시를 하지 않았다.

"지홍스님은 생사의 문턱까지 갔다 왔으니 이제 남은 인생은 덤으로 산다고 생각하고 열심히 공부만 하면 되겠네요."

"저승길을 앞에다 두고 여유 있는 모습을 보니 앞으로 큰 스님 되겠어요."

옆에 있던 스님들이 지나는 말로 한마디씩 던진다.

나는 3일 정도 선방 출입은 못하고 다각실에서 몸과 마음을 정돈하였다. 마음은 회복되었는데 몸은 회복되려면 시간이 걸릴 것 같았다. 대중스님들 하고 생활은 같이하지만 좀 쑥스러웠다. 뭔가 큰 사건을 치르고 난 후의 행동하기가 어색하였다.

죽다가 살아난 놈……

그런 큰 고통을 겪으면서 나의 업장이 조금이라도 소멸되었을까? 좌복에 앉아 참선하면 화두가 떠오르지 않고 물에서 죽을 고비를 넘겨야 했던 이유가 뭘까? 하는 생각이 하나의 의심 덩어리가 되었다.

원래 화두 할 때는 잡념이 많이 생겼는데, 죽을 고비를 넘긴 이유를 생각하니 내가 직접 겪은 엄청난 일이라서 그런지 다른 망상이 별로 생기지 않았다. 깊이 파고들었다. 의심이 확실히 되었다. 그리고 분하기도 하였다.

'이유가 뭘까? 이유가 뭘까? 이유가 뭘까? 이유가 뭘까……?'

물가 계곡에 다시 한 번 가보았다. 앉아서 물끄러미 고여 있는 물을 보았다. 그날의 폭포수 같은 물살은 어디로 사라졌는지 물은 고요히 흐르고 있었다. 막혀 있는 둑을 바라보았다. 그대로이다. 합판의 수문은 잘 닫혀 있었다.

바로 저곳이 내가 수장될 뻔했던 자리였단 말인가?

그런데 어떻게 살았을까?

나무사다리와 밧줄 생각은 어떻게 떠올랐을까?

어머니가 내 생명이 짧다고 나를 판 관세음보살이 나를 살렸을까?

작년에 차에서 떨어졌을 때 나를 사뿐히 내려놓은 힘은 무엇인가?

그때도 관세음보살이 나를 살렸을까?

그럼 어머니의 단골 철학관의 말처럼 나의 생명은 짧은 게 맞을까?

절에 오지 않고 사회생활을 했다면 실제로 나는 죽었을까?

그러면, 나는 절에 왔기 때문에 죽지 않았단 말인가?

나 스스로 나도 모르게 생명 연장의 길을 걸었단 말인가?

그 수 많았던 고기들의 원혼이 나를 공격 할 때 어떻게 피하였지?

그 공격이 이제는 끝난 것일까?

두고두고 나를 따라다닐까?

태아의 혼령은 또다시 나를 공격할까?

고기 원혼과 태아 원혼이 공격할 때 어느 원혼이 나를 더 괴롭혔지?

두 번의 죽을 고비는 신장神將과 보살의 가피 없이는 이해가 되지 않는 사건이었다. 수행을 하면 신장과 보살들이 보호한다는 말이 실감이 났다. 나는 이제 어떤 마음으로 수행해야 그런 은혜에 보답하는 길이 될까?

이런저런 생각이 꼬리를 물고 일어났지만 자리에서 일어났다. 걸어오면서 그러한 생각들이 떠나지 않았다.

봉암사에는 간간이 대중공양이 들어왔다. 언젠가 양말이 들어와서 일일이 스님들에게 나누어 주었다. 음식물이 들어오면 공양간으로 보내고 다과 종류는 다각실로 보내진다.

8월 9일 해제일

해제법문을 법당에서 마치고 스님들은 떠나간다. 해제 날은 봉투를 하나씩 받는다. 얼마간의 여비가 들어 있다.

얼마 후 8월 15일부터 18일까지(윤 6월 21일~24일) 해인사에서 선화자禪和子법회가 열린다.

선화자禪和子법회는 선방 안거 해제일에 조실스님의 상당법문에서 시작된 것으로 스님들에게 선어록 등을 통해 불법의 안목을 키우기도 하고 공부한 것을 점검받기도 하는 법회이다.

선화자의 글자를 풀이하면 선禪은 양극단을 여읜 마음을, 화和는 그 마음을 조화롭게 하는 작용을, 자子는 이렇게 수행하는 수좌를 말한다.

첫 날인 15일은 성철 스님의 법문이 있었다. 그때 대중 가운데 어느 스님이 일어나 성철 스님 있는 앞으로 뛰어나오려 하였다. 옆에 있는 다른 몇 분의 스님들이 말렸다. 분위기가 심상치 않았다. 그 광경을 보고 계시던 성철스님께서

"저 노무 자슥, 공부도 안된 놈이 '오매일어寤寐一如'도 안된 놈이…… 공부나 더 해!"

하시고는 스님의 말씀을 태연히 계속하셨다. 해운정사에서 오신 진제스님은 '선맥禪脈에 대하여' 강의를 하셨다.

봉암사에서 내가 모시고 간 서암스님은 '육조단경'을 강의하셨다.

8월 15일부터 시작한 해인사 선화자 법회를 8월 18일 회향하고 봉암사로 왔다. 봉암사에서 수행중 조실스님께서 나를 보고 원적사로 가서 공부하라고 하셨다.

갑자기 그런 말씀을 듣고는 처음엔 어리둥절하였으나 곧 이해가 되었다. 내가 봉암사에서 얼마 전 물에 빠져 물귀신이 될 뻔한 큰일이 생긴 이 장소에서는 '마음이 그때의 사건'으로 쏠리는 것을 경계하기 위하여 차라리 멀리 떠나서 공부하라는 뜻으로 제자를 지극히 아끼는 스승님의 마음이라고 알아차렸다.

나는 또 걸망을 메고 원적사로 가려고 버스를 탔다. 버스에서 내려 작년에 들렀던 그 가게에 가 보았다. 필요한 물건도 구입하고 나에게 많은 이야기를 들려준 아저씨도 보고 싶었다. 아주머니가 나를 반겨주었다.

"아이구, 스님 또 만났네요."

"그동안 잘 계셨어요? 아주머니! 아저씨는 안 보이네요?"

반겨주던 아주머니 얼굴이 순식간에 어두워졌다.

"아, 예. 저⋯⋯ 얼마 전에 돌아가셨어요."

"예! 돌아가셨다고요!"

나는 놀라지 않을 수 없었다. 작년에는 아주 건강한 모습이었고, 나에게 즐거운 표정으로 이 동네의 재미있었던 지난 일들을 말해주신 분이 그 자리에 없으니 인생은 그야말로 무상한 것이었다.

"아니, 어떻게 하다가 돌아가셨어요?"

"예, 오토바이 타고 집으로 오다가 교통사고로 그렇게 되었어요."

나는 더 이상 물을 수가 없었다. 내가 분명히 기억하건대, 아저씨가 앉아있을 때 발을 유난히 떨고 있는 모습이 눈에 선하였다. 그때도 좀 이상하게 생각했었다.

오른발을 떨고 발을 바꾸어 왼발을 떨고 교대로 그렇게 오랫동안 쉼 없이 떨고 있었으며 간혹 양쪽 발을 같이 떠는 때도 있었다. 발을 떨면서도 그것과는 전혀 상관없이 아저씨의 입은 생기가 넘쳐 있었고 유머가 있었다. 지난 일들을 하나하나 꺼내어 천연덕스럽고 구수하게 말을 잘 이어갈 때는 시골에서 사는 것이 아깝다는 생각도 하였다.

지난번 아저씨의 떨고 있는 발을 보았을 때 아저씨의 모든 양의 기운이 발을 통하여 빠져나간다는 생각을 그때 그 당시에 했었다. 지금의 상황으로 보면 아저씨의 진양의 기운이 발을 통하여 빠져나간 것이 맞았다는 생각을 하니 온몸에 소름이 끼쳤다. 사람의 행동 하나하나가 이렇게 미래의 방향에 영향을 준다는 사실을 다시금 생각하게 되는 순간이었다.

내가 생각을 너무 비약하는 것은 아닐까? 생각하면서 아주머니에게 물었다.

"저 아주머니, 한 가지 물어볼 게 있는데요?"

"뭔데요? 물어보세요."

"예, 저…… 작년에 보니까 아저씨가 앉아 있을 때 발을 엄청나게 떨고 있던데 왜 그렇게 발을 떨었어요?"

"글쎄 말입니다. 스님, 내가 몇 번이고 발 좀 그만 떨라 해도 말을 안 듣고 그냥 심심하니 버릇처럼 그렇게 떨고 있었어요."

"아, 그래요 발을 언제부터 떨었습니까?"

"그러니 한 3년 전부터 무단히 그랬어요. 아니, 스님! 그건 왜 물어 봐요?"

"제가 작년에 아저씨한테 많은 것을 듣고 배웠는데 갑자기 안 보이시니 서운해서 물어본 것 뿐이에요."

"스님, 그러시지 말고 속 시원히 말 좀 하세요. 그 발 떠는 것하고 우리 애 아빠 돌아간 것과 무슨 연관이 있나요?"

"그런 것은 아니고요, 제가 작년에 봤을 때 아저씨 발 떠는 모습이 예감이 안 좋아서 아저씨보고 발 좀 그만 떨라고 말한 기억이 나서요."

아주머니에게 더 이상 말을 못하고 물건을 계산하고 나왔다.

"참, 아주머니, 주위의 사람이나 애들 중에서 발 떠는 사람이 보이면 떨지 말라고 말하세요."

"스님 왜 그런지 이유를 말해 주어야 할 것 아닙니까?"

"갑니다. 아주머니 언제 만날지 모르겠네요. 잘 계세요."

나는 걸망을 메고 원적사로 오르기 시작했다. 원적사 가는 길은 정류소에서 평지의 길을 한참 걷는다. 산 밑에 도달하면 다시 경사가 심한 오르막길을 또 한참을 걸어야 한다.

드디어 원적사에 도착하여 지현스님과 인사하고 저녁공양을 같이하면서 오랜만에 그간의 얘기들을 주고받았다.

원적사는 작년에 불사를 원만히 이루어 이제는 제법 큰 암자로 되어 있었다. 전망이 '탁 트여' 시원한 절 밑의 계곡과 멀리 보이는 겹겹이 둘러싸인 산맥의 흐름은 파도를 이루어 원적사로 다가오고 있다. 법당의 바로 뒤에는 운치 있고 영험 있게 보이는 학바위라는 돌산이 아담하게 자리 잡아 부처님을 수호하는 형상으로 양팔을 벌리고 있다.

작년에 원적사에 왔을 때의 일이 생각난다. 공양을 하고 포행을 하기 위해 해우소를 지나 오솔길을 따라 계속 가다가 길을 잃어 헤매던 중 눈앞에 조금 큰 바위가 보여 쳐다보니 그 바위가 영락없는 거북이 모습이었다. 산에 오르는 형상인데 거북이의 머리방향이 법당 뒤의 학바위를 향하고 있었다.

나는 그곳에 있는 거북이가 아주 좋았다. 조금 다른 방향에서 보면 거북이 등과 목의 형상이 너무 확실히 드러난다.

이 높은 곳까지 거북이가 어떻게 올라왔을까? 토끼하고 경주하러 왔다면 어딘가 토끼도 있을 텐데…… 거북이가 움직이지 않는 것을 보니 참선하여 선정에 들었는가?

주위에 물도 없는데 거북이는 무얼 먹고 살지? 풀잎의 이슬을 먹을까? 하늘에 떠 있는 구름을 보고 물의 기운을 빨아 먹을까?

나는 그 자리를 잊지 않기 위하여 주위를 몇 번이나 둘러보고 머릿속의 기억으로 남겨 두었으며 이곳에서 아래에 보이는 오솔길까지의 걸음걸이가 몇 걸음인지 세어두었다.

객스님과 일화

　다음날 점심공양을 하고 나서 작년에 보아두었던 나의 장소, 나만의 공간, 내 마음 한 모퉁이에 자리 잡아 그리움으로 남아있는 거북이를 찾으러 혼자 유유히 걸어갔다.

　오솔길을 따라가노라니 주위의 산과 나무와 꽃들이 서서히 가을을 맞이하기 위하여 준비하고 있었다. 날씨는 선선한 바람이 불어 옷깃을 스치고 있었고, 덥지도 춥지도 않은 좋은 날이었다. 걸어가면서 작년의 기억을 되살려 길을 찾았다. 발걸음은 거북이를 만난다는 기대감으로 설레는 마음으로 걸었다.

　거북이가 보였다. 거북이는 그때나 지금이나 변한 게 없었다. 반가웠다.

　거북이도 나에게 미소를 보내며 나를 반겨주었다. '잘 있었어요? 거북님' 나는 나지막이 소리를 내어 거북이에게 따뜻한 나의 마음을 전하였다. 나는 그 밑에 혼자 앉을만하게 자리를 정리하였다. 나뭇가지를 들고 대충 쓸어내렸다.

그리고는 바닥의 흙을 고르게 하여 평평하게 하였다. 주위에 있는 낙엽들과 갈비를 모아서 갈비를 먼저 깔고, 낙엽을 그 위에 깔았다.

자리가 매우 좋았다. 천하의 명당자리가 따로 없었다. 거북이가 수호신처럼 말없이 지켜주고 있다. 나는 신발을 벗고 사뿐히 자리에 앉아 보았다.

아! 이 기분~~

말로 표현할 수가 없다. 앞은 막힌 게 없어 가슴이 시원할 정도로 틔어 있었다. 왼쪽 어깨 뒤에는 거북님이 계시고 오른쪽 어깨 뒤에는 저 멀리서 부처님께서 법당에 계셨다. 이런 자리가 세상천지 어디에 있을까?

내가 찾은 장소이고 내가 직접 만든 자리이지 않은가! 나뭇잎들을 모아서 만든 좌복은 또한 어떠한가! 폭신폭신하여 어떤 방석보다도 나를 안락하게 만들었다.

나는 호흡을 하였다. 수식관으로 마음을 하나하나 살피며 호흡을 지켜보았다. 먼저 숨을 내쉬고 난 후 숨 한번 마시고 내쉬면서 하나, 또 마시고 내쉬면서 둘, 또 마시고 내쉬면서 셋…… 천천히 공기를 마시면서 천지의 좋은 기운을 같이 마신다.

우주 전체를 마신다. 들이마신 공기는 우주의 기운이 되어 나의 몸 전체에 퍼져 나간다. 이제는 공기가 몸 여행을 마치고 나가야 하는 때가 되었다.

공기가 나가면서 몸에 있는 찌꺼기가 같이 나가고 있다. 찌꺼기가 나가듯이 내가 지은 죄의 업장도 같이 나가면 좋으련만…… 백을 세고는 다시 구십구, 구십팔…… 셋, 둘, 하나…… 나의 의식은 나를 떠나고 있었다.

그럭저럭 원적사의 생활이 두 달이 넘어가고 있었다. 이번 동안거 날짜를 보니 12월 5일이 결제일이다. 11월 말일까지는 봉암사에 방부를 드려야 하는데, 원적사에 나 혼자 있으니 봉암사에 갈 수 없는 형편이 되었다.

이번 한철은 원적사에서 내가 조실이자 주지이고, 수행납자이자 공양주이면서 부목이다. 마음을 다시 새롭게 다그치고 정진해야겠다고 다짐했다.

12월 1일
"객승입니다. 스님 어디 계십니까?"
하는 소리에 밖을 보니 철각스님이었다. 철각스님은 지난 하안거 한철을 봉암사에서 같이 지낸 스님인데 나이는 45세 정도이었다.
"철각스님 아니십니까? 반갑습니다. 갑자기 어쩐 일로 여기까지 오셨어요?"
"예, 지홍스님도 잘 지내고 계시죠? 어제 봉암사에 방부 드리러 갔다가 방부를 더 이상 안 받는다고 하여 밀려났어요. 그래서 원주스님에게 지홍스님 안부를 물었더니 원적사에 산다고 하여 즐거운 마음으로 왔어요."

"그랬군요. 그럼, 전화라도 할 거 아닙니까? 마중이라도 나가게……"

"원적사 전화번호는 알았는데 전화로 간다고 하면 혹시나 오지 말라고 할까 봐서 무작정 올라왔죠. 하하… 내려가라는 말은 안 하겠지요."

"야~ 스님 작전이 그럴듯하네요. 여하튼 반갑고요, 안으로 들어갑시다."

우리는 방에 가서 서로 바라보면서 맞절을 하였다.

빈방 중에서 철각스님이 마음에 드는 방을 골라 걸망을 풀었다. 무엇이 들었는지 걸망이 가득하여 탱탱하게 보였다. 그러고는 이번 한철을 원적사에서 신세를 지게 되었으니 공양 준비는 스님이 한다고 하였다.

미안해서 그런가 보다 생각하고 공양주는 법랍이 낮은 사람이 하는 것이라 우겨서 내가 맡기로 하였다. 저녁 예불을 마치고 참선을 해야 하는데 오랜만에 스님이 한 분 왔으니 대화가 하고 싶어졌다. 철각스님의 방으로 가니 스님은 걸망 안에서 무엇을 꺼내었다. 나는 깜짝 놀랐다.

"철각스님, 무슨…… 맥주를 가져왔어요?"

"지홍스님, 목을 축이려고 캔 맥주 몇 개 가져 왔는데 이해하세요."

"부처님 보기가 민망하네요."

"지홍스님, 자 시원하게 한 잔씩 합시다. 지난번 하안거 이야기도 하면서 오늘만 마시고 다음에는 먹고 싶어도 없어서 못 먹어요."

캔 맥주를 가운데에 놓고 안주가 필요하여 공양간에 가서 미역튀긴 것을 가져와 안주하였다.

미역튀긴 안주는 입에 넣으면 소리가 크게 들린다. 맥주와 바싹바싹한 미역은 궁합이 잘 맞는 것 같았다. 철각스님과 나는 지난 일들을 얘기하면서 즐거운 시간을 보내고 있었다.

"스님, 오실 때 버스에서 내려서 제법 먼 길인데 맥주 넣어 오신다고 걸망이 꽤 무거웠겠어요?"

"지홍스님에게 잘 보이려고 무거웠지만 즐겁게 올라왔습니다."

"그래서 그런지 맛이 좋습니다. 여하튼 수고하셨고요, 우리도 며칠 후 결제기간은 봉암사처럼 시간표를 짜서 생활합시다. 스님."

"그야, 당연한 말씀. 지홍스님은 속가에서 불교 공부 말고 무슨 공부를 했어요?"

"주역공부를 조금했죠."

"주역공부는 상당히 어려운 걸로 알고 있는데 어떻게 공부했어요?"

"처음에는 대학 다니면서 공부했는데 거의 독학이라고 봐야죠. 그러다가 1982년에 아산亞山선생님을 만나 주역에 새로운 눈을 뜨기 시작했죠."

"아산선생님은 어떤 분이죠?"

"예, 주역강의를 서울, 대구, 울산, 부산, 등에서 강의하셨는데, 주역 원문을 강의했어요. 중용도 강의하시고 그랬죠. 우리는 그때 모임을 지지회之之會라고 정하였죠. 40명 정도 강의를 들었는데 대학교수, 신부님, 사업가 등으로 다양했어요."

"그럼, 아산선생님은 어느 분에게 배웠나요?"

"예, 야산也山 선생님의 제자입니다. 야산선생님은 주역의 대가였어요."

나는 내가 알고 있는 만큼 이야기하기 시작했다.

야산선생님은 경상북도 금릉군에서 1889년 출생하였다. 태몽이 봉황이 대나무에 앉은 연유로 어릴 때는 '봉'이라 불렀고, 5세 때 너무 영민하여 김시습의 화신이라고 하였다.

33세 전후하여 항일운동을 하여 일본경찰의 감시를 받았으며 더 큰 뜻을 펴기 위해 지리산에서 수도를 하였다.

57세인 1945년 8월 14일에 지리산 산청 화계리에서 지인들과 제자들을 데리고 계명삼창鷄鳴三唱하여 우리 민족의 광복을 미리 알렸다. 다음날에는 문경에 가서 만세삼창萬歲三唱을 하였다. 문경은 한문이 '聞慶'으로 경사스러운 것을 듣는다는 뜻이다.

1948년에는 제자들을 데리고 안면도安眠島에 가서 공부하였다. 2년 뒤에 6·25동란이 일어나 전쟁으로 나라가 혼란에 빠졌으나 안면도에는 피해가 없었다. 야산선생은 안면도의 면眠은 '잠잘 면'으로 눈 목目자를 빼면 '백성 민民자'가 되어 백성이 편안하다고 하였다.

눈 목자를 빼는 이유는 오랑캐의 눈을 빼어 이곳을 못 보게 하는 뜻이고, 또 다른 이유는 선생과 제자들이 눈이 빠지도록 자지 않고 공부하여 나라와 국민을 편안하기 위한 까닭이었다.

안면도에서 생활한 선생님과 제자들은 전쟁의 고통을 모르고 생활하다가 전쟁이 끝난 후, 야산선생님은 부여에서 정착하셨다. 부여에서는 단군을 봉승하는 일을 많이 하셨다.

선생님의 문집에는 여러 가지의 작품과 학설이 많다. 그중에서 특히 복희 선천 8괘와 문왕 후천 8괘의 방위도와 관련해 괘의 위치가 바뀌었으나 주역의 원문에서는 찾아볼 수가 없는데 야산선생님의 탁월하고 특유한 학설로 건괘 구오효에서 이론을 전개하였다. 이것을 건구오도설乾九五圖說 또는 구오변도설九五変圖說이라고 한다.

이 정도만 설명하고 더 이상 말하면 복잡할 것 같아 이야기를 마무리하였다. 철각스님은 조용히 듣고 있다가는 이야기 중에 선천이 나오고 후천이 나오니 무슨 말인지 이해가 안 된다 하였다.

"선천, 후천이 무슨 말입니까? 말은 어디서 들었는데 정확한 뜻을 모르겠네요. 주역박사님께서 설명해 주세요."

"그러니까 오전을 선천이라면 오후는 후천이죠. 스님이 출가하기 전을 선천이라면 출가 이후는 후천이 되는 것입니다."

"그렇게 쉬운 것 말고요, 천문학적으로 차원 높게 말해주세요."

나는 윷판을 설명하면서 선천과 후천을 설명하였다.

윷놀이 판은 단군께서 후천이 오는 시기를 놀이기구를 만들어 비밀을 은밀히 간직하여 전승시킨 우리 고유의 민속놀이다. 그림을 살펴보면 29개의 점으로 이루어졌다. 가운데의 한 점은 황극이 되어 북극성을 상징하고 사방의 28개의 점은 별자리인 28수宿를 상징한다. 윷판의 바깥이 둥근 것은 하늘을 본뜬 것이고 안이 모가 난 것은 땅을 본뜬 것이다.

윷가락이 네 개인 것은 사계절을 상징하며 윷가락 자체에 잦혀진 단면과 엎어진 둥근 면을 만들어 음과 양을 나타내고 있었다. 음과 양은 바로 달과 태양이 되고 땅과 하늘이 되니 세상의 도道를 나타내 보이는 것이다. 그걸 던져 나오는 모양을 보고 도, 개, 걸, 윷, 모라는 5가지의 상황이 나오며 5가지는 오행을 말하는 것이다.

윷을 만드는 나무는 박달나무를 사용한다. 이유는 윷놀이는 단군의 비결이고 단군의 단檀이 '박달나무 단' 이기 때문이다.

윷놀이는 미래를 예측하는 놀이이기 때문에 한해가 바뀌는 설 명절에 노는 것이다. 게임은 넉동을 먼저 빼야 이기는 게임이다. 한 동은 1,000이니 넉동은 4,000 그리고 스물여덟 개의 별을 가운데 그려진 십+으로 곱하면 280이며 모두 더하면 4,280이 된다.

단기로 4280년은 서기로 1947년이 되어 선천이 끝난다는 것을 알 수 있다. 그러므로 1948년부터 후천이 시작된다. 철각스님이 물었다.

"그럼 지금은 후천입니까?"

"예, 그렇죠. 그러나 1947년을 기준으로 하여 선천과 후천이 나누어졌지만 우리가 후천을 느끼는 시기는 좀 늦어요."

"왜 그렇습니까? 지홍스님."

"예를 들어 오늘이라는 말은 시간적으로는 자정부터 오늘이지만 현실적으로는 아침에 일어나서 오늘이라고 말하잖아요. 그러니 시간의 뜸이 필요하다는 말이죠."

"그럼 후천이 오면 달라지는 것이 무엇입니까?"

"글쎄요. 후천은 음陰의 시대이니 여성들의 활동이 뛰어날 것이고,

음흉한 사람은 음陰이니 음흉한 사람들이 세상에서 잘난 체하면서 폼을 잡겠죠."

"아니, 지홍스님, 착한 사람이 잘된다고 명심보감에도 있고 불경에도 있잖아요?"

"그건 도학적으로 그렇다는 말이겠죠. 마음을 올바르게 가지라는 말은, 음陰의 시기에는 누구나 타락하기 쉬우니 마음을 똑바로 지키라는 교훈이지 않을까요? 앞으로 두고 보세요. 정치하는 사람이나 사업하는 사람들이 성인군자처럼 해서 성공하는 사람이 몇 명이나 나올까요? 남의 약점을 캐내어 남을 죽여야 내가 산다는 그런 생각들이 판을 칠 것입니다."

"그럼 세상이 갈수록 흉흉해진다는 말입니까?"

"꼭 그런 것은 아닙니다. 과도기라는 것이 있으니 과도기에는 세상의 무엇이 선인지 악인지 구분이 안 되는 경우가 많아요. 과도기가 지나면 세상은 평정되고 안락을 찾게 되겠죠."

"지홍스님, 그러면 우리 불가에서도 마찬가지일까요?"

"그렇다고 봐야죠. 여우 같은 사람들이 승복의 탈을 쓰고 도인 행세를 많이 하겠죠. 종단 권력 다툼이라든지, 가짜 도인 행세라든지 시기하고 속이는 일들이 많아질 것입니다. 그런 사람들이 한때는 권력을 잡아 행세를 하지요."

"지홍스님, 우리 참선 공부하는 사람들은 후천시대와 연관이 있나요?"

"철각스님, 지금까지 많은 말을 했는데 뭘 듣고 있었어요?

선천이니 후천이니 하는 것은 음과 양의 법칙이라 하였잖아요? 참선은 음과 양하고는 상관없이 꽉 막혀 있는 모르는 나를 찾는 것입니다. 거기에 무슨 음과 양이 있겠어요. 그러니 선천, 후천은 생각하지 마세요. 그것은 세상의 이치가 그렇다는 것이니까요."

  "그럼 사회적으로는 여스님인 비구니스님들이 득세하겠군요?"

  "그럴 수 있죠, 여성 지도자가 나오는 시기이니까요. 그리고 숨은 도인들이 많이 생기죠. 그 이유는 도를 알려봐야 시절이 적절치 못하다고 생각하기 때문입니다. 그리고 세속에 사는 사람들 중에 도인이 많이 나오는 시기이죠."

  "지홍스님, 사주하고 주역은 상관이 있나요?"

  "태어난 년 월 일 시 네 가지가 사주입니다. 사주는 전생의 업보로서 구성이 되었으니 70%는 정확해요. 그러나 주역은 전생의 업보와 현생을 생활 하면서의 선과 악이 함께 어울려 미래를 판단하기 때문에 사주보다는 정확하죠.

  다시 말하면 지금 살면서 짓고 있는 선과 악이 미래의 운명을 결정하는 중요한 요소가 된다는 말입니다.

  주역은 미래의 일을 가르쳐 주지만 더 크나큰 사실은 우주의 비밀을 알려주는 학문입니다."

  "사주가 안 맞는 사람이 있다고 들었는데요?"

  "예, 선한 일만 하는 사람과 악한 일만 하는 사람은 사주나 운명이 안 맞아요. 기도를 열심히 하는 사람도 안 맞고요. 적선을 많이 하는 사람도 안 맞아요. 주역에 보면 '적선지가 필유여경積善之家必有餘慶'이라는 말이 있어요.

'적선을 쌓은 집은 반드시 나머지 경사가 있다.'는 말인데 여기서 중요한 것은 여경餘慶입니다. 무슨 말이냐 하면, 여餘자는 나머지라는 뜻이니 경사가 생기기는 생기는데 나머지가 있어야 경사가 생깁니다. 이게 요점입니다. 이것을 제대로 해석하는 사람이 없어요.

예를 들어 죄를 쌓은 것이 60점이고 선업을 쌓은 것이 65점이라면 나머지인 5점만의 복을 받는다는 말이죠.

사람들은 이런 이치를 모르고 '나는 착한 일을 하는데 왜 이렇게 운세가 풀리지 않느냐?' 하는데 지금까지의 지은 죄가 많은 줄 모르고 근래에 조금 착한 일을 하고는 잘되기를 바라니 어디 되겠습니까?

그러니 부지런히 착한 일을 하여 나의 업장을 소멸하고도 나머지의 선업이 생기면 그만큼 복을 받는 것이지요.

죄를 쌓은 것이 60점인 사람이 선업을 쌓아 90점을 만들면 30점만큼의 복을 받는다는 뜻이죠."

"지홍스님은 젊은 나이에 어떻게 그런 공부를 했는지 특이하네요."

"뭘요~선생을 잘 만나면 공부의 진도가 빨라질 뿐만 아니라 정통으로 많은 것을 배울 수 있겠죠."

"사주나 운명은 바꿀 수 없습니까?"

"힘들지만 바꿀 수가 있죠. 지금 철각스님과 저는 사주를 바꾸고 있어요. 출가하기 전까지는 주어진 운명의 틀 안에서만 놀고 있기 때문에 사주가 맞지만 출가 후에는 안 맞아요.

속인들의 경우에도 유능한 사람이 때를 만나지 못하여 운명에 묶여 있는 경우가 있습니다. 모든 불행이 나에게만 왜 오느냐고 한탄을 할 게 아니라 더욱더 분발하여 선업을 쌓아야 일이 풀립니다.

각자가 오늘 이렇게 사는 것은 다겁생에 살아오면서 지어놓은 업보에 따라서 금생에 살고 있어요. 그걸 모르고 남을 원망하고, 부모를 원망하고 사회를 원망합니다. 너무나 어리석은 생각들을 하고 있어요.

운명에는 상수와 변수가 있어 미래의 방향을 결정합니다. 과거의 지은 업장은 상수로서 변화시킬 수는 없지만, 지금 생각하고, 말하고 행동하는 일체의 행위는 변수로서 자기의 의지대로 정할 수 있잖아요.

그러므로 운명을 바꾸는 확실한 방법은? 지금 이 순간이 중요하다고 말할 수 있죠.

운명을 바꾸려면 마음부터 바꾸어야 합니다. 마음을 바꾸면 습관과 행동이 바뀌고 그리하여 주위 환경이 변화되고 그 결과, 운명이 바뀌는 것입니다. 운명이 바뀌면 인생이 바뀌죠.

조금 전에도 말했듯이 운명은 지극한 선행을 한 사람이나 지극히 악행을 한 사람에게는 적용되지 않습니다.”

나는 말을 마치고 물을 한 잔 마신 후 구체적으로 운명을 바꾸는 방법을 구분지어 설명하였다.

첫째, 부질없는 욕심을 줄이고 마음을 밝혀야 한다.

둘째, 지나간 과오를 부끄러워하고 행동으로 과감히 고쳐야 한다.

셋째, 위의 두 가지를 꾸준히 실행하는 방법으로는 매일 7가지의 반성할 일과 3가지의 선행을 하여 그것을 기록하는 습관을 들여야 한다.

넷째, 언제나 겸손한 행동을 하여야 한다.

다섯째, 위의 모든 일을 정확하게 하려면 지혜가 필요하니 명상을 많이 하여야 하고 미래에 대하여 좋은 상상력을 키워야 한다.

우리의 대화는 끊이지를 않았다.

"스님, 내가 법명이 몇 개나 됩니다. 어느 법명이 나에게 좋은지 가르쳐주세요. 지금은 '철각'인데, 그전에 '지상', '도담' 등이 있습니다."

"법명이나 이름은 각자를 대표하는 상표나 마찬가지죠. 상표는 품질의 특성에 맞게 만들듯 사람의 이름도 각자의 기운과 운명에 맞아야 발전을 할 수 있죠. 즉 각자에게 필요한 기운을 이름에서 보충시켜야 한다는 말입니다.

예를 들면 뜨거운 기운이 강한 사람이 이름에 뜨거운 기운이 강한 글자를 사용하면 타버리고 박살 나는 것은 뻔한 일이 아니겠어요. 그러니 이름이나 법명을 지어주는 사람은 도력이 높거나 그렇지 않으면 사주의 기운을 보아서 맞게 지어야 됩니다."

"스님, 그렇게 장황하게 설명하지 말고 내 법명은 어느 것이 좋은 것입니까?"

"스님은 그중에서 어느 법명이 마음에 드나요?"

"비슷한 것 같은데 지금은 '철각'을 사용하고 있습니다."

"그 법명은 누구에게서 받았습니까?"

"전에 은사 스님에게 받은 법명이 있었는데, '철각'은 내가 지었습니다."

"참 스님 대단하시네요. 은사 스님하고 사이가 안 좋습니까?

스님은 문제가 많네요. 스승을 공경하지 않으니까요."

"지홍스님, 그러지 말고 감정을 부탁합니다."

"철각으로 하세요."

"감정도 하지 않고 그냥 무성의하게 말하지 말고요."

"감정이 별 게 있나요. 현재 본인이 좋아서 사용하는 법명이 좋은 것입니다. 속인들이야 성명이 중요합니다만 우리는 참선만 잘하면 되는 것이지요!"

"알겠어요. 지홍스님, 그런데 은사 스님하고 뭔가 잘 안 맞는데 주역적으로 한번 봐 주세요."

"스님 같은 경우는 무조건 은사 스님께 져야 궁합이 좋게 되는 것이니 스님이 하심下心하세요."

"알겠습니다. 고맙습니다. 스님은 법랍은 짧은데도 주역공부를 해서 그런지 말이 좀 어른스럽네요."

"놀리지 마세요. 아까 걸망에 보니 종이가 많이 보이던데, 뭐예요?"

"반야심경을 금분으로 적은 것입니다."

"그런데 왜 그렇게 많이 가지고 있어요?"

"예, 마음이 산란할 때도 적고 신도가 부탁하면 적어 주곤 합니다. 15년 넘게 적었습니다. 사람들은 이걸 받으면 좋아하고, 부적보다 더 소중히 여기고 간직합니다. 종이는 갈색종이를 사용하지요. 주역에서 부적은 효험이 있다고 보십니까?"

"부적은 오래전부터 신비하게 여겨져 왔지요. 부적은 신들의 세계에서 사용하는 문자입니다. 실제로도 신비하게 힘을 발휘하는 것이 부적입니다. 부적을 그리는 사람이 올바르게 그리지 않으면 귀신이 비웃는다는 말이 있어요. 부적 그리는 사람은 도력과 정성이 담긴 기도로서 순수하게 하늘에 알리고, 법도에 맞게 처음부터 끝까지 무념의 상태에서 그려야 하며 부적을 받는 사람도 충분한 대가를 지불해야 효험을 볼 수가 있습니다.

스님도 마찬가지로 반야심경을 사경할 때에도 무념무상으로 하시잖아요. 부적은 특히 귀신들의 농간으로 병이 났다든지 일이 풀리지 않으면 효험을 볼 수가 있죠."

철각스님은 나의 설명을 들으면서, 이해하기 어려운 말이 나오면 그때그때 물어보며 본인의 의문을 풀었다. 관상에 대하여는 간단히 설명을 하였다.

관상은 중요하다. 인물이 잘나고 못나고의 문제가 아니다. 몸에서 나오는 향기와 빛을 가지고 판단한다. 세부적으로 분류하면 두상, 눈, 귀, 코, 입, 뺨, 머리카락, 피부의 살결과 색깔 그리고 탄력 등을 보아야하며 잠자는 모습, 걸음걸이, 말하는 모습, 밥 먹는 모습 등 생활하는 행태 모두가 관상이다.

관상은 마음의 표현이므로 마음을 나쁘게 쓰면 나쁜 관상으로 서서히 변한다. 그러면 하는 일도 서서히 나쁜 방향으로 나아가 결국은 고통을 받는다. 그러므로 바른 생각으로 생활하고 좋은 습관으로 행동해야 관상이 바뀌게 되며 이것이 개인의 미래를 이끌어가는 운명이 되는 것이다.

철각스님은 재미있다는 표정으로 들으면서 본인이 평소에 알고 있었던 사주나 주역 그리고 관상에 대한 생각들과 비교해 보는 것 같았다.

철각스님이 말을 했다.

"지홍스님, 지난번 봉암사에서 물에 빠져 죽을 고비가 있었을 때 묘하게 살아났는데 수행하는 사람이 갑자기 왜 그런 일이 생겼는지 아십니까?"

"예, 제가 생각하기에는 어릴 때부터 어머니가 사주를 보고 와서 저 보고는 생명이 짧다고 했어요. 짧은 생명이 절에서 수행하니 생명이 연장된 것 아닙니까?"

"운명론적으로는 그 말이 그럴듯한데 저는 다르게 생각합니다."

"철각스님은 어떻게 생각하나요?"

"저의 생각은 지홍스님의 주위에 따라다니는 영가들 즉, 고통받고 있는 선망조상님들의 영가와 유산된 원혼의 태아 영가들과 직접 살생을 하여 억울하게 죽임을 당한 생명체의 원혼들이 시절인연이 도래해 지홍스님을 공격하여 그런 일이 벌어졌다고 봅니다."

"아니, 왜 영가와 원혼들이 저를 공격합니까?"

"영가들은 천도를 시켜달라고 스님한테 요구하였으나 스님은 들어주지 않았고 원혼들은 복수의 칼날을 항상 갈며 때를 기다려 왔을테죠. 그날이 원혼들이 공격하기 알맞은 조건이 만들어져 원혼들이 힘을 합하여 스님을 공격했다는 말입니다."

나는 생각을 하여 보았다. 어릴 때부터 생명이 짧다는 말을 들어서 그런 일을 당하였다고 생각했다. 하지만 철각스님은 다르게 말을 하니 나는 혼돈이 되었다.

"아니, 스님 고통받는 선망조상님은 누구를 말하는 거예요. 그리고 왜 그 조상님들이 나한테 와서 그렇게 괴롭힙니까?"

"속가에서도 마찬가지입니다. 선망조상님들은 천도해주기를 바라지만 그런 내용은 말로 할 수가 없으니 후손들이 알지를 못합니다. 그러니 후손들을 괴롭힙니다. 천도해 달라고요. 그래도 모르면 꿈에 나타나서 가르쳐주기도 합니다. 조상님들도 그러하거늘 원혼들이야 얼마나 심하겠습니까."

"아니, 그럼 스님은 영가나 원혼이 보입니까?"

"보이지는 않지만 영혼세계의 원리가 그런 것입니다. 눈에 보이지 않는다고 믿지 못한다면 말이 안 됩니다. 바람이 보이지는 않지만 바람은 존재하잖아요."

철각스님의 말은 이러했다. 가정에 신기있는 사람들이 생기는 이유는 전쟁이나 갑작스러운 사고 등으로 비운으로 죽은 원혼들과 비도덕적인 생활로 인하여 업장이 무거워 삼악도에 떨어진 중생의 영가들이 가까운 인연을 찾아서 천도해 달라고 부탁을 하기 때문이다. 하지만 부탁받은 사람에게는 고통으로 다가온다.

따라서 떠도는 영가들을 천도를 해야 집안이 편안해진다. 또한 각자가 도덕적인 생활을 하면서 공덕짓는 일을 많이 해야 나쁜 액을 면할 수 있다.

그러니 부처님을 믿는다고 혹은 특정종교를 믿는다는 이유로 조상을 무시하거나 자신을 따라다니는 원혼들을 무시 혹은 멸시한다면 가정과 자손들에게 재앙이 떨어진다.

결과적으로 가정이나 개인에게 우환이 오는 이유는 다음과 같다.

첫째, 본인 전생의 업보로서 인과법칙에 따라서 생기게 된다.

둘째, 선망조상님들이 삼악도의 고통을 벗어나려고 천도해 달라고 요구하는데, 자손들이 들어주지 않으므로 자손들의 가정에 불상사를 일으킨다.

셋째, 부모님께 불효 불손하여 벌을 받기 때문이다.

넷째, 본인이 현생에 살면서 지은 죄의 대가를 받는 경우 등이다.

조상님들이 자손들에게 의사표시를 하는 방법은 여러 가지가 있다. 말로씨 가르쳐주어도 자손들이 듣지를 못하니까 도인이나 무당과 같이 신통력 있는 사람의 입을 빌어서 표현을 하기도 하고 혹은 꿈에 현몽하여 의사표현을 한다.

조상님들은 구원을 받으려고 부처님을 친견하고 싶어도 절의 입구에 사천왕이 지키고 있어 출입할 수가 없다. 그런데 자손들이 부처님을 친견할 때는 조상들은 자손과 함께 부처님을 친견할 수 있다. 그러니 조상들은 자손들이 절에 다니기를 간절히 바라고 있다.

가정이나 문중에서 스님이 한 분 생기면 천도가 되지 못한 영가들과 삼악도에서 고통받는 영가들과 원한이 있는 영가들이 천도구제를 받으려고 모두 모이게 된다. 설명을 마친 후, 철각스님은

"지홍스님이 교통사고 나서 죽을 고비를 넘긴 사선과 물에 빠져 죽을 뻔했던 사실 등은 영가나 원혼들을 천도를 아니하여 그럴 수도 있

습니다.”

"스님, 제가 절에 와서 수행하면 영가들도 같이 수행을 한다면서요. 그런데 왜 나를 괴롭힙니까? 말이 안 맞는 것 같네요?”

"수행은 지혜를 닦아서 도의 길로 가는 길이지만 지홍스님이 행한 나쁜 업보는 하나의 행위로서 반드시 그만한 고통을 받아야 하는 것입니다.”

"그러면 지난번의 고통으로 나의 업장의 고통은 끝이 났습니까?”

"완전히 끝났다고는 말할 수 없습니다. 왜냐하면 인과의 법칙이라는 것이 그렇게 수학 공식처럼 간단하지가 않습니다. 그러나 분명한 것은 이런 일로 말미암아 상당부분은 업장이 소멸되었다고 볼 수 있습니다.”

"그러면 제가 죽지 않고 살아난 이유는 무엇인가요?”

"스님이 봉암사에 와서 부처님 도량청소하고 수행하는 선방스님들 공양한다고 수고하였고 불사하는데 땀 흘려가며 노력한 모든 일이 공덕으로 쌓여서 불보살님들의 가피를 입어 살아난 것입니다.

스님이 조금 전 설명하셨던 주역에 나온다는 '적선지가 필유여경積善之家必有餘慶' 즉 '적선을 쌓은 집은 반드시 나머지 경사가 있다.'는 말과 같은 맥락입니다.”

"그러면 스님, 우리 어머니 말씀대로 저는 절에 안 왔으면 이미 죽었을 가망성이 많다고 봐야 하겠네요.”

"그건 스님이 알아서 생각하십시오. 제가 볼 때는⋯⋯ 여하튼 스님은 두 번의 죽을 고비를 잘 넘겼으니 이제는 공부만 열심히 하면 되겠습니다.”

우리는 여기서 말을 일단 중단하고 바람을 쐬러 밖으로 나갔다. 밤하늘의 별이 너무 초롱초롱하였다.

별을 하나 따올 수 있을 만큼 별은 우리 가까이 있었다. 법당 앞의 뜰을 걸으면서 차가운 바람을 느끼며 머리를 식혔다. 나는 스님과 대화를 하고 싶어 다시 방으로 들어가자고 하였다. 스님의 말은 계속되었다.

영가들을 사찰에 모셔야 하는 이유를 설명하였다.

조금 전의 설명대로 영가들은 부처님을 수호하는 사천왕의 저지로 절 안에 함부로 출입을 할 수가 없다. 그러므로 영가의 위패를 불전에 모시면 자유자재로 출입할 수 있어 그곳에서 안주하게 된 영가들은 참회하고 법문을 경청하여 근기를 향상시키는 깨우침의 공부를 한다.

그리하여 그 영가들이 연화세계로 승천을 할 수 있고 혹은 다시 자손으로 태어나는 경우에는 큰 인물이 되어 환생한다. 그러므로 영가의 위패는 절에 모셔야 한다.

흉가에 대하여는 원귀들이 집안에 출몰하는 경우와 집안에 갑자기 몸이 아파 눕는 경우와 갑자기 사업이 실패하거나 흉한 꿈을 자주 꾸는 집안은 천도제를 지내거나 불경을 매일 읽어 기운을 바꾸어야 한다.

낙태수술에 대하여도 태아의 원혼이 생겨 따라다니면서 건강을 상하게 하고 하는 일마다 방해를 하니 이런 경우에도 천도를 시켜주어야 한다.

천도하는 날은 하늘 세계에서 대문을 활짝 열어 놓는 백중일이 제일 좋다. 하늘 세계의 중생들이 다른 세계를 구경 다니면서 자손들을 찾아

다니는 날이다. 이 날에 자손들은 선망하신 조상부모형제들을 맞이할 준비를 한다. 그러므로 이 날은 합동제사를 모시기 좋은 날이다.

장례문화는 화장하는 것이 좋다. 영가들이 묘에 집착하므로 해탈하기가 어려워진다. 법당에 위패를 모시는 것이 영가를 위해서는 최선의 길이다.

독신으로 생활하는 것은 독신자들은 자녀를 생산하지 않았기 때문에 사람으로 다시 태어나기 어렵다.

자녀를 많이 출산하여야 하는 이유는 사람으로 태어나려고 대기 중인 선조들이 많은데 단산을 하면 선조들에게 인도환생의 기회를 주지 않기 때문에 조상세계에서는 서운하게 생각하여 후손들에게 은혜를 줄 수가 없다.

건강한 부부가 자녀가 생기지 않는 경우는 원혼이 따라다니면서 방해를 하는 경우가 있다. 열심히 기도를 하여야 하고 방생을 하여 새로운 기운을 받아야 새로운 생명이 탄생된다.

남에게 간절한 약속을 했다면 지켜야 한다. 약속을 지키지 않으면 상대는 용서하였다 해도 상대를 보호하는 보호령이 직접 그 사람에게 고통을 주어 괴로움을 당하게 된다.

그렇기 때문에 도력이 높은 사람에게 함부로 욕을 한다든지 약속을 지키지 않는다면 더 큰 고통을 받는다. 사람은 항상 보호령이 따라다니므로 불경을 읽을 때는 보호령도 같이 공부를 할 수 있도록 소리를 내어 독경하는 것이 좋다.

기적이 일어나는 이유는 조상님들이나 원혼을 천도시키면 그 영혼들이 고마워서 병을 고쳐준다든지, 갑자기 재물을 준다든지, 명예를 준 다든지 하는 일이 생긴다.

철각스님의 말이 대충 끝났다. 나는 철각스님이 왜 이런 분야에 대해 많이 알고 있는지 본인이 직접 체험한 내용인지 궁금했다.

"철각스님, 우리 선방 스님들이야 마음 하나만 깨치면 되는 것 아니 겠어요? 스님이 말한 내용은 너무 복잡한 것 같아요."

"복잡한 것 없어요. 말이 길어서 그런 느낌이 들고 제가 말 표현이 좀 어눌하여 그런 것입니다. 간단히 요약하면 조상들에게 잘 해라는 말입 니다. 지홍스님은 마음 하나 깨치면 된다고 했지만 그게 그냥 깨쳐집니 까? 지혜의 수행도 중요하지만 복덕도 함께 닦아야 합니다."

"스님은 다양하네요. 저는 오직 화두 하나만 잘 챙기면 되는 줄 알았 어요."

"그렇지 않습니다. 옛날 스님들 말씀에도 참선공부가 한참 잘 되고 있는 수좌스님이 있었는데 복이 약하여 마장이 많이 생겨 공부에 어려 움이 많았다고 합니다.

도고마성道高魔盛이라 즉 '도가 높아 가면 마가 성한다'고 합니다. 참 선공부를 하면서도 공양주도 하고 불사도 하는 등 복을 짓는 공부도 같 이 병행하여 지혜와 복덕을 함께 닦아야 합니다."

"스님, 알겠습니다. 스님은 선방에 다닌 지 오래됩니까?"

"예, 7년 정도는 계속 선방에서 살고 있습니다. 처음 공부할 때 힘껏 마음을 다잡아서 열심히 해야 했었나 봅니다. 초발심시변정각初發心時

便正覺이라는 말이 있듯이 지홍스님은 지금 초발심일 때 열심히 하여 한 소식하세요. 그러고 나서 나도 좀 인도해주십시오."

"스님, 오늘은 그만 얘기하고 주무시죠. 먼 길 오시느라 피곤하실 텐데, 오늘 여러 가지 좋은 말씀 고맙습니다."

"지홍스님, 여하튼 원적사에 있게 해줘서 고맙습니다. 여기서 우리 둘이 이번 철에 한 소식 합시다. 이제 밤이 깊었으니 스님 방으로 가십시오."

나는 방을 나와서 마당을 걸어보았다. 깊은 밤의 공기는 겨울이 다가온다는 것을 알려주었다.

원적사의 생활이 철각스님이 온 이후는 외롭지는 않았지만 철각스님과는 별다른 말이 없이 각자가 알아서 공부하고 있었다. 어느 날 철각스님 하고 원적사 도량 주변의 풀을 베어 치우는 일을 할 때 법당 뒤의 학바위 근처의 풀은 옮기기가 어려워 한쪽에서 태운 적이 있었다. 무심코 태웠는데 그 불기둥이 대단하여 자칫 화재로 이어질 뻔하였다.

봉암사에 계시는 조실스님께서 전화가 왔다.

"원적사에 뭔 일 있지?"

스님께서 원적사에 먼저 전화하는 일은 없으셨다. 스님의 말씀에 크게 당황했으나 낮에 있었던 일을 말씀드리고 부주의를 참회하였다.

며칠 후 철각스님이 원적사 뒷산의 정상에 가보고 싶다 하여 주먹밥과 물을 준비하여 둘이서 올라갔다. 나도 산행은 처음이라 설레는 마음으로 올라갔다. 한참을 올라갔는데 정상은 나오지 않고 또 다른 산봉우리가 나온다. 정상까지 갈 수가 없었다. 점심 공양할 적당한 자리를 보아가며 천천히 올라갔다. 앉기 좋은 바위가 있어 거기서 공양을 하였다.

철각스님과 나는 산에서 내려왔다. 우리는 동안거 결제를 원만히 회향하였다. 3월 3일 해제를 하고 철각스님은 나의 곁을 떠나갔다.

나 혼자의 생활이 원적사의 공허감을 느끼면서 시간은 흐르고 있었다. 철각스님이 떠나간 자리에는 아무것도 없었다. 서로가 대화하면서 느끼는 감응感應의 상대가 없으니 나는 외로움을 더하였다.

생활에 있어 감응의 중요성을 깊이 느끼게 되었다.

나는 어떻게 태어났는가?

정자와 난자가 만나서 태어났는가?

정자와 난자는 어떻게 만났을까?

부모의 사랑 때문에 만났는가?

그러면 사랑이란 무엇인가?

남녀의 감응感應하는 현상을 말하는가?

그러면 나는 남녀의 감응현상 때문에 태어났다는 말인가?

나는 감응의 중요성을 깨닫게 되었다. 이 세상에는 무수한 종류의 사물들과 사건들이 많이 있지만, 비슷한 종류끼리는 쉽게 감응을 일으킨다. 생활환경이 비슷한 사람들은 쉽게 감응을 한다. 취미가 비슷한 사람들끼리 쉽게 감응을 한다. 나이가 비슷한 사람들도 서로 감응이 빠르다.

흥부와 제비는 착한 감응으로 서로 통하여 좋은 결과를 가져왔지만 놀부는 제비와 악한 감응의 원인을 만들어 나쁜 결과를 가져왔다.

　나는 또다시 나 혼자의 생활을 하여야 한다. 나 주위의 모든 사물들에게 감응을 느끼면서 살아야 한다. 쌀 한 톨, 종이 한 장, 뜰앞의 나뭇가지에도 감응을 느껴야 한다. 그리고 나의 육체와 정신과 마음에도 감응을 느끼려고 노력을 하였다. 정신은 마음을 가다듬으면 감응이 전달되어 어느 정도 안정이 되지만 육체의 욕망은 마음을 가다듬어도 말을 듣지 않는다. 오랫동안의 습기를 간직한 육체는 욕망의 노예가 되어 다루기가 어려웠다.

　그래서 상근기가 있고 하근기가 있는 것 같았다. 상근기는 욕망을 버리고 지혜를 따르게 된다. 하근기는 욕망과 지혜를 정리하지 못하여 자기에게 유리한 대로 편리한 대로 생각하여 결국은 육체의 욕망에 빠져버린다.

　나는 하근기가 되어 오랫동안의 수행을 하지 못하고 원적사를 떠났다.

5

새로운 출발

주역책 출간 | 공직 생활 | 기공의 세계 | 현재 생활

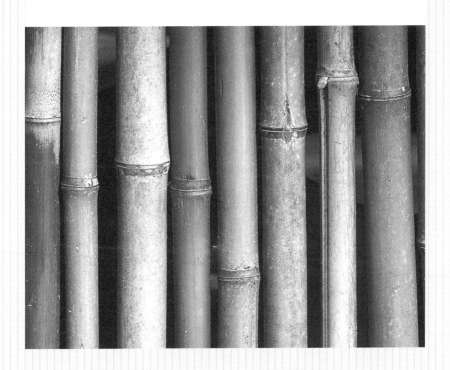

편안히 분수를 지키면, 몸에 욕됨이 없고
기미를 잘 알면, 마음은 저절로 한가하다.
몸은 비록 인간 세상에서 있지만
마음은 인간 세상을 벗어나 있구나.

安分身無辱　知機心自閑
雖居人世上　却是出人間

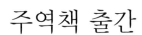

주역책 출간

봉암사에서 하산을 하여 부모님 계신 집으로 돌아왔다. 머리카락이 없는 머리 때문에 바깥생활이 어려웠다. '무엇을 할까?' 생각하다가 머리가 자랄 때까지 20세부터 공부한 주역을 아주 쉽게, 누구나 볼 수 있도록 책을 만들기로 작정했다. 다시 옛 시절 공부하였던 주역책과 출가하기 전의 경험방을 적어놓은 노트를 참고로 하여 '인생384효'라는 책을 만들었다.

원고를 들고 무작정 서울로 올라가서 출판사 몇 군데를 찾아갔으나 허탕이었다. 다행히 중구 만리동에 있는 '보성출판사'에서 원고를 들고 오라는 연락을 받아 약간 들뜬 마음으로 사장남과 면담을 하게 되었다. 원고를 놓고 가면 며칠 후 연락을 준다는 말을 듣고 부산으로 내려왔다. 나는 나의 원고가 채택되기를 부처님 전에 빌면서 기도를 하였다. 며칠 후 원고정리가 되었으니 계약을 하자고 전화가 왔다.

계약서를 적고 원고료를 받아서 나올 때의 기쁨은 너무나 좋았다. 얼마 후 나의 책이 『운명개척의 지침서 인생384효』라는 제목으로 출간 되었다. 일 년이 지난 어느 날 '명문당' 출판사의 김동구 사장님으로부 터 전화가 왔다. "이렇게 주역을 알기 쉽게 풀이한 좋은 책은 명문당에 서 출간해야 빛을 보는데…. 보성출판사 사장님과는 얘기가 끝났으니 서울 와서 계약합시다." 나는 기쁜 마음으로 똑같은 책으로 명문당과 계약을 하고 또다시 원고료를 받았다.

1991년 4월25일, 『인생384효』라는 제목으로 책이 출간되었다.

이 책은 '명문당 총서47'로 등록되었다. 봉암사에서 조실스님의 법 문집을 출간한 인연공덕으로 나의 책을 쉽게 출간 할 수 있었다.

이 책 한 권 덕분에 나는 후에 많은 혜택을 보았다. 먼저 지인들에게 는 책을 한 권 펴낸 작가라고 폼을 잡을 수가 있었다. 그리고 대학원 철 학과의 박사과정에 입학할 당시에 연구 실적으로 경력인정을 받아 합 격하였다.

뿐만 아니라 경주에 있는 서라벌대학의 풍수명리과에서 주역을 강의 할 수 있는 계기가 되었다. 이후에 각 방송사, 기관단체 등에서 강의를 할 때에도 항상 경력에 '인생384효의 저자'라고 단골메뉴로 들어갔다.

그 후 나는 건설회사에 근무를 하면서 1992년 원주시 명륜동 소재 667평의 토지에 지하 2층 지상 8층의 건물을 신축, 분양하는 업무를 맡아 '원주 지사장'으로 있었다. 건설 분야를 잘 몰라 여러 가지 민원 이 발생하는 등 어려움도 컸지만 '봉암사 108평 선방공사' 현장에서 땀 흘린 인연 공덕으로 시공 공법이 어려운 토목 건축공사를 맡아 무사히 준공을 마쳤다.

공직 생활

1993년 3월, 나는 청와대로 가서 민정1비서관인 박종웅 형님을 만났다. 갑자기 나타난 나를 보고는

"너 어떻게 여기까지 왔노?"

하면서 약간은 놀라는 표정이었다.

"형님 마, 보따리 쌀 준비나 하이소!"

하고 내가 웃으면서 말을 하였더니

"그게 무슨 말이고?"

하면서 그 특유의 미소를 짓는다.

"이번 사하구 국회의원 보궐선거에 출마하셔야지요."

나는 힘을 주어 말을 하였다.

"야이 사람아, 그게 무슨 말이고? 여기 온 지 얼마 되지도 않았구만. 설령 그렇다 하더라도 민정2비서관인 김무성 씨가 유력한데 내가 이렇게 공천을 받겠나?"

하면서 창밖을 쳐다보았다.

박종웅 형님은 서울대학교 법과대학을 다녔기 때문에 방학이나 명절날 부산에 내려오면 자주 만나곤 하였다.

작년(1992년) 대통령선거 당시에 대통령이 누가 되느냐고 물어보았다. 김영삼 후보와 김대중 후보의 호각지세로 선거판이 진행되고 있을 때였다. 나는 김영삼 후보가 승리할 수밖에 없는 이유를 주역으로 풀어주었다.

첫째, 14대 대통령선거는 금金의 기운이다. 김영삼의 영泳은 수氵의 기운이므로 금생수金生水로 상생相生이 되어 길하고, 김대중의 대大는 화火의 기운이므로 화극금火剋金으로 상극相剋이 되어 불리하다.

둘째, 선거일인 12월 18일 금요일을 전부 더하여 나열하면 '12+18=30金'이 되어 30金을 거꾸로 읽으면 바로 김영삼이 된다.

셋째, 김영삼金泳三의 한문획수를 전부 더하면 19획, 김대중金大中은 15획이 된다. 14대의 선거는 4와 9의 金의 기운이라 김영삼은 딱 맞고, 김대중은 15가 되니 15대 대통령선거는 유리하다.

박종웅 형님은 초등학교 선배이기도 하지만 나의 친한 친구 박종정의 형님이기 때문에 어릴 때부터 친하게 지내는 사이였다.

1993년 4월초부터 국회의원 선거운동이 시작되었다. 그때는 선거운동원증을 선거관리위원회에서 430장 정도를 교부받던 시절이었다. 나는 160장을 받아서 인근 2개의 대학생들을 모아서 별동부대를 만들어

'청년위원장'의 직분을 갖고 선거운동을 하였다. 박종웅 형님은 당선되었으며 간간히 술자리에서 나의 얘기를 꺼내곤 하였다.

"해수 얘 말입니다, 내가 오라고 하지도 않았는데 스스로 청와대에 와서는 보따리를 싸야 된다고 하는 괴짜인간입니다."

라며 본인자랑도 하면서 나의 돌발행동을 소개했다.

1995년 5월초 박종웅 국회의원 집에 놀러갔더니 나보다 네 살 아래인 노원기 비서만 있었다. 같이 바둑을 끝내고 소주 한잔을 하면서 6월 말의 지방선거 얘기가 나왔다.

"형님이 살고 있는 당리동 구의원 출마 예상후보가 4~5명되는데 모두 학력과 경력이 약하다."

라며 노비서가 말을 했다.

나보고 출마할 생각이 있느냐고 물었지만 나는 그 당시는 전혀 생각이 없었다. 시의원은 공천만 받으면 무조건 당선이지만 구의원은 피나는 혈투를 해야 했다. 게다가 나는 사하구 당리동에 거주한지 3년 밖에 되지 않아 아는 사람도 별로 없었다.

5월 8일 어버이날, 서구 암남동에 계시는 부모님을 만나 당리동 구의원으로 출마 하려는데 어떻게 생각하느냐고 물어보았다. 대답은 뻔하였다.

"남의 동네에서 무슨 구의원 출마를 한다고!"

하면서 핀잔만 받았다.

나는 조용한 시간을 내어서 주역을 작괘하여 보았다.

산천대축山天大畜괘 3효를 득하였다.

주역의 효사에

구삼九三은 양마축良馬逐이니 이간정利艱貞하니

일한여위日閑與衛면 이유유왕利有攸往하리라.

상왈象曰 이유유왕利有攸往은

상上이 합지야合志也일세라.

나의 『인생384효』 책을 꺼내어 해석을 살펴보았다.

[해석] 출발은 늦게 하였더라도 잘 달리는 말을 타고 뒤에서 쫓아가니 충분히 앞사람을 따라잡는다. 사소한 다른 일에 신경 쓰지 말고 주어진 자기의 일을 꾸준히 진행하면 이익이 생긴다. 서울에서 부산까지 가는데 중간에 쉬지 말고 곧바로 직행하여야 한다. 강한 추진력으로 과감하게 진행하라. 처음에는 손실이 생기더라도 큰 이익이 돌아온다.

괘는 산천대축山天大畜으로 좋았고 효사 또한 좋았다. 나는 자신감을 가졌다. 주위의 모든 사람들이 나보고 미친 짓이라며 말렸다.

박종웅 국회의원마저도

"승산이 없는 게임을 왜하느냐?"

라면서 나를 말렸다.

나는 선거관리위원회에 등록을 하고는 선거운동을 하러 다녔다. 무더운 날씨에 운동화를 신고 '핸드마이크'를 달랑 하나 들고서 동네를 구석구석 다니는 강행군의 연속이었다.

분위기는 살아나지 않고 힘이 빠지는 상황이 되었다. 당시의 선거는 1번 바람이 불었다. 기호가 1번이면 유리한데 나는 3번이었다. 분위기를 반전시킬 묘책을 찾지 않으면 안 되는 상황이었다.

'주역을 잘못 뽑았나?'

조용한 시간에 목욕을 한 뒤, 향을 피우고 주역 괘를 뽑았다.

'현재의 여건에서 어떻게 하여야 운이 상승하느냐?'

풍택중부風澤中孚괘가 나왔다.

주역책을 펼쳐보았다.

중부中孚는 돈어豚魚면 길吉하니

이섭대천利涉大川하고 이정利貞하니라.

[해석] 중부의 괘를 얻은 때에는 돼지와 고기에까지 통하도록 정성을 드리면 길하다. 지극한 정성을 가지면 큰일을 이룰 수가 있다.

나는 방생을 하는 것이 이 난국을 극복하는 최선의 방법이라고 결론을 내렸다. 지난 번 봉암사에서 내가 죽음의 위기에 처했을 때 그 많은 고기떼가 나를 공격하는 모습이 떠올랐다.

일단 주역에서 미물인 고기에 정성을 들이면 좋다고 했으니 믿고 따를 수밖에 없었다. 나는 이른 새벽 아내와 같이 양동이를 들고 미꾸라지 파는 곳으로 달려갔다. 미꾸라지 담은 통을 들고 당리동 제석골에 있는 관음사에 가서 부처님 전에 기도드리고 나서 인근의 낙동강에 방생을 하였다.

그 후에 여느 때처럼 어깨띠를 두르고 돌아다니면서 선거운동을 하는데, 초등학교 어린이들이 내가 가는 곳마다 줄줄이 나의 뒤를 따르고 있었다. 기차놀이하는 장면이 그대로 연출이 되었다.

주민들은 그런 나를 보고 의아하게 생각하였다. '어린애들이 저렇게 줄줄 따라다니는 것을 보니 저 후보는 착한 후보일 것이다' 이렇게 생각하였다고 나중에 들었다. 애들이 집에 가서 부모들에게 "어머니, 다른 선거는 모르겠는데 구의원 선거는 3번 이해수 아저씨를 찍어 달라" 하여 어른들이 애들에게 그 이유를 물어보곤 했다고 하였다.

6월 27일 선거결과는 근소한 차이로 나는 당선이 되었다. 어린애들 덕분에 당선이 된 것이다.

당선 후에 당리동회를 찾아가니

"동장과 파출소장이 누구인지도 모르면서 선거에 출마해 당선되는 사람은 처음 보았다."

라는 말을 들으면서 축하를 받았다.

40세의 나이로 나의 공직생활이 시작되었다. 그 이후 계속 지방선거에 연이어 당선되었고, 2006년 부산광역시의회 의원을 마지막으로 공직생활은 마무리 되었다.

기공의 세계

대학원 철학과 석사과정 중인 1997년, 대학선배를 통하여 할아버지를 만났다. 매주 토요일 오전 6시 금정산에서 할아버지의 가르침을 받았다.

전국을 다니면서 기공수련을 하던 중, 2006년 몽골에서 기공수련을 하였다. 그때의 기공수련이 나의 정신세계에 많은 변화를 가져다주었다. 그 당시 몽골의 기공수련과정을 적어본다.

도반들이 하나 둘 모여든다. 박점용, 강동균 교수, 최정욱 등 그리고 육임신문 35대 조문祖門 자선 할아버지와 선곡 동문방주가 도착하였다.

마지막으로 안기범이 부인과 아들을 데리고 나타났다. 안기범은 5개월 전에 일을 하다가 갑자기 쓰러져 의원을 불러 치료를 받았으나 일어나지 못하고 헤매고 있을 때 할아버지께서 안기범의 집을 방문하여 기공으로 치유하여 누워 있던 사람이 일어나 걸어 다녔다고 한다.

그래서 오늘 멀리 기공수련을 떠나는 남편을 바래다줄 겸 할아버지께 고맙다는 인사를 하기 위해 부인과 아들이 함께 온 것이다.

우리는 징기스칸의 나라 몽골에 도착하였다. 날씨는 초여름의 우리나라와 비슷한 기후이다. 몽골의 할아버지 제자인 정곡 북문방주를 만나 목적지인 '테레지'로 갔다.

한참을 걸었다. 산길로 들판으로 초목의 경치를 즐기면서.

갑자기 왼쪽으로 올라가시는 할아버지를 따라 우리는 무조건 따라 올라갔다. 여기가 몽골의 기운이 최대로 서려 있는 '테레지 제1성지'라 한다. 할아버지께서 바위 앞에 앉으셨다.

우리는 북문방의 도반들과 나란히 서서 할아버지께 간절한 마음으로 절을 올렸다. 할아버지께서 말씀을 시작하는데

"여기는 테레지 최대 성지이며 우리나라의 백두산과 비교할 수 있는 진양기眞陽氣의 기운이 서려 있어 공부하기 좋은 곳이다.

겨울에 눈이 내려도 여기는 쌓이지 않는다.

따뜻한 양의 기운 때문에 눈이 바로 녹아버리기 때문이다. 이제 이 좋은 몽골의 성지에서 지금부터 공부를 시작한다."

우리 일행들은 동문방주와 북문방주를 중심으로 한 사람씩 차례로 자리를 정하여 동그랗게 앉았다. 오른손은 오른쪽 도반의 어깨를 짚고 왼손은 왼쪽 도반의 손을 잡아 우리는 하나의 띠를 만들었다.

할아버지는 가운데 앉은 동문 방주의 자리 가까이서 천천히, 아주 천

천히 그리고 강하게 천지기운을 모으는 행공을 하시었다. 너무나 고요했다. 하늘과 땅 사이에 할아버지의 천지운기 돌리는 모습과 선선한 바람들만 존재하는 것 같았다. 그리고나서 '육임천지 동서남북의 성선신聖仙神과 역대조사님' 들께 우리 제자들의 내공 공부 시작과 그 무엇을 고했다.

동문방주의 머리 백회에 기운을 넣기 시작했다. 기운은 손에 손을 타고 제자들의 온 몸속을 돌면서 옆으로 동그랗게 퍼져 나갔다. 제자들은 기운이 백회를 통해 단전으로 내려와 회음을 거쳐 명문을 통과하여 다시 백회로…… 진양기의 기 흐름을 온몸으로 느꼈다.

" 해解 "

고요와 적막이 가득한 공간의 기운을 갈라치는 할아버지의 한마디였다.

모두 잡았던 손을 풀고 각자의 양손으로 눈과 머리, 어깨의 기운을 아우르며 허리와 양쪽다리의 기운을 다스렸다.

"제자들아, 잘 들어라. 세상 모든 일의 성공을 바란다면 내공 공부를 하든 어떤 일을 하든 요행이나 비법을 바라지 마라.

묵묵히 열심히 자기에게 주어진 일을 착실하고 근면하게 해 나가면 반드시 좋은 열매가 맺히는 것이 우주의 진실이야.

우리 내공연마로 비유하면 내가 가르쳐 주는 대로 매일매일 꾸준히 공부하고 실행해 나가면 어느새 나도 모르는 사이에 실력이 올라가고 공력이 쌓이는 게야!"

잔잔하면서 힘 있게 말씀을 계속하신다.

"내공을 배우면서 욕심을 내어 빨리 올라가려고 가르쳐주는 데로 안 하고 자기 편한대로 하면 공부도 안 되고 요妖에 빠져 망치는 거야. 조 갈증을 내지 말고 요행이나 우연을 바라지마라. 우주의 공부는 내가 노력한 만큼 받는 것이다. 공부를 잘 하여 실력이 올라가면 그때는 새로운 인연을 따라 새로운 길이 자연스럽게 열리게 되는 게야. 이게 우주의 법칙이야!"

분위기가 숙연하였다.

"여러 제자들이 내공을 공부하는 목적은 다를 지언정, 그 목적을 달성하기 위해서는 순수하고 사심없는 마음과 열정으로 오랫동안 꾸준히 노력할 때 자연히 얻어지는 것이야. 무슨 말인지 알겠제?"

우리는 할아버지께서 좀 더 이야기를 해주시기를 마음속으로 바라면서 누구 하나 입을 열지 않았다.

우리는 산에서 내려와 숙소에 도착했다. 숙소에 둘러앉아 담소를 나누었다.

"뭣들하고 있어!! 북문방의 호법 부인이 만들어 온 몽골만두 '호쇼르'가 기가 막히게 맛있네."

할아버지께서 만두를 드시면서 말했다. 우리는 이런 저런 얘기를 하면서 즐거운 시간을 보내었고, 내일 새벽의 내공수련을 위해 각 3명씩 팀을 나누어 각자의 게르에 갔다.

게르는 높이 2m 정도의 원통형 벽과 원뿔형 지붕으로 만들어지는 이동식 집이다. 구조는 나름대로 법칙이 있다. 게르 입구는 남쪽을 향해야 하며 중앙에는 화덕, 정면 또는 서쪽에는 불단을 둔다.

출입문 하나에 천장 하나가 전부이다. 벽에는 창문이 없다. 천장은 보이게 만들었다. 하늘의 표정을 살피기 위해서이다.

몽골인들은 하늘과 허공을 신성시한다. 음식을 먹을 때나 술을 먹을 때 조금 떼어 내어 허공을 향해 던진다. 안에서 불을 지피면 뜨거운 공기가 천장을 통해 빠져나가기 때문에 웬만한 비는 들어오지 않는다.

상석은 가장 안쪽 자리로 가장이나 라마승이 앉는다. 내가 들어간 게르도 역시 내부는 땅바닥 그대로이며 침대 비슷하게 짠 4개의 침구가 둥글게 배치되고 있었다. 중앙에는 불을 밝힐 수 있도록 되어 있어 호롱불을 밝혀 짐을 챙기고 몽골에서의 첫 밤을 지냈다.

다들 늦게 잠을 잤지만 오전 수련시간은 변함이 없었다.

다음 날 도반들이 산으로 서서히 올라가고 있었다. 얼른 챙겨 들고

서북쪽의 산으로 올라가니 들판이었다. 어릴 때 뒷동산에서 놀던 꽃동산 같았다. 들에 핀 많은 꽃들의 향기를 맡으며 옛 생각을 하면서 발걸음을 옮겼다. 형형색색의 이름 모르는 초목과 지저귀는 새들의 합창소리는 아름다운 하늘나라에 온 것으로 착각하게 하였다.

얼마쯤 왔을까? 큰 바위산이 보였고, 중앙으로 나있는 큰 산 아래의 넓은 바위에 우리는 다 모였다. 먼저 동문방 도반들만 모여 할아버지께 스승의 예를 갖추었다. 다음으로 북문방 도반들이 모여 예를 갖추었다. 할아버지께서 말씀하셨다.

"이곳은 몽골의 최대 성지聖地이다. 오늘 제자들이 열심히 내공을 연마하기 바란다."

말씀을 마치고 각자 공부할 자리를 지정해주고 앉는 방향도 일러 주었다. 나는 자리를 펴고 호흡을 가지런히 하고 난 후 '여의 신공'을 했다.

매주 토요일마다 금정산에서 수련한 '여의 신공'이지만 몽골에서의 내공수련은 기운이 완전히 달랐다. 맑고 청아한 새로운 기운이 몸 전체를 감돌고 있었다. 상쾌하고 날아갈 것 같았다.

새로운 세계가 열리는 태초의 신비 같은 야릇함과 뭉클뭉클한 기운이 주위를 감싸면서 나와 하나가 되는 느낌이었다. 공부가 잘되었다. 천지와 내가 한몸이라는 것을 느끼면서 세상에 홀로 우뚝 있는 것 같았다.

수련을 마치고 즐거운 마음으로 숙소인 게르에 도착하니 북문방의 도반들이 준비해온 점심과 몽골 전통음식인 '허르헉'을 맛있게 먹었다.

'허르헉'은 먼저 장작불을 피워 '초토'라는 돌을 굽는다. 초토가 빨갛게 달궈지면 그것을 고기와 함께 차곡차곡 쌓아서 통에 집어 넣는다. 기본양념인 소금을 뿌리고 야생파를 넣고 감자나 당근 등 다른 야채를 넣고는 통을 닫는다. 외부에서 열을 가하지 않고 내부 온도로 고기를 익히는 방식이다.

통에서 꺼낸 초토라는 돌을 만지면 신경통이 사라진다 하여 여러 사람이 만진다. 탁자에 놓인 '허르헉'의 양고기를 김치와 같이 먹으니 몽골요리와 한국요리가 한데 섞이어 묘한 맛을 내었다.

"다들 점심은 잘 먹었나?"

할아버지께서 계속 말씀하셨다.

"제자들아! 내공은 뭣 때문에 배우노?"

"새로운 세계의 무한한 가능성을 알고 싶어 배웁니다."

박점용이 말했다.

"건강을 지키는데 기공이 제일인 것 같습니다."

안기범이 말했다.

대답을 들은 할아버지는 엄숙한 모습으로 말씀하신다.

"너희는 뜻을 한가지로 가지도록 하여라. 그래서 무엇이든지 귀로 듣지 말고 마음으로 들으려고 노력하여라. 나아가서는 마음으로도 듣지 말고 기氣로 듣도록 하여라. 귀로써 듣는 것은 귀에서 그치며 마음으로 듣는 것은 형상이 남아 있을 것이다.

그러나 기氣는 비어 있어서 온갖 것을 다 포용하는 것이다. 도道는 오직 비어 있는 데에 있나니 이 비우는 일이 바로 기공 공부의 목적이며

도道의 세계로 가는 길이다. 이해가 잘 되었는지 모르겠다."

할아버지께서 이 말씀을 하시기 위해 먼저 질문을 그렇게 하신 것 같았다. 이번 말씀은 보다 차원 높은 기공 공부의 목표를 말씀하셨다. 그리고 제자들에게 우리가 배우고 있는 육임신문에 대하여 역사적인 긍지를 갖도록 하기 위하여

"자! 지금부터 동문방주로부터 육임신문의 역사에 대하여 공부하기로 하세!"

동문방주는 할아버지의 명령을 받아 설명하였다.

"육임신문은 서기 184년 중국 안휘성 천주산 유선곡에서 술신공術神功인 양생활 술기내공養生活 術氣內功을 터득한 좌자左慈 원방元放 천선天仙에 의하여 시작되었습니다. 이후 저의 스승님이신 할아버지(35대 조문 자선)에 이르기까지 역대 조문들께서는 몇 명의 제자만 키우는 것을 불문율로 하여 현재까지 비전으로 이어져 내려왔습니다.

그러나 할아버지께서는 제자를 많이 가르치시어 우리가 이렇게 모이게 되었습니다.

육임신문의 내용은 육임계六壬界의 양생활 술기내공養生活 術氣內功을 수련하여 신선神仙의 경지에 이른다는 의미를 가지고 있습니다.

육임六壬은 천지동서남북, 육기六氣 등 여러 가지의 의미를 가지고 있지만 핵심은 음계陰界, 양계陽界, 지성계至聖界, 공계空界, 진계震界, 태계太界로 구분되는 육임계六壬界를 뜻하며, 수련의 단계를 나타내기도 합니다. 이는 역대 조문들의 기록으로 볼 때 육임계 양생술기내공을 완성할 경우 천기를 부리는 등 신통력과 영통력을 지니게 됨에 따라 많은

제자 육성의 필요성을 느끼지 못한 것으로 생각되어 집니다.

저는 고마우신 분들의 권유로 할아버지와 인연을 맺게 되어 새로운 인생을 시작하게 되었습니다."

동문방 방주가 육임신문의 흐름을 상세히 이야기하였다. 방주가 앞에 놓여 있는 물을 마시면서 여유 있는 모습으로 주위를 둘러보았다.

강동균 교수님이 나에게 미소를 보냈다. 교수님은 대학교에서 인도 철학과 불교 철학을 가르치시는 분이다. 어느 날 교수님이 몸이 피곤하다 하여, 내가 교수님의 손바닥 장중에 기氣를 넣어 드렸다. 손이 감전되어 피로가 풀리셨는지 거기에 매료되었다.

"손에 팔딱팔딱 거리는 것이 무엇이오?"

교수님이 눈을 깜박이며 물었다.

"제가 기氣를 주고 있는데, 기가 들어가는 느낌을 손에서 그렇게 느끼는 것입니다."

그런 일이 있은 후에 교수님이 아는 지인 중에서 머리가 항상 묵직하고 아픈 사람이 있어 고쳐주었고, 감기에 걸려 고생하는 사람 등을 고쳐주었다. 이런 현상들을 체험한 교수님은 금정산에 올라와 육임신문의 제자가 되었다. 그런 교수님이 나를 보고 미소를 보내는 이유는 뭔가 할 말이 있다는 신호였다.

"강동균 교수님이 뭔가 할 말이 있는 것 같습니다. 할아버지!"

내가 교수님의 표정을 살짝 보면서 할아버지께 말을 했다.

"음, 그래. 강 교수는 늦게 입문했지만 앞으로 육임신문을 위해 크게 일할 분이지! 그래, 제자가 말 해봐!"

강 교수님의 역사적인 기록에 따른 육임신문의 시조인 좌자 이야기를 우리는 재미나게 들었다.

그리고 역사의 흐름에 빨려들어 우리는 먼 옛날 그 시대의 사람이 되는 것 같았다. 우리 앞에 놓인 과일을 먹으니 좌자가 조조를 농락한 시대의 과일 맛이 나는 것 같았다.

할아버지와 우리는 장소를 옮겼다. 저녁을 먹으려고 주막에 모였다. 음식을 먹기 전에 우리는 각자의 술잔에 술을 따랐다. 도반 중에 나이가 제일 많은 최정욱씨가 일어나서 큰 목소리로 말하였다.

"육임신문의 무궁한 발전과 할아버지의 만수무강을 위하여!"

홀짝 마시고 나서 일제히 박수를 쳤다.

박수 소리에 옆자리의 사람들이 우리 자리를 힐끗 쳐다보았다.

그리고는 시선을 할아버지께 집중하면서 자기들끼리 무슨 말을 속삭이는 것 같았다.

길고도 하얀 수염, 댕기머리로 묶여 있는 머리카락, 온화하면서 인자한 눈과 호랑이 눈썹, 꼿꼿하게 앉아 있는 할아버지의 모습이 신기했던 모양이다.

옆 자리의 사람들이 주모를 불러 뭔가를 물었다. 주모가 우리 자리에 와서

"미안하지만, 할아버지가 무엇을 하시며 나이가 얼마니 됩니꺼?"

옆 자리의 객이 가르쳐 달란다고 주모가 말하여 내가 말해주었다.

"할아버지는 우주와 기공을 공부하시며, 사람이 바로 우주라는 가르침을 여러 나라의 제자들에게 가르치고 있습니다. 나이는 92세입니다."

주모가 다시 물었다.

"사람이 우주라고 말을 하시는데, 무엇을 우주라 합니까?"

"예, 보통 우주라 말할 때는 '우'는 동서남북 사방과 위아래 상하를 말하고, '주'는 옛날부터 지금까지의 시간을 말합니다. 간단히 말씀을 드리면 우주는 공간과 시간을 말합니다. 그런데 우리가 공부하는 우주는 시간과 공간을 초월하는 세계이지요."

내가 주모의 말에 답을 하였다. 옆자리에서 다시 부탁의 말이 주모를 통하여 전해왔다. 꼬마가 할아버지의 수염을 만지고 싶다고 하였는데 할아버지는 웃으시며 허락하셨다.

거의 식사시간이 끝날 때쯤 모르는 남자 한 명이 걸어왔다. 북문방주가 소개를 하였다. 이름은 이상수이고 나이는 50세이다.

얼마 전 부인이 담석증으로 고생하였는데 기공으로 병을 치유한 인연으로 이 자리에 오게 되었다고 한다. 북문방주를 만나 부부가 같이 내공수련 하러 산에 올라가 북문방주의 내공 수련하는 모습을 보고 나서 이상수가 하는 말이

"제가 김일성대학 다닐 때 지금 방주님이 하는 것과 똑같은 내공을 배웠습니다. 제가 알기로는 징기스칸이 이라크를 침공했을 때 징기스칸이 일주일간 사라졌는데 그때 징기스칸이 배운 것이라고 배웠습니다."

이상수와 부인은 할아버지께 깍듯이 예의를 하고 자리에 앉았다.

"할아버지! 몽골에 자주 오시면 안 됩니까?"

"왜?"

"제 집사람이 북문방주 덕택에 몸이 다 나았습니다. 할아버지께 직접 내공 공부를 배우고 싶습니다."

"내공 공부는 북문방주에게 배우고 믿음을 가지고 열심히 하게."

말씀을 하시면서 할아버지께서는 이상수와 부인의 손을 꼭 잡으셨다. 박점용이 할아버지 옆으로 다가가면서 할아버지께 물었다.

"할아버지, 저의 집사람이 심장이 안 좋고 혈압이 높은데 좋은 처방이 없겠습니까?"

"그래? 있지. 돌문어하고 솔잎이나 소나무혹을 같이 넣어 삶아서 물만 먹어봐!"

"어떻게 하는지 방법을 말해주시면 고맙겠습니다."

"산에 가서 동쪽으로 뻗어 있는 솔잎을 구하여 돌문어와 같이 삶는 것이야. 그 물을 차를 마시듯이 마시면 되는 게야.

피 순환이 좋아지니 심장병, 심근경색, 혈압 뿐만이 아니라 간의 해독에도 좋고 당뇨병도 예방되는 비법이지. 소나무에 병해충 방제를 위해 나무주사를 실시한 지역에서는 채취하지 말아야 하며, 오후 4시 이후는 솔잎을 따지 말도록 하게."

조용히 앉아있던 최정욱씨가 위장이 좋지 않다고 하면서 할아버지께 처방을 물었다. 위장은 모든 음식물이 들어오는 곳이니 작동이 원만히 되려면 위가 항상 따뜻해야 한다. 차가우면 기운이 잘 돌지 않아서 온

갖 탈이 생기기 마련이다.

우리가 기 수련을 하는 이유 중에 몸의 조화를 이루는 것도 한 가지 목적이듯이 위장이 음과 양의 조화가 잘 이루어져야 탈이 없다. 물을 마실 때에 음의 기운과 양의 기운을 같이 마시면 기가 순환이 잘 된다.

컵에다 먼저 뜨거운 물을 붓고 그 위에 찬물을 부으면 뜨거운 기운은 올라오고 찬 기운은 내려가서 음과 양의 기운이 대류현상을 일으킬 때 바로 마시면 된다. 말을 하자면 '음양 기운탕'인데 줄여서 '음양탕'이라고 한다. 중요한 것은 곧바로 마시는 것이다.

몸이 차거나 뚱뚱한 사람은 생강을 넣어 마시면 좋고, 몸에 열이 있거나 몸이 마른 사람은 결명이나 녹차를 넣어도 좋다. 변비는 속에 찬 기운이 많아서 그런 것이니 음양탕을 먹으면 좋아진다.

특히 변비는 머리 정수리 중앙에 백회라고 하는 말랑한 곳이 있는데 이곳에 자극을 주면 좋아진다. 원리는 위쪽을 뚫어주면 아래가 뚫린다는 원리다.

스트레스가 많은 사람은 두 젖꼭지를 이은 선의 중앙지점을 단중이라고 하는데 이곳을 손가락으로 누르면 아픈 통증을 느낀다. 이곳을 자주 눌러주면 스트레스가 없어지고 가슴과 등뼈 아픈 것이 사라진다.

잇몸이 아파서 고생하는 경우에는 초벌 구운 죽염을 가루내어 이를 닦으면 잇몸이 튼튼해져 평생 입 몸살할 걱정은 없어진다.

좌자 이야기를 재미있게 들려주었던 강동균 교수님이 물었다.

"할아버지께서는 흰 머리는 없어지고 다시 까만 머리가 나시네요. 저는 머리가 빠져서 고민인데 좋은 방법이 없습니까?"

"얘들아, 내가 무슨 의사선생이냐? 더 이상 묻지 마. 머리 감을 때 천일염으로 머리를 적시고 난 후 조금 있다가 감으면 머리도 안 빠지고 다시 머리가 생겨."

이야기가 대충 끝이 난 후 우리는 주막을 나와 '울란바토르'의 중심지인 '수흐바타르 광장'을 거닐었다. 오늘은 다른 곳으로 내공연마를 하러 간다. 오전 일찍 '만주루'로 향하여 우리 일행들은 출발했다. '만주루'의 이름은 만주 사람들이 많이 거주를 하여 '만주루'로 불리고 있다. 넓은 들판을 지나고 목장을 지나서 우리는 목적지에 도착했다.

"오늘의 수련은 아주 중요하다. 진양기의 자리를 내가 일일이 지정해 줄 테니 열심히 공부하고 순일한 가운데 각자의 진면목을 찾도록 하게."

말씀을 마치고는 지그시 눈을 감으시고 아무런 말씀이 없다. 얼마 후 한 사람씩 차례로 이름을 불러 기운을 넣어 주신다.

어떤 제자는 손으로, 어떤 제자는 백회로 제자마다 다른 양상으로 기를 넣어주시었다. 나는 할아버지께 기를 받고 나서 눈물이 흘러내렸다. 그 이유가 무엇일까? 이유를 알 길이 없었다. 물어볼 수도 없었다.

제자들이 모두 타원형의 형태로 앉았다. 할아버지께서 말씀하신다.

"공은 한번 새겨 놓으면 시간이 지나면서 저절로 이루어지니 기다려야 한다. 조급하게 이루려고 서두르지 마라."

현재 생활

  지금은 동작구 사당동에서 인생 상담과 풍수상담을 하면서 문하생을 교육하고 있다. 단체의 강의가 있으면 전국을 다니면서 '생활풍수와 공간창조', '태극사상과 행복건강' 등의 주제로 강의를 하고 있다.

  오전의 시간은 아미타불, 관세음보살, 대세지보살을 모신 작은 토굴에서 매일 108배의 참회기도와 발원문, 예경독송을 한다. 그런 후에 단군님께 예배하고 주역 서문과 천부경을 독경하는 차례로 하루를 시작한다.

  토요일은 기공 할아버지께서 지정해주신 응봉산과 관악산의 '기 수련장소'에서 몸과 마음을 수련하고 있다.

  매월 한 번 이상은 방생을 하며 주위의 인연 있는 사람들과 함께 하기도 한다.

6

대통령 당선 예언

연합뉴스 보도내용 ┃ 17대 대통령 이명박 당선예언
18대 대통령 박근혜 당선예언 ┃ 19대 대통령은 누가 될 것인가?

산과 구름 함께 희니

구름과 산이 구별 없네.

구름이 가고 산이 홀로 서니

일 만 이 천 봉우리구나.

山與雲俱白　雲山不辨客

雲歸山獨立　一萬二千峰

연합뉴스 보도내용

2003년 5월 17일 , 부산 연합뉴스_ 심수화 기자

주역周易에 풍수風水와 기를 접목시킨 책을 펴내 화제를 모았던 부산 시의회 이해수(李海洙, 49, 사하구1) 의원이 이번에는 역대 대통령 당선 자의 이름을 주역식으로 해석, 대통령이 된 이유를 밝혀 눈길을 끌고 있다. 이 의원이 자신의 인터넷 홈페이지 '정치란'에 게재한 「초대부 터 16대까지 대통령 당선자의 음양오행 기운풀이」에 따르면 차기 17대 는 '화火'와 상생되는 글자가 있고, '17'이라는 숫자와 인연이 있는 사 람이 대통령에 당선된다고 예측했다. 이 의원은 지난해 12월 19일 치 러진 16대 대통령선거에서 노무현盧武鉉 후보가 당선된 것은 그의 이름 끝 자에 '鉉'은 金의 기운이어서, 16대인 '水'와 '금생수金生水' 관계였 기 때문이라고 풀이했다. 반면 이회창李會昌 후보의 '昌'은 火의 기운 이므로 '수극화水剋火' 해서 불리했다고 해석했다.

그는 또 15대 대신에서 김대중金大中, 이회창李會昌, 이인제李仁濟 후 보의 이름자를 놓고, 김 후보가 당선된 이유를 밝혔다. 15는 土의 기운

인데 '토극수土剋水'하니 濟(이인제)는 수氵가 되어 힘이 약해지고 김대
중과 이회창의 힘이 비슷하나 김 후보는 성과 이름이 15획으로 土와 상
생이 되어 15대와 일치하며 모두 28획인 이 후보는 木이 돼 15인 土와
'목극토木剋土'로 상극이어서 김 후보가 유리했다는 것이다. 14대 대
선 결과에 대해 14는 金의 기운으로 김영삼金泳三 후보의 이름 '泳'은
水기운이어서 '금생수金生水'로 상생이 되지만 김대중 후보의 '大'는
火의 기운으로 '화극금火剋金'이라 상극이 되기 때문에 김영삼 후보가
유리했다고 밝혔다. 특히 대선일인 12월 18일(금요일)을 수식으로 나타
내면 12+18=30金으로 요일부터 뒤로 읽으면 金03이니 바로 '김영삼'
과 일치한다는 점을 들었다. 그는 또 초대 이승만李承晚 대통령의 '晚'
자 가운데 日(태양)이 들어 있어 초대의 뜻과 상생하고 5대 박정희朴正
熙 대통령은 '熙'자는 火의 기운으로 5의 기운인 土와 '화생토火生土'로
상생하는데다 '正'자가 5획이어서 대통령을 5대부터 9대까지 5번 했
을 수도 있다고 덧붙였다.

  이밖에 11대 전두환全斗煥 대통령은 호인 일해日海의 '海'가 水가
돼, 11대인 水와 상생했고 13대 노태우盧泰愚 후보의 성과 이름은 총 38
획으로 13인 木의 기운이 돼(3, 8은 목의 기운) 19획으로 金의 기운(4, 9
는 金의 기운)인 김영삼 후보 보다 길했다고 풀이했다. 이 의원은 대학
때 모 사찰에서 고시공부를 하다 그곳 스님의 권유로 주역과 접한 뒤
주역의 전문가가 되었으며 최근 응용서인 『주역과 풍수 氣 인테리어』
를 펴냈다.

17대 대통령 이명박 당선예언

2006년 8월, 나의 홈페이지에 차기대통령은 이명박이라고 올렸고, '헤드라인 뉴스'라는 월간지 12월호에 게재되었다.

실제로 2007년 한나라당 대선후보 경선이 역대 가장 치열했다고 하는데, 8월 20일 잠실 올림픽 체조경기장에서 열린 전당대회에서 이명박 후보가 1만 6천 868표를 얻어 1만 3천 984표 득표에 그친 박 전 대표를 2천 884표로 이겼다.

2007년 11월에 부산상공회의소 대강당에서 보험회사 직원 수련회 때 430명을 상대로 강의하면서 '헤드라인뉴스' 2006년 12월호의 이명박 대통령 당선 부분을 복사하여 배부하였다고 선거관리위원회에서 나는 경고장을 받았다.

17은 火의 기운인데 이명박의 '명明'은 火의 글자이고 이명박은 이李=7획, 명明=8획, 박博-12획 합하면 27획이 되어 17과 같은 기운의 숫자이다.

"막힌 氣 뚫어 드립니다"
氣通찬 이해수 기(氣) 인테리어

여러가지 점치는 방법이 많지만 주역점보다 정확하게 미래를 예측하는 것은 없다. 그 이유는 주역은 자연의 법칙과 순응의 도리를 정확하게 정립하여 여러가지 일의 변화 되어가는 법칙을 과학적으로 설명하기 때문이다.

생활속 氣 인테리어

이해수 대표는 1970년대 중반 동아대 경제학과를 다니면서 행시 준비를 위해 표충사에 들어갔다가 주역에 빠졌다. 그러다 1980년대 초, 주역의 대가인 아산(亞山) 선생을 사사, 주역에 새롭게 눈을 뜨게됐다. 이 대표는 "대학시절 전공에 상관없이 주역을 공부했고 지금도 육임기공 수련을 계속하고 있다. 그리고 사회에 나와 건축·건설 일을 하면서 주역을 접목시킬 마음을 가지게됐다"고 소회 했다.

이 대표는 기와풍수를 인테리어에 접목시키는 기법으로 건물의 위치에서부터 내부 설계에 이르기까지 조

얼마 전 서울의 한 고시원에서 방화에 의한 화재로 8명이 한꺼번에 숨지는 참사가 발생한 적이 있다. 그러나 2층만은 전혀 피해를 입지 않아 주위를 놀라게 했다. 이 기이한 현상에 기 인테리어의 비법이 숨어있었다. 사고 한달 전 고시원 2층에 사무실을 둔 회사의 대표가 선관 이해수 선생 기(氣) 인테리어 대표에게 감정을 의뢰했고 사악한 기운이 서려 있음을 감지한 이 대표는 사무실을 옮길 것을 권유했다. 그리고 임시 실내 처방으로 유해 수맥파 중화, 물기운 증대 비보책, 서북방향에 수족관 물기둥 2개의 설치권유를 그대로 따른 덕에 화를 면했다. 이해수 기(氣) 인테리어의 핵심은 천(天), 인(人), 지(地)의 조화를 통한 균형을 고려하여 개인의 특성에 맞는 맞춤형 시공을 한다는 개념이다. 주역의 개인 운세를 바탕으로 좋은 방위를 결정하고 이에 따라 집과 내부구조를 생기있게 만들어 신뢰도를 높이고 있다.

언을 해주고 있다. 부산시 의회 의원으로 활동하기도한 이 대표는 "혼자 몸으로 현장 답사를 할 수 없어 최근에는 주역을 16년 간 공부한 분을 고위 간부로 특채하여 건축주들의 자문에 응하고 있다"며 "기능적인 측면만을 고려한 건물입지나 설계·배치가 아닌 주역과 풍수·기를 활용한 자문이기 때문에 시민들의 호응이 높다"고 말했다.

17대 대통령은 누가 될까.

이 대표의 홈페이지(www.jooyok.com)에 따르면 현재까지 거론되고 있는 전체 대선주자들의 이름을 분석한 결과 이명박(李明博) 전 서울시장의 명(明)은 화(火)의 기운으로 첫째 포인트인 이름의 기운과 17대(代)의 화(火)의 기운이 상응하고 있고 이름의 전체획수가 이(李)=7, 명(明)=8, 박(博)=12가 되어 총 27획이므로 17대(代)의 두번째 포인트인 이름의 전체획수가 역시 17대와 상응(7=17=27)하여 대통령 당선자의 2가지 중요포인트에 모두 맞는 대선주자는 이명박 전 서울시장 뿐이다.

그러므로 현재까지 거론되는 대선주자 중에는 이명박(李明博) 전 서울시장이 대한민국의 17대 대통령에 당선된다는 것이다.

"운명은 고정된 것이 아니다"

이 대표의 저서 '주역과 풍수 기 인테리어'의 내용 중에 "운명은 고정된 것이 아니라 개척하는 자의 것이며 마음이 바뀌면 습관이 바뀌고 습관이 바뀌면 주변환경이 바뀌고 이는 결국 운명까지도 바꿀 수 있다"고 말한다.

이해수 대표는 현재까지 거론되고 있는 전체 대선주자들의 이름을 분석한 결과 17대 대통령으로 이명박 전 서울시장을 지목했다.

이에 이 대표는 "집에만 오면 답답하다든지 남의 집을 방문했을때 현기증이 나는 경우 또는 회의장에 들어갔을 때 이야기가 잘 풀리지 않는 경우 등은 실내공간과 본인의 기가 맞지 않거나 나쁜 기를 주는 물건이 내부에 있기 때문에 그런 현상이 일어난다"며 이 같은 일은 주변환경에 대한 인위적인 교정을 통해 고쳐나갈 수 있다고 말했다.

"앞으로도 건축과 기(氣) 인테리어를 접목한 사업에 주력하고 싶다"고 밝힌 이해수 대표의 행보에 귀추가 주목되고 있다. HN (문의 : 051)758-3372)

박선영 기자 park@lheadlinenews.info

18대 대통령 박근혜 당선예언

대통령 선거 1년 전인 2011년 9월 17일, 전자신문 '위키트리'에 '18대 대통령 누가 되느냐'의 제목으로 글을 올렸고 18대는 목木의 기운이므로 목木과 상생이 되는 이름이 된다고 예언하였다.

2012년 12월 19일, 18대 대선은 위의 내용대로 목木의 글자가 있는 박근혜朴槿惠의 근槿에 목木이 있어 당선되었다.

문재인文在寅은 재在에 토土가 있어 18이라는 숫자인 목木이 '목극토木剋土'하여 문재인을 극剋하는 형상이 되어 불리하게 되었다.

木은(3, 8)인데 박근혜의 한문 획수(6+15+12=33)는 33획이 되어 木의 기운과 일치한다.

스토리 본문　수정/본문 함께 쓰기　　　함께 쓴 히스토리(2)　　관련 스토리 쓰기

뉴스 나이테(2)　　2011-09-17 13:43:13　　◆ 이해수　　　　　　　　　　나이테(2)

2003년 6월 20일 연합뉴스에 '대한민국의 초대부터 16대까지의 대통령 당선자와 주역과의 관계'가 보도 되었다.

14대는 금(金)의 기운인데, 김영삼의 영(泳)은 수(水)가 되어 금생수(金生水)하여 상생이 되어 유리하고 김대중의 대(大)는 화(火)가 되어 화극금(火剋金)하여 상극이 되어 불리하다. 특히 선거일인 12월 18일이 금요일이니 (12+18=30金요일) 30金 을 뒤에서 읽으면 김영삼이 된다.

15대는 토(土)의 기운인데, 김대중의 대(大)는 화(火)가 되어 화생토(火生土)하여 상생이 되어 유리하고, 김(金)=8획 대(大)=3획 중(中)=4획을 더하면 15획수가 되어 15대 대통령에 당선되었다. 원래의 이름인 중(仲)을 중(中)으로 이름을 바꾸어 득을 본 경우이다.

16대는 수(水)의 기운인데, 노무현의 현(鉉)은 금(金)의 기운으로 금생수(金生水)하여 상생이 되어 유리하고, 이회창의 창(昌)은 화(火)가 ㅗ되어 수극화(水克火)하여 극을 받아 불리하다.

17대 차기대통령이 누가 되느냐?의 내용이 실렸다. '차기대통령은 화(火)의 글자가 있어야하고, 17이라는 숫자와 인연이 있는 사람이 대통령에 당선된다.'의 내용이었는데 열군데 넘는 일간지에 보도되었다. 2006년 헤드라인뉴스월간지에 이명박이 당선된다고 글을 올렸다.
결국은 이병박(李明博)은, 명(明)이 밝을 명이 되어 화(火)의 기운을 가디고 있고 이(李)=7획 명(明)=8획 박(博)=12획이 되어 합하면 27획이므오 17과는 인연이 있어 당신이 되었디.

그러므로 18대 차기대통령은, 목(木)의 글자와 상생하면서, 18이라는 숫자와 인연이 있는 사람이 당선된다.

19대 대통령은 누가 될 것인가

　2003년부터 연합뉴스에 대통령 당선 예언의 내용을 올렸고 적중하였다. 주역과 오행상생의 원칙에 따라서 예측을 하였던 것이다. 이 원칙에 따라 19대 대통령 예상출마자들을 가나다순으로 정리해 보았다. 한문획수는 성명학획수를 따랐다.

- 오행
  木(3,8) →火(2,7) →土(5,0) → 金(4,9) →水(1,6)

- 상생
  木生火, 火生土, 土生金, 金生水, 水生木

- 상극
  水剋火, 火剋金, 金剋木, 木剋土, 土剋水

		김金	무武	성星		武=土	토생금	상생	○
	획수	8	8	9	25	土	토생금	상생	○
		김金	문文	수洙		洙=水	금생수	상생	○
	획수	8	4	10	22	火	화극금	상극	×
		문文	재在	인寅		在=土	토생금	상생	○
	획수	4	6	11	21	水	금생수	상생	○
		박朴	원元	순淳		淳=水	금생수	상생	○
	획수	6	4	12	22	火	화극금	상극	×
19대		반潘	기基	문文		基=土	토생금	상생	○
	획수	16	11	4	31	水	금생수	상생	○
		손孫	학鶴	규圭		圭=土	토생금	상생	○
	획수	10	21	6	37	火	화극금	상극	×
		안安	철哲	수秀		秀=木	금극목	상극	×
	획수	6	10	7	23	木	금극목	상극	×
		오吳	세世	훈勳		勳=火	화극금	상극	×
	획수	7	5	16	28	木	금극목	상극	×
		정鄭	몽夢	준準		準=水	금생수	상생	○
	획수	19	14	14	47	火	화극금	상극	×

위의 도표대로 한다면, 성명의 뜻과 획수가 19대와 상생(두 가지 ○표)하는 사람은 반기문, 문재인, 김무성 뿐이다.

3명 중에서 누가 대통령이 될까?

일반적인 관점에서 반기문은 여권 후보의 경쟁력에 따라, 문재인은 야권 결집력의 상황변화에 따라, 김무성은 청와대와의 관계설정 여하에 따라 가능성이 예상된다. 3명의 유망 후보군 중에서 주역과 오행상생의 법칙에 따라 미세한 차이는 생길 수 있다.

7

주역 예언

국회배지 변경촉구 | 대운하는 안 된다 | 독도에 강치 설치
서해교전과 천안함 사건 | 입춘첩 변경 | 남북통일의 시기

선과악은 반드시 과보가 있는 것

빨리 오고 늦게 오는 차이만 있을 뿐.

인연 따라 머무르고 가는 것인데

흰 구름 오가는 것을 청풍에 맡기듯이.

善惡到頭終有報　只爭來早與來遲

有緣直住無緣去　一任清風送白雲

국회배지 변경촉구

2004년 5월 21일 MBC '아주 특별한 아침'에 출연하여 국회의원 배지가 잘못 되어 바꾸어야 한다고 지적하였다. 유튜브YouTube에서 '이해수'를 클릭하면 동영상을 볼 수 있다.

혹或에 동그라미를 씌워서 국회의원 배지를 달고 다니니 동그라미를 하나의 테라고 보면, '의혹 혹或' 자가 되어 국회의원 스스로가 '우리는 의혹을 가진 사람입니다' 면서 자랑스럽게 배지를 달고 다니고 있다.

지난 50년간 국회는 나라의 민의기관이 아닌 의혹과 미혹으로 얼룩진 정치사로 인식되었다.

한국일보, 부산일보, 세계일보 등 많은 일간지 신문에 보도되었다.

그리하여 '한글학회'와 '경제정의실천연합' 등의 단체가 국회배지를 바꿔야 한다는 건의서를 국회에 제출했고 어야의원 35명이 국회법 개정안을 국회에 제출하였다.

결국 2014년 4월에 국회 배지를 '或' 에서 '국회' 로 바꾸기로 했다.

변경 전　　변경 후

대운하는 안 된다

2008년 1월, '한국시사경제21'

2007년 대통령선거 기간 중에

뜨거운 논쟁을 일으킨 '한반도 대운하'에 대하여 대통령 선거가 끝난 후에 2008년 1월 '한국시사경제21'이라는 월간지에서 인터뷰 요청이 들어와 '한반도 대운하는 절대로 해서는 안 된다'는 내용이 2월호에 게재되었다.

결국은 대운하의 계획은 취소되었다.

을 벗어나면 안된다는 것이다. 청와대 터가 명당이다 흉당이다 하는 논쟁은 쓸데없이 혹세무민하는 사람들의 전형적인 모습이다.

언젠가 어느 누군가가 좋은 터라고 보아 자리를 정했을 것이고, 그 자리가 상식적으로 모든 사람들이 보아서 나쁘지 않으면 그 자리는 좋은 터로 보아야 한다. 일반인들도 풍파와 우열곡절이 많은데 하물며 일국의 대통령은 얼마나 번민과 고통이 많겠는가?

역대 통치자들의 비극은 국민과 국가의 발전을 진정 생각하지 않고, 권력의 사리사욕에 집착한 결과 생긴 비애로써, 터의 흉당설로 볼 것이 아니라 인과응보의 원리로 풀어야 한다.

앞으로는 청와대가 보는 사람마다 견해가 다른 개인의 풍수이론에 휘말리지 말고, 훌륭한 통치자를 만나 국가의 큰일을 할 수 있는 깨끗하고 맑은 터가 되기를 기대 해 본다

Q. 풍수지리학적으로 국회의사당의 터에 많은 의견이 있는데 말씀 부탁드립니다.

우리나라의 정치의 큰 장이 국회의사당인데 현재의 국회위치는 여러 가지로 풍수상 많은 문제점을 안고 있다.

첫째, 여의도는 모래땅의 성격을 지니고 있다. 모래땅은 뿌리가 없고, 분산되고, 흩어져 버리는 성질 때문에 전파를 타고 외부로 발산하는 방송이나, 돌고 도는 돈을 만지는 금융업은 지기(地氣)와 맞으나, 국론을 모래알처럼 분산시키는 땅은 국회의사당과는 맞지 않다.

둘째, 건물의 구조와 배치, 색깔등도 풍수학적으로 맞지 않고

셋째, 국회 본회장 및 국회 배지 등의 국회를 상징하는 마크인 배지도 나라 국(國)을 제대로 사용하지 않고 동그라미(O)안에 의혹 혹(或)자를 사용하여, 동그라미를 테로 보면 자기네들 스스로가 의혹을 가진 집단이라고 전 세계에 알리고 있으니, 어떻게 국회가 정의로울 수가 있겠는가.

넷째, 생활공간의 기운은, 건물의 배치, 구조등도 중요하지만, 국회의원들의 마음이 온통 사리사욕에 눈이 멀어 있으니, 삿된 기운만이 감돌뿐이다. 정진석 추기경의 "진정한 지도자는 자기가 손해 보는 걸 뻔히 알면서, 그걸 하겠다고 나서는 사람이다"는 말씀을 새겨듣고 고해하

고, 참회하여 진정국민을 위하다면, 국회전체의 좋은 기운이 생기를 얻어 국민들로부터 박수를 받을 것이다.

다섯째, 현재의 국회를

옮기지 못한다면 지금의 현실에서 몇 가지 비보를 하여 기운이 빠져 나가지 않게 만들어야 하며, 유해한 수맥파를 탐사하여, 중화를 시킴으로서, 지금보다는 미래 지향적으로 발전하는 국회를 만들어야 한다.

Q. 최대 국민적 관심을 모으고 있는 한반도 대운하에 대하여 말씀 부탁드립니다.

대운하 진행예측---수(隨)육삼(六三)---고유번호 243(홈페이지 참조) 수(隨)괘는 위의 괘가 연못(☱)이고, 아래의 괘가 우뢰(☳)이다.

위의 괘상이 연못(☱)이니 한 공간의 물이라 볼 수 있고, 아래의 우뢰(☳)는 우뢰, 번개, 움직임 등으로 말할 수 있다.

동효가 육삼(六三)이니 변하여, 화(☲)가 되니 변화하여 만들어진 괘는 혁(革)괘가 되어 하나의 주역의 괘가 완성되었다.

'수(隨)괘는 뇌장택중(雷藏澤中)하여 휴식(休息)하여 불발(不發)하니 은퇴(應退)하라' 해석하면 '수(隨)의 괘는 우뢰가 연못 가운데 있으니 휴식하고 출발 하지 말고 물러나서 숨어라' 는 뜻이다.

효사에 따르면 '계장부(係丈夫)하고 실소자(失小子)하니, 수(隨)에 유구(有求)를 득(得)하나 이거정(利居貞) 하니라' 직역을 하면 '장부(丈夫)에 매이고, 소자(小子)를 버리고, 수(隨)의 시기에는 구함을 얻으나, 거정(居貞)하는 것이 이롭다'

운하관계와 연결하여 해석을 하면 여기서의 장부는 구사(九四) 미래의 큰일을 계획 하고, 여기서의 소자는 초구(初九)를 말하는 것으로 시 초계획을 버리고, 운하를 계속 하자는 주장은 얻으나, 영원토록 현상(現狀)을 고이 굳게 지키는 것(民)이 이롭다.

상에 따르면 '계장부(係丈夫)는 지사하야(志舍下也)라' 직역을 하면 '장부(丈夫)에 매이는 것은, 뜻이 아래를 버리는 것이다.'

운하관계와 연결하여 해석을 하면 아래(下)는 처음의 계획이고, 그것을 버리는 것이 큰일(丈夫)을 할 수 있다는 해석이 된다.

결론적으로 한반도 대운하는 절대로 하여서는 안된다는 것을 주역은 우리에게 가르쳐 주고 있다. **KEY**

PROFILE

• 1998 동아대학교 공학 석사 졸업
• 2002~2006 부산광역시 의회 의원
• 2008 동아대학교 철학과 박사과정 재학중
• 現 주역연구가, 기인테리어 연구가
• 저서 「주역과 인테리어」, 「인생384호」

248 운명을 바꾼 삶의 지혜, 주역

독도에 강치 설치

2008년 8월 '연합뉴스'

2008년 8월 1일, 일본이 독도를 넘보는 일이 많아서 '독도 수호하는 비보책'이 주요 일간지 등에 보도가 되었다.

1904년부터 1911년까지 1만 5천여 마리의 바다사자인 강치를 일본 어민들이 잡아갔다. 강치의 원한으로 일본의 기운을 박살내는 방법을 구체적으로 제시하였다.

결국은 2015년 8월, 해양수산부는 광복 70주년을 맞아 독도 동도 선착장 서쪽 난간 안내판 옆 벽면에 '독도 강치 기원 벽화'를 설치했다.

〈사람들〉 독도수호 '비책' 제시한 이해수씨(종합)

독도수호 '비책' 내놓은 이해수씨

(울산=연합뉴스) 임기창 기자 = 주역과 풍수 대중화에 힘써온 이해수 경주서라벌대 풍수명리과 교수가 독도에 강치(바다사자)와 해태상을 세워 일본의 침략 기운을 막자는 제안을 하고 있다. stnsb@yna.co.kr

(울산=연합뉴스) 임기창 기자 = "일본은 20세기 초반 독도 인근 해역에서 남획, 씨를 말려버린 강치(바다사자)의 석상과 법과 정의를 상징하는 해태상을 독도에 함께 세우면 그 기운으로 일본의 침략 야욕을 꺾을 수 있다고 봅니다."

지난 7월 14일 일본 정부가 중학교 새학습 지도요령 사회과 해설서에 독도 영유권 문제를 명기한 뒤 일본에 대한 국민적 반감이 커지고 있는 가운데, 한 풍수전문가가 주역 원리에 근거해 독도의 상징인 강치와 정의의 상징인 해태를 조각해 독도에 세우자는 제안을 내놔 눈길을 끈다.

경주 서라벌대 풍수명리과 이해수 교수는 "일상생활에서도 건물 터를 잡거나 공간을 배치할 때 주역과 풍수의 원리에 따라 재앙을 막는 '비보풍수裨補風水'의 힘을 빌리는데, 정작 독도와 같이 중요한 곳에 그

같은 조치가 전혀 돼 있지 않다"고 지적했다.

과거 숭례문을 지을 때 위치상 불의 기운이 강한 지역인 점을 감안해 현판을 세로로 붙이는 식으로 화재를 막는 등 비보풍수는 전통적으로 널리 이용돼 왔는데 세로는 '물'의 기운을 상징해 '불'을 극복한다는 것이 이 교수의 설명이다.

그는 이 같은 원리에 따라 독도에 태극무늬의 음양 구분곡선 모양('~' 무늬를 뒤집은 모양)으로 강치 6마리의 석상을 배치하고 그 북쪽과 남쪽에는 신화 속의 동물인 해태의 석상을 각각 1마리씩 세워 일본 한가운데를 향하게 할 것을 제안했다.

강치 석상을 세우는 이유는 역사적으로 강치가 독도 수호의 상징이라 해도 손색이 없기 때문이라는 것.

과거 독도 주변에는 강치가 집단으로 서식해 강치를 '가제'라 불렀던 울릉도 주민들은 독도를 '가제바위'라 불렀다는 기록이 남아 있는데 일본 어민들이 1904년부터 1911년까지 이 해역에서 1만 5천여 마리에 달하는 강치를 남획한 결과 지금은 멸종한 것으로 알려져 있다.

이 교수는 "주역에서는 인과응보를 인정하는데, 역사를 살펴보면 일본에 대한 강치의 원한은 클 수밖에 없고 그 기운이 일본의 독도 침탈 야욕을 막는 데 큰 힘이 될 수 있다."며 "더구나 일본인들은 낙태를 한 뒤에도 태아를 위해 제사를 지내는 등 토속신앙에 대한 믿음이 강해 심리적으로도 큰 압박을 줄 수 있을 것"이라고 말했다.

주역에서 '南'과 '日'은 불의 기운을 상징하는데, 일본은 지역적으로도 한반도보다 남쪽에 있는데다 국가 명칭에도 '日'이 포함돼 불의 기운이 강하므로 물을 상징하는 6개의 강치 석상을 세우면 '南'과 '日'을 누를 수 있다고 이 교수는 설명했다.

또 해태는 전통적으로 법과 정의의 상징으로서 선악과 시비를 가리는 동물이므로 일본의 부당한 처사를 심판해, 강력히 응징하겠다는 의지를 내보이는데 더없이 적절하다고 그는 덧붙였다.

이 교수는 특히 이 같은 비보풍수가 일본을 비롯한 국제사회에 한국인들의 결집된 의지를 보여줌으로써 긍정적인 변화를 이끌어내는 효과도 있다고 말했다.

그는 "국제통화기금(IMF) 사태 때 국민들이 나서 '금 모으기'를 했지만 사실 그 액수가 외채를 다 갚을 만큼 큰 것은 아니었다"며 "그보다는 국민들이 보여준 열정과 정성의 기운이 일종의 '파장'을 만들어내 국가를 위기에서 구한 것"이라고 말했다.

이 교수는 "국민적 관심 유도를 통해 일본의 야욕을 꺾기 위해서는 석상 건립비용을 범국민 모금운동을 통해 마련한다면 매우 의미 있는 사업이 될 것"이라고 말했다.

20살 때부터 주역과 풍수지리를 공부해 왔다는 이 교수는 건물 터와 주거 공간 등 풍수를 일상생활에 응용하여 많은 감정을 하였으며 현대인들이 쉽게 접하기 어려운 주역 원리를 대중적으로 보급하는 데 앞장서 왔다. 지난 2006년에는 이명박 대통령의 당선을 예견해 관심을 모으기도 했다.

서해교전과 천안함 사건

2009년 7월, '뉴스매거진' 148호

2009년 후반기 한국의 정치 · 경제 대 예언

11월 2째주 북한의 별 떨어져

효사의 원문을 해설하면, 새로운 큰일을 하면 법도에 어긋나는 형태이고, 윗사람에게 따르지 않는 사람은 크게 피해를 본다(順以從上也). 강이나 물을 논하지 마라 우환이 따른다(不可涉大川).

북한과의 관계를 보면, 막근평양(莫近平壤) 살성중중(殺星重重) 평양을 가까이 하지 마라. 나쁜 살기가 거듭거듭 많다.

입동지절(立冬之節)에 북두낙마 (北頭落馬) 11월 2째주에 북한의 별이 떨어져 세상을 어지럽게 만든다.

100 뉴스매거진

2009년 7월 15일, '뉴스매거진' 시사주간지에 2009년 후반기 한국 정치예언의 칼럼에 '11월 2째 주에 북한에서 별이 떨어져 세상을 어지럽게 한다. 평양에서 나쁜 살기가 거듭거듭 생긴다'고 예언하였다.

입동지절立冬之節　　북두낙마北頭落馬

막근평양莫近平壤　　살성중중殺星重重

실제로 11월 둘째주, 10일 오전 11시 28분 서해 대청도 인근해상에서 서해교전이 일어났다. 그리고 4개월 뒤인 2010년 3월에 천안함 사건이 일어났다. 북한의 나쁜 살기가 거듭거듭 생겨 우리의 안타까운 인명을 앗아갔다. 천안天安함은 천天=4획 / 안安=6획이 되어 46명의 아까운 인명이 북한의 침략야욕으로 희생이 되었다.

[뉴스매거진 2009.12.10. / 156호]

본지 7월 15일자
立冬之節 北頭落馬...
11월 10일 서해교전 예언

본지 7월 15일자(148호) 주역칼럼에는 "'立冬之節 北頭落馬' '11월 2째주에 북한의 별이 떨어져 세상을 어지럽게 만든다. 평양을 가까이 하지마라 나쁜 살기가 거듭거듭 많다-막근평양(莫近平壤)살성중중(殺星重重)'" 이라고 기술하고 있다. 또한 '하늘의 변화가 외경의 모습을 보이고 대형 화재사건이 생겨 많은 인명피해가 생긴다(天象可畏 民多失火)'는 것이다. 이에 당시 기자가 "북한의 별이 무엇이냐'고 묻길래, "이는 아마도 '김정일'이 될 수도 '미사일'이나 '총탄'이 될 수 있다"고 말했다. 이 예언대로일까 지난 11월 10일(둘째주 화요일) 오전 11시 28분쯤 서해 대청도 인근 해상에서 북한측 도발로 서해교전이 일어났다. 그리고 2009년11월14일은 부산의 실내 실탄사격장에서 화재사건이 발생하여 16명의 사상자를 냈고(民多失火), 2009년 11월 18일 새벽은 8년 만에 최대장관으로 하늘에서 수많은 별똥별이 쏟아지는 우주쇼가 벌어졌다(天象可畏).

예언이란 어떤 기운을 관찰하여 길과 흉을 판단하고 또한 그 시기를 알아내는 것이다. 2009년 11월 2째주는 시기를 가르쳐 주는 것이고, 내용은 북한과의 관계에서 살성이 많아서 죽이는 일이 벌어진다는 것이다.

입춘첩 변경

2015년 2월, '연합뉴스'

〈사람들〉 "입춘첩 건양다경 '건' 한자 잘못돼" 이해수씨

입춘첩 한자표기를 바꿔야 한다는 이해수 씨

(부산=연합뉴스) 심수화 기획위원 = 입춘첩의 '건양다경 建陽多慶'의 한자를 '健陽多慶'으로 바로 잡아야 한다고 주장하는 주역 전문가인 이해수(60)씨가 연합뉴스와 인터뷰를 하고있다. (2015.2.24)

sshwa@yna.co.kr

주역 핵심 사상으로 해석하면 '세울 건(建)' 아닌 '굳셀 건(健)' 주장

(부산=연합뉴스) 심수화 기획위원 = "1년 24절기 중 첫 번째인 입춘 (立春, 매년 2월 4일) 때 각 가정 대문 등에 붙이는 입춘첩의 '건양다경建陽多慶'의 한자를 '健陽多慶'으로 바로 잡아야 합니다."

주역 전문가인 이해수(60)씨는 입춘의 입춘 시(책력 상 2015년의 경우 2월 4일 낮 12시 58분)에 가족의 평안과 다복을 기원하는 '입춘대길 건양다경'−입춘을 맞아 크게 길할 것이요, 따스한 기운이 도니 경사가 많으리라−한자 중에서 '건'자를 잘못 쓰고 있다고 주장했다.

대부분 '立春大吉 建陽多慶'으로 쓰고 있으나 '건양다경'에서 '건'을 '세울 건建'이 아닌 '굳셀 건健'으로 써야 한다는 것이다.

'建陽'의 유래는 조선조 말 고종황제가 첫 연호로 잠시 채택한 '건양 (建陽, 1896~1897년)'을 사용하면서 이때부터 양력을 도입했기 때문에 양력을 세운다는 의미로 시작됐다고 일반적으로 알려져 있다.

그러나 추사 김정희(金正喜, 1786~1856년)가 7세 때 대문에 써 붙인 입춘첩을 본 당시 재상 채제공(蔡濟恭, 1720~1799년)이 추사를 명필가가 될 재목으로 점쳤다고 전해지는데, 이를 근거로 보면 '建陽多慶'은 고종이 연호로 채택하기 이전부터 잘못 사용되고 있었다는 게 이 씨의 지적이다.

이 씨는 '굳셀 건'이 맞다는 근거를 주역의 핵심사상에서 찾고 있다.

주역의 첫 번째 괘인 '건乾' 괘의 상전象傳에 '천행天行이 건健 하니 군자이君子以 하여 자강불식自彊不息 하나니라(천체의 운행은 건실하다. 군자는 그것으로써 스스로 힘써 쉬지 않는다)'라고 돼 있는데, '건乾' 괘는 '양陽' 괘의 대표로서 '사람의 마음을 하늘의 움직임에 비유하여 굳셀 건健이니…' 하여 건健의 출처가 분명하다고 이 씨는 주장했다.

또 주역의 두 번째 '곤坤' 괘는 음괘의 대표로서 64괘 중에서 괘의 마디 숫자가 제일 많은 괘상이며 '곤坤' 괘의 대표적인 문구 중에 적선을 한 집안은 필히 경사가 있다는 뜻인 '적선지가 필유여경積善之家 必有餘慶'의 '경慶'이 나온다고 덧붙였다.

따라서 '健陽多慶'을 주역에 맞춰 해석하면 '선하고 착하며 밝은 양陽의 기운을 굳건히健 지키고 적선을 많이多 하면 반드시 경사慶가 생긴다'라는 뜻으로 주역의 첫 번째 괘인 '건乾' 괘와 두 번째 괘인 '곤坤' 괘의 핵심 사상으로 보면 된다는 것이다.

그러므로 한 해의 시작인 입춘을 맞아서 크게 좋은 일이 생기게 하려면 선하고 착한 마음을 굳게 하고 적선을 하면 경사가 많이 생긴다는 뜻으로 '세울 建'이 아닌 '굳셀 健'으로 입춘첩을 쓰는 것이 맞다는 게 이 씨의 결론이다.

이 씨는 "3년 전쯤 자신이 다니는 서울의 한 동사무소 서예반 회원으로 활동하다가 '양을 세운다'는 뜻의 '建陽'이 이치에 맞지 않다고 생각하고 그 근거를 찾다가 주역에서 '健陽'이라는 해답을 찾았다"고 말했다.

대학을 다닐 때 모 사찰에서 고시공부를 하다가 스님의 권유로 주역을 시작했다는 이 씨는 부산시의회 의원 시절이던 2004년, 국회의 원 배지 모양이 '입 구口'가 아닌 '동그라미○' 안에 의혹과 미혹을 뜻 하는 '或(혹)'으로 돼 있다며 배지로 바꿔야 한다고 주장을 펼친 적이 있다.

국회는 이 씨의 지적, 시민단체 등의 건의에 따라 국회법 규칙개정안 을 바꿔 최근 배지와 국회 본회의장 상징표지 등을 한자 '國'에서 한글 '국회'로 바꿨다.

이 씨는 2009년에는 일본 정부가 중학교 새학습 지도요령 사회과 해설서에 독도 영유권 문제를 명기하자 주역 원리에 따라 일제 강점 기 때 독도의 상징인 강치(바다사자)의 씨를 말렸다며 독도에 태극무 늬의 음양 구분곡선 모양('~' 무늬를 뒤집은 모양)으로 강치 6마리의 석 상을 배치하고 그 북쪽과 남쪽에 신화 속의 동물인 해태 석상 1마리 씩을 세우는 '비보풍수神補風水'의 힘을 빌리자고 제시해 눈길을 끌 기도 했다.

『주역과 풍수 氣 인테리어』, 『인생 384효』라는 주역 관련 책을 펴낸 이 씨는 현재 서울에서 〈885행복공간사무소〉를 운영하고 있다.

남북통일의 시기

2013년 8월 26일

'남북한의 통일이 언제 되느냐?'의 문제를 주역으로 설괘하기 위해 목욕재계 후에 법복을 갈아입고 향을 사르고 주문을 외운다.

18변법으로 작괘를 하였다.

謙　賁

孫酉－官寅　〃		申
才子　〃		월
兄戌　〃	應	
才亥　〃		甲
兄丑　〃		子
兄辰－官卯　〃	世	일

국가의 대사는 괘상을 중시하여야 한다. 본괘本卦와 지괘之卦의 상象을 먼저 관찰한다.

주역의 비괘를 보면

관호인문觀乎人文하야 이화성천하以化成天下하나니라.
상왈象曰 산하유화山下有火 비賁니 군자君子 이以하야
명서정明庶政호대 무감절옥无敢折獄하나니라.

[직역]

인문(人文은 인류의 질서)을 잘 관찰하여 천하의 모든 사람들을 화(化는 교화)하게 하여 목적을 이룬다.

[통일문제로 해석]

남한이나 북한이나, 정치권 보다는 평민들의 변화가 먼저 일어나서 남과 북(天下)의 통일을 성공으로 만든다.

지괘之卦인 겸괘의 내용은

겸謙은   존이광尊而光하고

비이불가유卑而不可踰니

군자지종야君子之終也라.

[직역]

겸謙은 존이광(尊而光은 상대를 높임으로서 내가 빛나고)

비이불가유(卑而不可踰는 내가 몸을 낮추되 중도를 넘지 아니하면)

군자지종야(君子之終也는 군자의 마침이 있다.)

[통일문제로 해석]

남한과 북한이 서로를 존중하는 겸손을 지키되

서로의 자존심을 건드리지 않게 하면 유종의 미를 거둔다.

상왈象曰   지중유산地中有山이   겸謙이니

군자君子   이以하야   부다익과裒多益寡하야

칭물평시稱物平施하나니라.

[직역]

땅 가운데 山이 있는 모습으로 자기 몸을 낮추는 것이 겸謙이니

군자가 이것을 본받아 부다익과(裒多益寡는 많은 것을 덜어내어 적은 것에 더해

주는 것)하여 칭물평시(稱物平施는 물건을 저울질하여 평등하게 만든다)하나니라.

[통일문제로 해석]

남한과 북한의 서로간의 재화와 용역을 보태주고 덜어내고 하여

객관적으로 평등하게 하여 서로가 서운함이 없어야 한다.

괘卦의 해석이 끝나고는 효爻의 해석을 하는 것이 주역해석의 차례

이다.

체体의 해석인 '산화비괘 상구효'의 내용은
___

상구上九는 백비白賁면 무구无咎리라.

상왈象曰 백비무구白賁无咎는 상득지야上得志也라.

[해석]

백두산의 정기(白)가 삼천리강산(賁 = 十이 3개)에 미치니 위로 큰 뜻을 이

룬다.

용用의 해석인 '지산겸괘의 초육효'의 내용은

초육初六은 겸겸군자謙謙君子니
용섭대천用涉大川이라도 길吉하니라.
상왈象曰 겸겸군자謙謙君子는
비이자목야卑以自牧也라.

[해석]
겸손 또 겸손하여 큰 내천을 건너는 통일을 이룬다면 크게 길하다.

주역으로 보면 남북한의 통일은 좋은 기운을 가져오고 시기가 도래
하였음을 알 수 있다. 그 정확한 시기를 육효를 해석하여 알아본다.

[육효해석]
내괘內卦는 남한이고, 외괘外卦는 북한이 된다.
내괘는 변하여 진辰을 화출하였고,
외괘는 변하여 유酉를 화출하였다.
진辰은 용이고 유酉는 닭이다.
닭은 계鷄이므로 두 글자를 합하면 계룡산이 되고
닭은 풍風이고 용은 뢰雷가 되어

주역의 '풍뢰익風雷益'괘가 새로이 탄생한다.

주역의 '풍뢰익風雷益'괘는 오곡백과가 풍성하여
이익이 많은 아주 좋은 괘상이다.

[통일시기]

남한이 진辰으로 화化하였고
북한은 유酉로 화化하여
진유합辰酉合으로 육합六合을 이루었다.
묘卯가 동動하였으니
묘卯년인 2023년에 최고조의 분위기가 성숙되어
진辰년인 2024년 갑진甲辰년에 통일된다.

8

감정 사례

복싱시합의 성패 ㅣ 미국의 이라크 공격 ㅣ 서울시장 선거
강호동의 미래운세 ㅣ 자식 가출 ㅣ 어머니 건강
자식이 언제 생기나? ㅣ 주식이 상승하는가?

달이 천심에 이르고
바람은 수면위에 살랑이네.
이런 맑은 의미를
요달하여 아는 이 드물구나.

月到天心處　風來水面時
一般清意味　料得少人知

복싱시합의 성패

1990년 1월 16일

▶ 복싱 승패

恒　小過

父戌　〃　　　　丑
兄申　〃　　　　월
官午　，　世
兄申　，　　　　辛
孫亥－官午　〃　　巳
父辰　〃　應　　일

[질문] 백인 제리쿠리와 흑인 조지포맨의 복싱시합의 승패를 묻는 점

[판단] 백인을 세世, 흑인을 응應으로 정한 뒤, 육효를 작괘하여 승패를 판단한다. 제리쿠리는 세世가 4효의 오화午火인데, 2효의 오화午火가 동하였다. 오화午火는 불이 되는데, 동動하여 해亥의 수水로 변하니 수극화水剋火로 극剋을 당하였다. 이를 회두극回頭剋이라 하는데 최악의 형상이다. 반면 조지포맨은 응應인 진토辰土가 되어 월月과 일日에서 화생토火生土의 생을 받고 있다. 조지포맨이 유리하다는 것을 알 수 있다.

[결과] 제리쿠리는 2회전에 KO패 당하고 말았다. 2회전에 결정이 난 것은 오화午火가 불이고 숫자는 2이기 때문이다. KO패를 당한 것은 제리쿠리인 세世가 회두극回頭剋이 되어 박살이 난 것이다. 2회전에 끝난 것은 그만큼 회두극은 빠르고 무서운 것이다.

미국의 이라크 공격

2003년 1월 23일

[질문] 미국이 이라크에 여러 가지 압력을 가했지만 이라크가 들어주지 않아서 국제적으로 험난한 분위기가 되어 '어떻게 진행이 될까?' 궁금하여 작괘를 하였다.

需　　節

兄子 〃		丑
官戌 ,		월
父申 〃 應		
官辰－官丑 〃		丙
孫卯 ,		申
才巳 , 世		일

[판단] 국가 간의 분쟁은 주역의 괘상을 중시하면서 동효動爻의 상황을 보아서 판단한다. 괘상의 '수택절水澤節'은 마디 절節이 되어 대나무의 마디처럼 단계별로 공격을 할 것이다. 변한 괘가 '수천수水天需'이니 수需는 기다리는 괘상이므로 시간이 많이 소요된다는 것을 알 수 있다. 육효의 판단은 관귀인 3효의 축토丑土가 동動하여 진토辰土의 관귀를 또다시 화출하였으니 이것을 진신進神이라고 한다. 전쟁은 일어나는 형상이다.

주역의 판단을 보기위해 나의 저서 『인생384효』의 623을 보았다. 623은 '수택절' 괘는 62가 되고 3효가 동하였으니 623이 된다.

육삼六三은 부절약不節若이면
즉차약則嗟若하리니 무구无咎니라.
상왈象曰 부절지차不節之嗟를 우수구야又誰咎也리오.

[해석] 정식으로 바른 계단을 밟지 않고 뛰어오르니 나쁜 결과만 생긴다. 모든 일은 순서가 있고 차례가 있다. 버스가 신호등을 무시하고 달리면 사고가 나는 것은 분명하다. 자기의 잘못이니 누구에게 원망할 것인가. 분수 밖의 일을 하여 실패하는 경우가 많다. 권력의 힘이나 돈의 힘에 의존하지 마라. 나무가 자라듯이 서서히 조금씩 전진하라. 시비, 법정문제가 생긴다.

[결과] 미국은 3월 20일 이라크를 공격하였다. 주역의 괘상으로 보면 미국이 너무 성급하게 전쟁을 일으켜서 별로 재미를 못 보는 형상이다.

서울시장 선거

2011년 10월 26일의 서울시장보궐선거의 결과를 미리 알아보기 위해 작괘를 하였다.

당선가망성이 있는 2명의 후보에 대하여 각각의 괘를 작괘하여 판단하는 것이다. 내가 상대의 점을 보는 내용이니 응應이 용신이 되어 응應의 기운을 보고 판단한다. 박원순 후보가 주역의 괘상대로 당선이 되었다.

이 내용은 10월 14일 오전에 설괘하여 소셜 뉴스 사이트인 '위키트리'에 게재되었고 4천 번의 조회수와 60만의 트위터 노출이 이루어졌다.

▶ 박원순 후보

泰　　恒

　　才戌　〃　應　　戌
　　官申　〃　　　　월
才丑－孫午　′
　　官酉　′　世　　壬
　　父亥　′　　　　寅
父子－才丑　〃　　　일

[해석]

　박원순 응應은 술戌인데, 월이 같은 술戌로서 도와주고 있다. 4효인 오午화의 기운이 동효動爻가 되어 박원순 술토戌土를 살려주니 화생토火生土로 상생을 받아 좋은 후원자를 만난다. 괘가 육합괘六合卦인 '지천태地天泰'괘로 변하여 좋은 일이 생긴다.

▶ 나경원 후보

大有　　泰

△父巳-孫酉　〃　　應　　　戌
　　才亥　〃　　　　　　　월
孫酉-兄丑　〃
　　兄辰　,　世　　　壬
　　官寅　,　　　　　寅
　　才子　,　　　　　일

[해석]

　나경원 응應은 유酉가 동動하여 사巳로 변하였는데, 그것이 공망空亡이 되고 말았다. 공망이란 허망하다는 말이다. 사유축巳酉丑 삼합이 되어 여러 사람이 나경원을 도우나 실익이 없다.

강호동의 미래운세

2012년 1월 30일

2011년 9월 세금과소납부 논란이 일어나 잠정은퇴를 선언하고 칩거 중인 강호동의 미래운세를 2012년 1월30일 작괘하여 전자신문 "위키트리"에 올렸다. 이 글은 10만명 넘게 트위트노출이 되었다.

괘상은 몽괘가 동인괘로 변하였다.

주역은 몽괘 상구효와 동인괘 상구효로 판단한다.

몽괘 상구효

상구上九는 격몽擊蒙이니 블리위구不利爲寇오 이어구利禦寇하니라.

동인괘 상구효

상구上九는 동인우교同人于郊니 무회无悔니라.

同人　　蒙

父寅　　′　　　　　　丑
才申－官子　〃　　　　월
兄午－孫戌　〃　世
官亥－兄午　〃　　　　庚
孫丑－孫辰　′　　　　　寅
父卯－父寅　〃　應　　일

[주역]

몽괘는　비아구동몽匪我求童蒙이라　동몽구아童蒙求我라

직역..내가 동몽에게 구하는 것이 아니라, 동몽이 나에게 구하는 것
　　　이니

의역..강호동이 먼저 행동을 하지 말고, 팬들이 절실히 찾을 때를 기
　　　다리라.

[효사]

격몽擊蒙이니 불리위구不利爲寇오 이어구利禦寇하니라

직역..몽매한 것을 깨우치는데 도적이 되는 것은 이롭지 않고, 도적
을 막는 것이 이롭다.

의역..빨리 복귀하고 싶은 마음은 도적의 마음이니, 그런 마음을 갖
지 말고 좀 더 수양하면서 때를 기다려야 한다.

[육효해석] 강호동은 應이 되는데-- 인寅이 묘卯로 이미 움직였으니,
묘卯는 음력으로 2월이라..본인은 음력 2월에 활동을 하려고 한다. 제
갈공명은 유비가 세 번 찾아갈 때 까지 승낙을 아니 하였다. 양력으로
5월 8일 이후부터 활동하는 것이 좋은 시기이다.

동인우교同人于郊라 했으니..같은 동지를 야외에서 만나는 것이고, 활
동의 시작도 야외촬영에 초점을 맞추어서 시작하면 성공한다.

[육효 판단] 시기(때)를 볼 때 동대합動待合(동하는 효는 합을 기다려
라)의 원칙에 따른다. 강호동 應은 인寅으로 동動하였으니 합슴을 하는
시기는 인해합寅亥슴이 되어 해亥월에 활동을 하게된다. 해亥월은 음력
10월이다.

[결과] 5월 이후에는 야외인 해외 및 먼곳에서 조금씩 활동을 하다
가 10월에 복귀를 하였다.

강호동의 미래운세

2012년 1월 30일 설괘

```
同人      蒙
        父寅  ,        丑
 才申 – 官子  〃        월
 兄午 – 孫戌  〃    세
 官亥 – 兄午  〃        庚
 孫丑 – 孫辰  ,        寅
 父卯 – 父寅  〃    응    일
```

주역해석) 몽괘는 비아구동몽(匪我求童蒙)이라 동몽구아(童蒙求我)라
직역하면 내가 동몽에게 구하는 것이 아니라, 동몽이 나에게 구하는 것이니
의역하면 강호동이 먼저 행동을 하지 말고, 팬들이 절실히 찾을 때를 기다리라.

효사해석) 격몽(擊蒙)이니 불리위구(不利爲寇)오 이어구(利禦寇)하니라
직역하면 몽매한 것을 깨우치는데 도적이 되는 것은 이롭지 않고, 도적을 막는 것이 이롭다.
의역하면 빨리 복귀하고 싶은 마음은 도적의 마음이니, 그런 마음을 갖지 말고 좀 더 수양하면서 때를
기다려야 한다.

육효해석) 강호동은 응이 되는데-- 인(寅)이 묘(卯)로 이미 움직였으니, 묘(卯)는 음력으로 2월이라..
본인은 음력 2월에 활동을 하려고 한다. 제갈공명은 유비가 세 번 찾아갈 때 까지 승낙을 아니 하였다.
양력으로 5월8일 이후부터 활동하는 것이 좋은 시기이다.

동인우교(同人于郊)라 했으니..같은 동지를 야외에서 만나는 것이고, 활동의 시작도 야외촬영에 초점을
맞추어서 시작하면 성공한다.

육효에서는 시기(때)를 볼 때 동대합(動待合)이라-동하는 효는 합을 기다려라- 강호동 응은 인(寅)으로
동(動)하였으니 합(合)을 하는 시기는 인해합(寅亥合)이 되어 해(亥)월에 활동을 하게된다. 해(亥)월은
음력 10월이다.

자식 가출

5월 28일 오전에 손님이 왔다.

손님) 자식이 대학원에 재학 중인데 정신이 오락가락하여 수원
의 어느 요양소에 한 달 간 있기로 하였습니다. 많은 비용
을 지불하고 보냈는데 15일 정도 생활을 하다가 도망을
갔다고 합니다. 저희는 그 내용을 요양소에서 늦게 알려
주어서 며칠 전에 알았습니다.

선생) 왜 하필 수원으로 보냈습니까?

손님) 장소는 여러 군데 물색하다가 남편의 기수련 사부님이 그
쪽 방향이 좋다고 하여 보냈습니다. 왜 그것을 물어보십
니까?

선생) 아드님이 올해 28세 인데, 집에서 보면 수원은 남쪽방향
으로 아드님의 운세에서는 진귀進鬼방향이라 오히려 귀신
을 불러들이는 방향이네요.

손님) 그건 그렇고 우리아들이 어디에 있으며 또 언제 만날 수
있습니까? 철학관도 몇 군데나 가보았고 점집도 다녀보았
습니다. 심지어 남편의 사부님에게 물어 보니 '정신이 착
란을 일으켜 산에 올라가서 저 세상으로 갔다'고 하네요.

선생) 주역에게 물어 봅시다. 두 사람 부부 중에서 어머니가 간
절한 마음이 강하니 어머니가 괘를 뽑으세요.

손을 씻고 옷의 매무새를 바르게 한 후, 향로에 향을 사르고 주문을
외웠다. 괘를 뽑는 목적을 우주에 고告한 후에 어머니가 괘를 뽑았다.

豫

才戌　〃　　　　巳
官申　〃　　　　월
孫午　╱　△應
兄卯　〃　　　　己
孫巳　〃　　　　丑
才未　〃　世　　일

[판단] 자식의 문제는 용신이 손孫이 된다. 자식이 오화午火인데 월이 사월巳月이라 힘을 받고 있다. 걱정이 없는 상황이다. 저 세상에 갔다는 남편의 사부님 말하고는 전혀 반대 상황이다. 현재 자식이 공망空亡으로 사람을 기다리는 점은 용신이 공망이면 반드시 빠른 시기에 온다. 공망은 출공出空의 시기를 기다려야 하니 오일午日이 되면 돌아온다.

[결과] 6월 2일 갑오甲午일, 자식이 스스로 집으로 왔다.

어머니 건강

2012년 8월 30일

손님) 어머니가 한 달 전부터 음식도 잘 드시지 못하고 누워 계
신데 어떻게 하면 좋습니까?

豫　　解

才戌 〃		申
官申 〃	應	월
孫午 ，		
孫午 〃		癸
孫巳-才辰 ，	世	亥
兄寅 〃 子父△		일

[판단] 어머니의 병세를 보아야하니 부父가 용신이다. 부父는 초효의 인목寅木아래에 복伏되어 있다. 복은 엎드릴 복이며 어머니가 누워서 일어나지 못하고 있는 형상이다. 계해일은 자子와 축丑이 공망空亡이니 부모의 자子가 공망을 맞고 있으니 얼마나 괴롭겠는가.

원인을 알아보니 2효의 진토辰土는 어머니인 자수子水의 묘고墓庫가 되는데 그것이 동動하였으니 어머니가 묘에 빠진 형국이라 힘을 못 쓰고 있다.

> **선생)** 2효의 토가 동하여 어머니를 괴롭히니 토는 흙이 되니 동토가 나서 병이 생긴 형상이다. 집수리나 흙 종류의 물건을 집에 들여놓지 않았나요?

> **손님)** 집수리는 하지 않았고 이웃 집 철거하는 곳에서 구들장이 넓고 좋게 보이는 것이 있어 아버지가 가져와서 정원수 아래 놓아두고 앉아서 쉬는 장소로 하고 있습니다.

> **선생)** 2효는 안방이고 부엌의 위치입니다. 그 집 부엌에 있었던 구들장의 동토가 문제가 되어 병이 생겼으니 빨리 없애 버리세요.

[결과] 즉시 구들장을 다른 곳에 버렸다. 다음날 자子일부터는 몸도 서서히 일어날 수 있게 되었고, 죽을 편안하게 먹을 수 있었다.

자子의 부모가 지금은 공망이나 내일은 자子일이 된다. 공망에서 벗어나 출공出空이 되니 서서히 몸이 좋아지게 되었다.

자식이 언제 생기나?

2013년 8월 16일

8월 16일 오후에 당진에서 부부가 찾아 왔다. 남자는 기미생 음력 11월 26일 사巳시생이고, 여자는 계해생 음력 6월 1일 술酉시생이었다.

부인 운세	남편 운세
癸 己 己 癸	辛 乙 丁 己
酉 亥 未 亥	巳 酉 丑 未

손님) 4년 전에 결혼을 하였는데 애가 안 생기네요?

선생) 병원에는 가 보셨나요?

손님) 예. 둘이 다 이상이 없다고 합니다.

선생) 사주 상으로는 여자운세는 자식이 유금酉金인데, 자식궁에
    힘이 있어 문제가 없고 남편도 사주 상으로는 문제가 없
    습니다. 두 사람의 이름을 한번 풀어봅시다.

부인의 성명이 신선용申仙容이었다.

> 신 申 (5획)
> 선 仙 (5획)
> 용 容 (10획)

이름의 획수가 전부 합하면 20획이 되어,
'20획수 – 허망격虛望格 – 만사공허지상萬事空虛之象'이라 허망하고
공허한 이름으로 아주 나쁜 수리가 된다.
신申과 선仙을 합하면 10획이 되어,

'10획수 - 공허격空虛格 - 만사허무지상萬事虛無之象' 이라 20획수와 비슷한 나쁜 기운의 수리이다. 특히 선仙이 선선의 글자이니 신선이 자식을 볼 수가 있겠는가.

선생) 부인의 이름을 바꾸는 것이 좋겠습니다.

손님) 이름을 바꾸지 말고 다른 방법이 없습니까?

손님) 그러면 한글이름은 그대로 두고 한문을 바꾸세요.

그리하여 신선용申先容으로 한문을 바꾸었고 법원에 제출할 '개명(한문)신청사유서'를 적어 주었다.

신 申 (5획)
선 先 (6획)
용 容 (10획)

이름의 획수가 전부 합하면 21획이 되어,
'21획수 - 두령격頭領格 - 만인앙시지상萬人仰視之象' 이라 모두 사람이 우러러보는 좋은 수리이다.

신申과 선先을 합하면 11획이 되어,

'11획수 - 신성격新盛格 - 신왕재왕지상身旺財旺之象'이 되어 새로운 일의 성취가 빠르고 몸이 건강하며 재물이 왕성하다는 수리이다.

선생) 부부관계는 잘되나요?

손님) 남편이 의욕이 없어요.

선생) 현재의 집에서 몇 년을 살았습니까?

손님) 결혼하고 지금까지 이 아파트에서 살고 있습니다.

선생) 그럼 집의 풍수와 수맥감정을 하는 게 좋겠네요.

며칠 후 당진으로 가서 아파트의 풍수와 수맥을 점검하였다. 현관입구에 강하게 수맥이 흐르고 안방의 침실 쪽에는 두 곳의 수맥이 교차되는 지점에 있었다. 아주 나쁜 곳에서 잠을 자고 있었다. 침대를 옮겨주고 방의 전체 기운향상을 위하여 수맥파장을 중화하였다.

[결과] 3개월 후에 임신을 했다고 연락이 왔다.

주식이 상승하는가?

2015년 5월 13일

주식을 하는 손님이 오전에 전화가 왔다.

'바이오 스마트'의 주식을 매수해도 되는지? 전화를 끊고 주역의 괘를 뽑았다. 주식의 상승과 하락에 있어 매수자가 괘를 뽑을 필요는 없다. 다른 사람이 괘를 뽑아도 상승과 하락을 알 수 있기 때문이다.

解　　豫

才戌 〃		巳
官申 〃		월
孫午 ， 應		
兄卯 〃		己
才辰-孫巳 〃		丑
才未 〃 世		일

[판단] 육효에서 재물을 판단하는 점은 재才의 상태를 살펴서 판단한다. 재才가 초효의 미토未土에 세世와 같이 있으니 초효를 살피면 된다.

월이 사월巳月의 화火의 기운이니, 화생토火生土하여 재를 생한다. 일日이 재才가 되어 미토未土를 충沖 하니 암동暗動이라 하여 동動한 것으로 본다. 2효의 사화巳火가 동動하여 또 다시 재물인 미토未土를 화생토火生土로 살려주니 상당한 상승을 하겠다. 주역의 판단을 보아서 최종 결정을 하기로 하였다. 주역은 '뇌지예雷地豫'괘 2효를 본다. 나의 책 『인생384효』의 482번이 여기에 해당된다.

육이六二는 개우석介于石이라 불종일不終日이니 정貞코 길吉하니라.
상왈象曰 불종일정길不終日貞吉은 이중정야以中正也라.

[해석] 하루를 기다릴 것 없이 바르게 되고 좋을 것이다. 즉 시일이 많이 걸리지 않고도 좋은 일이 생기고 흐뭇한 상황이 전개된다. 힘 있게 전진하라. 찬스를 놓치지 말고 잡아라.

비밀을 반드시 지키고 의지를 바위와 같이 굳건하게 지킴으로써 모든 일이 더욱더 발전한다. 기다리는 약속은 빨리 성사된다. 투자, 재물은 크게 좋다. 손님 맞을 준비하고 청소하고 꾸미는 것은 좋다.

[결과] 괘를 뽑을 당시의 주가는 4,500원이었다.

주역의 괘상대로 계속 상승을 하여 6월 24일은 19,000원이 되었다. 주가가 너무 상승하여 중간에는 매매가 중지되는 날도 있었다.

9

풍수인테리어 시공사례

부산상공회의소 ㅣ 울산시 신정동 아파트 현장 ㅣ 서울 잠실고시원 화재
서울역 앞 아스테리움 건물 ㅣ KBS '굿모닝 대한민국'

구름은 달려도 하늘은 움직이지 않고
배가 움직여도 언덕은 그대로이네.
본래 한 물건도 없는데
어디서 기쁨과 슬픔이 일어나는가.

雲走天無動　舟行崖不移
本來無一物　何處起歡悲

부산상공회의소

- **일시** : 2006년 6월 7일 수요일

- **동기** : 신정택 회장님이 취임하고 나서 그 의자에 앉은 후로 왼쪽 뒤편 머리가 아프다고 하여 회장님이 감정의뢰를 하였다.

- **감정** : 자리배정을 풍수에 맞게 하고 소파 및 책상배치를 재조정, 천정과 벽지 바닥 색상을 새롭게 장식하여 수맥파장은 중화를 하였다.

- **결과** : 회장님은 건강한 모습으로 활기를 찾았다. 또한 그 전의 말썽 많았던 부산상공회의소의 모습은 사라지고 부산 발전에 많은 기여를 하였다.

울산시 신정동 아파트 현장

- **일시** : 2006년 8월 29일 화요일

- **동기** : 두산 아파트의 토목공사 시공 중에 재해사고가 이상하게 많이 발생하고 차량사고 및 인부들 간의 충돌이 빈번했다. 현장에 있는 토목공사용 벌크통이 폭발하여 인근 주택과 도로에 큰 피해가 있었고 지역뉴스시간에 톱기사로 방송되었다.

- **감정** : 3천 평이 넘는 공사현장으로 서북쪽의 땅기운에 살기가 많아서 부적을 태워 해소하였고, 대지 전체에 대하여 유해파장인 수맥파를 중화하였다. 공사 현장의 직원 및 인부들을 전부 불러 일일이 기운을 불어 넣어 주었다.

- **결과** : 그 이후로는 사건 사고 없이 공사가 잘 진행되었고 무사히 준공이 되었다.

서울 잠실고시원 화재

- **일시** : 2006년 6월 20일

- **동기** : 서울시 송파구 잠실동 208-1번지의 건설회사 사무실(주식회사 무불)에서 항상 일이 꼬이고 계약이 잘 안된다고 하여 사무실 감정을 의뢰 받음.

- **감정** : 건물자체에 사악한 기운이 많으니 사무실을 다른 곳으로 옮기고, 사무실을 옮길 동안 비보책으로 서북쪽에 물기둥을 설치하고, 수맥파 중화작업을 하였으며 출입문을 약간 변경 설치하였다.

- **결과** : 2006년 7월 19일 오후 4시경 이 건물 지하에서 불이나 3층, 4층에 불이 올라가서 8명이 사망한 사건으로 전국이 떠들썩했으나 2층은 피해가 없었다. 이 내용은 MBN 방송과 한국

일보에 게재되었다

• **참고** : 이 내용의 동영상은 유튜브YouTube에서 '이해수'를 클릭하
면 당시 방송내용을 볼 수 있다.

서울역 앞 아스테리움 건물

- **감정의뢰자** : 한국산업은행계열 KDB생명
- **감정일** : 2013년 5월 20일
- **지번** : 서울특별시 용산구 동자동 14-25
- **대지면적** : 1,483평
- **건축연면적** : 24,760평
- **준공** : 2013년 7월 예정

- **감정개론** : 이중환의 『복거총론伏居總論』에서 사람이 살 곳을 정할 때는 처음에는 지리地理, 다음에는 생활하는 도리道理, 그 다음에 인심人心이 적절하게 배합이 되어 있는가를 보아야 한다고 한다.

현대적으로 해석하면 다음과 같다.

첫째, 땅의 기운이 좋은가?

둘째, 내부구조가 맞게 구성이 되어 있는가?

셋째, 주위 환경이 적절한가?

1) 땅의 지세

북한산의 기운이 남으로 내려와 남산으로 이어져 있으며 현재의 위치는 남산에서 서쪽에 위치하고 있다. 건물의 좌향은 신좌을향辛座乙向으로 동쪽의 향向이다.

2) 현공풍수玄空風水

신좌을향辛座乙向은 쌍성회좌雙星會座가 된다. 이는 건물의 뒤가 낮았다가 높으면 합국이 되어 먼저 돈을 벌고 인물이 난다는 형국이다. 현재 건물의 위치는 뒤가 낮은 형상이 길게 형성되어 있고 그 뒤로 높은 형상의 산과 빌딩들이 있어 합국이 되어 있다.

3) 건물 형상

건물의 형상은 5가지로 분류를 한다. 이 건물은 금성체金星體의 형상으로 돈과 인연이 깊어 상당한 재물을 모을 수 있다.

4) 사국용법四局龍法

수구水口를 찾아 건물의 방위가 12포태법에서 어느 궁에 해당하는가에 따라 길흉을 판단하는 것이다.

현재의 건물은 수구가 정미丁未방향이고, 건물의 방향은 수구에서 보아 동북방향에 있어 관官과 대帶의 방향이 되어 좋은 방향이 된다.

5) 지명과의 관계

금융업은 오행으로 금金에 해당하므로 지역의 명칭이 금金과 상생이 되는 지역이 좋다. '목생화생토생김생수木生火生土生金生水'의 원리에 따르면 금융업은 토의 기운을 받아 토생금土生金이 되어 상생의 도움을 받는다. 용산구의 용龍은 진토辰土가 되어 金을 생하여 준다.

6) 도로와의 관계

도로는 풍수학에서 흐르는 물로 본다. 물은 양陽의 성질이고 재물을 관장한다. 도로가 등背을 지는 방향의 건물은 재물과 등을 지는 형국이라 손해만 생기고 분란이 많아진다. 관청에서 도로를 변경하여 인근의 건물에 입주한 사업이 안 되는 경우도 많다. 현재의 건물은 묘하게 도로의 등背을 피하고 있다. 서울역 바로 앞 지역은 거의 대부분 도로와 등背이 되어 흉한 형상이다.

7) 주역 풍수

화수미제火水未濟괘상이라 결정을 못하고 있는 형상이다.

초효가 동함.

초육初六은   유기미濡其尾니   인吝하리라.

상왈象曰   유기미濡其尾   역부지亦不知   극야極也라.

강을 건너려다 중간에 빠져 진퇴가 곤란한 시기이다. 일을 하는데 중도 좌절하는 경향이 생기겠으나 본사 이전 반대론자들을 잘 설득하여 극단으로 흐르지 말고 유화하게 일을 처리하여야 성공한다.

8) 인근 건물의 풍수

- 옛 대우 건물

서울역 앞의 도로형태가 바뀌면서 재물을 등背지게 되어 도로를 변경한 시점부터 재물이 나가는 운세이다. 건물의 구조형상이 세로로 줄이 많은 형상이니(세로는 발전, 가로는 안정을 의미) 발전만을 강조하여 한쪽으로 치우쳐있는 나쁜 형상이다.

- stx 건물

건물에서 물이 나가는 파구를 보면 곤신坤申 파구가 되어 12포태법으로 측정한다. 건물이 있는 향向이 욕浴에 해당하여 어려움이 많은 형상이다. 현공풍수로 감정을 하여도 건물이 자좌오향子坐午向이 되어 8운에서는 쌍성회향雙星會向이 된다. 앞이 낮았다가 높아져야 하는데, 앞의 경사진 도로 때문에 높은 형상이니 불합국의 형국이라 어려운 지경에 처하게 된다.

• **감정 건물 사진**

4동의 건물 중 왼쪽에 있는 건물

• **결과**

2013년 12월 본사 사무실을 이곳으로 이전하였다.

[본사 이전 후]

• **일시** : 2015년 7월 4일 오전10시

• **장소** : 서울역앞 KDB생명 본사

• **내용** : 현재의 건물을 2013년 5월 풍수 감정하여 12월에 본사 이전
을 하였다. 이후에 건물가격이 상당히 상승하였다. 이번에
는 건물내부의 기운을 측정해 영업실적과 직원들의 사기진
작을 위한 수맥과 풍수를 탐사하였다.

• **감정** : 사장실과 임원실, KDB생명 농구단장실, 주요부서 자리를
수맥 중화하여 좋은 기운이 감돌게 하였다.

• **결과** : 회사의 분위기가 상당히 좋아졌다고 연락이 왔다. 특히 여
자농구 '박신자컵' 대회(7월 6일~10일)에서 지난 시즌 최하위
성적인 'KDB생명'이 7월 10일 우승을 했다.

KBS '굿모닝 대한민국'

- **일시** : 2014년 3월 12일 오전 7시

- **내용** : 집안의 내부구조 및 인테리어를 간단히 변경하고 비보책을
  사용하여 운을 좋게 하는 방법을 설명함.

① 집안의 내부구조에서 문과 문이 마주보면 좋지 않은 기운이 나오
  는데, 이럴 때는 한쪽 문에 대나무발 같은 종류의 물건을 문의 안
  쪽이나 바깥쪽에 부착하여 나쁜 기운을 중화시킨다.

② 동쪽과 남쪽의 창문을 열어두는 것이 좋고, 서쪽과 북쪽의 창문은
  커튼을 사용하는 것이 좋다. 특히 서쪽의 창문은 오후 4시 이후에 나
  쁜 기운의 햇빛이 집안에 들어오니 커튼을 반드시 사용하도록 한다.

③ 가족의 사진이 화장실의 벽면에 걸려있으면 위치를 옮긴다. 화장실
  은 차가운 기운이 나오는 장소이니 다른 자리로 변경하는 것이 좋다.

④ 집안의 물이 흐르는 곳이 막히면 즉시 고쳐야 한다. 물의 흐름은 돈의 흐름과 직접적인 연관성이 있다.

⑤ 습한 자리 혹은 수맥이 흐르는 장소는 알루미늄 호일을 바닥에 먼저 깔고 그 위에 적당한 바닥재로 덮으면 나쁜 기운이 중화가 된다.

⑥ 잠자리가 불편하면 머리 두는 방향을 바꾸어서 잠을 자고, 여러 방향 중에서 본인에게 가장 좋은 방향을 스스로 정한다.

10
운명의 변화

인생384효 ㅣ 주역과 사주 ㅣ 관상과 성명 ㅣ 풍수와 수맥
나의 집 꾸미기 ㅣ 좋은 숫자, 좋은 색깔 ㅣ 좋은 날, 좋은 방위
운명 개척방법 ㅣ 평생건강 호흡법

몸은 씻으면서 마음은 씻지 않네.

몸은 때를 벗겨내지만 마음은 삿된 것을 벗겨내는 것.

때는 물로 씻을 수 있지만 삿됨은 물로 씻지 못하네.

마음의 때를 벗겨내려면 오직 줄 없는 거문고를 타야하네.

人多求洗身 殊不求洗心

洗身去塵垢 洗心去邪淫

塵垢用水洗 邪淫非能淋

必欲去心垢 須彈無絃琴

인생384효

운명은 개척하는 것이다!!

고정적으로 정해진 운명은 없는 것이다. 오늘의 나의 행위가 내일의 결과로 나타나니 지금 이 순간이 가장 중요한 시점이다. 안된다고 생각하면 그 생각이 원인이 되어 실패하는 결과로 나타난다.

항상 적극적으로 사고하라. 그리고 행동하라. 팔자소관이니 숙명이니 하면서 체념하는 사람은 평생 그렇게 살아갈 수밖에 없다. 인생의 낙오자가 될 뿐이다.

미래를 미리 알 수 있는 방법은 없을까?

이 거대한 명제를 가지고 많은 사람들이 그 답을 알아내기 위하여 독특한 방법을 연구 개발하였으며 또 많은 비법들이 오늘날 까지 전해지고 있다. 주역은 많은 예언서 중에서 가장 으뜸인 것으로 많은 사람들이 꼽고 있다.

『인생 384효』는 주역의 원문 내용과 실제의 경험을 토대로 현대적 감각에 알맞도록 주역을 쉽게 표현하여 많은 사람들이 활용할 수 있도록 만들었다. 이 책은 독자들을 무기력하고 나약하게 만들려는 것이 아니다. 좀 더 밝은 사회를 위하여 남을 위하여 그리고 자기 자신을 위하여 세상을 살아가는 순간순간의 행동방향 제시에 예리한 지혜를 깨우쳐 주려는 것이다.

-『인생 384효』 머리말 중에서 (이해수, 명문당, 1991년)

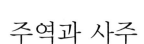

주역과 사주

1) 주역

주역은 대단히 방대하고 난해하다. 어디서부터 이야기 해야 하나 난감하지 않을 수 없다. 주역은 간단히 말하면 점을 치는 책이다.

지구상에 존재하는 모든 삼라만상은 각기 그 나름대로 가치를 지니고 있다. 그리고 그 행위에 따라 많은 변화가 생기고 변화에 따라서 그 결과가 희로애락喜怒哀樂으로 나타난다.

인간의 욕망은 불편함 보다는 편안함을, 슬픔보다는 기쁨을, 불행 보다는 행복을 추구한다. 그리하여 예로부터 불행을 줄이고 행복을 찾는 방법이 연구되어 왔다.

과연 미래를 내다보는 방법은 없을까?

이 거대한 명제를 놓고 수많은 사람들이 도처에서 독특한 방법을 연구, 개발하였으며 많은 비법들이 오늘날까지 전하고 있다. 그 중

현재까지의 예언서 중에서 주역이 가장 으뜸인 것은 누구나 인정하는 기정사실이다.

첫째, 주역은 태극의 원리를 설명한 책이다.

둘째, 주역은 만물이 음과 양이 되는 이치를 연구하는 상대성 원리로 구성되어있다. 음과 양의 상관관계를 보아 미래를 예측한다.

셋째, 주역은 사리事理의 철학서이고 우주학이고 대자연의 책이다.

넷째, 주역은 길흉판단의 기본서이고 점서이다.

다섯째, 주역은 음陰과 양陽의 이원론二元論으로 이루어진다. 즉 천지만물은 모두 음과 양으로 되어 있다는 것이다.

하늘은 양, 땅은 음 / 해는 양, 달은 음 / 강한 것은 양, 약한 것은 음 / 높은 것은 양, 낮은 것은 음 / 선한 것은 양, 악한 것은 음 등 상대되는 모든 사물과 현상들을 음 · 양 두 가지로 구분하고, 그 위치나 움직임에 따라 끊임없이 변화한다는 것이 주역의 원리이다.

달은 차면 다시 기울기 시작하고, 여름이 가면 다시 가을 · 겨울이 오는 현상은 끊임없이 변하나 그 원칙은 영원불변한 것이다. 이 원칙을 인간사에 적용시켜 비교 · 연구하면서 풀이한 것이 주역이다.

어떠한 일의 미래 예측에 대한 상황 전개를 주역으로 풀이하여 활용을 하면 나라의 발전이나 개인의 발전에 상당한 도움이 될 수 있다.

미국의 레이건 대통령이 퇴임 후에 밝힌 내용으로 대통령 재직당시 국가의 큰 정책이나 결정의 중요한 순간에 점성술사의 말을 듣고 결정하여 도움을 많이 받았었다고 술회하고 있다.

2) 사주

사주는 사람의 태어난 년年, 월月, 일日, 시時에 따라 과거와 현재 그리고 미래의 길흉화복 판단하는 것이다.

사주 자체만으로 미래의 운명을 판단한다는 것은 쉬운 일이 아니다. 그 이유는 전생의 업보로 태어난 선척적인 기운은 사주를 보고 판단할 수 있으나 태어나서 현재까지의 행동에 대한 선과 악에 대한 업보는 사주에는 없기 때문이다.

그러므로 사주를 100%로 신봉하여서는 안 된다. 사주보는 사람마다 판단이 다르게 나온다는 말들이 많다. 그 이유는 다음과 같다.

첫째, 역술인의 실력 차이가 다르기 때문이다.
둘째, 역술인의 표현 방식의 차이가 생길 수 있다.
셋째, 역술인이 상담하는 사람을 현혹하는 경우 등이다.

사주와 주역의 다른 점은 사주는 태어날 때의 년, 월, 일, 시로서 판단하지만 주역은 사주와 상관없이 누구나 가지고 있는 예지력을 스스로 끌어내어 미래를 판단한다. 즉 사주는 전생의 업보로써 판단하는 반면에 주역은 '전생+현생에서의 업보'를 합하여 미래의 결과를 구한다.

그러므로 사주는 불변적이지만 주역은 변화할 수 있는 여지가 많다. 따라서 운명은 개척하는 것이다.

관상과 성명

1) 관상

관상은 중요하다. 인물이 잘나고 못나고의 문제가 아니다. 얼굴에서 나오는 향기와 빛을 가지고 판단한다. 세부적으로 분류하면 두상, 눈, 귀, 코, 입, 뺨, 머리카락, 피부의 살결과 색깔 탄력 등을 보아야 한다. 잠자는 모습, 걸음걸이, 말하는 모습, 밥 먹는 모습 등 모든 생활하는 행태가 관상이다.

관상은 마음의 표현이므로 마음을 나쁘게 쓰면 나쁜 관상으로 서서히 변한다. 그러면 하는 일도 서서히 나쁜 방향으로 나아가 결국은 고통을 받는다. 그러므로 좋은 습관으로 행동하고 좋은 생각으로 생활하면 관상이 바뀌는데 이것이 개인의 미래를 이끌어가는 운명이 되는 것이다.

'40대 이후의 얼굴은 자기가 책임져라'는 말이 있는데 좋은 말이다. 성형을 하면 어떻게 되느냐? 성형을 하여 좋은 인상을 가꾸는 것은 내 운명을 스스로 창조하는 일이 되어 운명을 좋게 만들기도 한다.

2) 성명

이름은 각자를 대표하는 상표이다. 상표는 품질의 특성에 맞게 만들어야 한다. 사람의 이름도 각자의 기운과 운명에 맞아야 발전한다. 즉 각자에게 필요한 기운을 이름에서 보충시켜야 한다.

예를 들면 뜨거운 기운이 강한 사람이 또한 이름에 뜨거운 기가 강한 글자를 사용하면 부러지고 박살나는 것은 뻔한 일이다.

그리고 이름의 효험은 굳이 법적으로 바꿀 필요는 없다. 본인이 좋아하는 이름이나 호를 새로이 가졌다면 시간 날 때마다 그 이름을 종이 위에 쓰면서 소리를 내며 좋은 기운을 연상하면 효과가 있다.

획수도 중요한데, 예를 들면 다음과 같다.

김대중의 '김金=8획', '대大=3획', '중中=4획'을 더하면 15획수가 되어 15대 대통령에 당선되었다. 15획수의 성명학적 수리해설은 통솔격統率格 만물통합지상萬物統合之象이다.

원래의 이름인 중仲을 중中으로 한문을 바꾸어 운명을 개척한 경우이다.

풍수와 수맥

1) 풍수

풍수는 음택풍수와 양택풍수로 구분할 수 있다. 음택풍수는 주로 묘지관련 풍수로써 고대로부터 학설이 분분하고 학자마다 견해가 달라 믿을 바가 못 된다. 수맥파장만 없으면 양호하다고 판단하면 된다.

양택풍수는 주거공간의 풍수로써 개인의 기운에 맞게 구조를 설계 변경하여 사용하면 좋은 일이 생긴다.

명당明堂을 해석하면 점유하고 있는 '공간(堂)이 밝다(明)' 라는 뜻으로 풀이 할 수가 있다. '밝다' 라는 뜻은 몸과 마음이 편안함을 뜻한다. 인류의 주거공간은 바람을 피하고 물을 얻으며 지형의 조화가 잘 이루어진 곳에 촌락이 형성되었다.

요즈음은 특히 수맥이 지나가는 자리의 나쁜 영향들이 연구가 되고 있다. 현대적 명당의 개념은 수맥파가 없는 곳이 명당의 기본적인 요건이다. 결국은 어느 위치, 어느 환경이 각자에게 가장 좋은 기운을 주느냐의 문제로 귀결된다.

아무리 좋은 옷도 자기 몸에 맞아야 어울리듯이 좋은 땅과 좋은 건물 그리고 좋은 실내구조도 각 개인의 기氣와 맞아야 운세가 발전하고 명당이 되는 것이다.

이 세상의 모든 물체는 각각의 고유한 기를 가지고 있고 에너지를 발산한다. 생활공간에도 에너지가 나온다.

각자의 생활공간 배치구조가 본인의 기와 맞지 않는다면 건강도 좋지 않고 기분이 상쾌하지 못할 것이다. 기분이 상쾌하고 건강이 좋아야 새로운 아이디어가 떠오르고 인생살이가 즐거워진다. 우리는 가끔 기분 전환을 위해 자기만이 찾는 장소가 있다. 그 자리에 가면 마음이 유쾌해지고 힘이 생기며 좋은 아이디어가 떠오르기 때문이다.

학생들은 공부방의 구조가 좋지 않으면 오랫동안 공부하기 힘들고 가족들도 집안의 실내장식이 나쁘면 편안하지 않아 모든 일에 짜증이 생긴다.

이럴 때는 구조나 실내 물건의 위치나 방향을 바꾸어도 좋은 효과를 낼 수 있다. 즉 가구의 배치방향, 꽃과 나무의 위치나 종류, 천정이나 벽지, 바닥의 색깔이나 재질, 조명의 위치 등에 따라 자기에게 맞는 기운의 상생으로 인하여 행운을 가져온다.

적은 공간에 큰 물건을 두거나 분위기에 맞지 않는 물건을 배치하면 좋은 기가 생기지 않는다. 공간은 여유가 있어야 되고 각자의 기에 상응하는 공간배치를 하여야 밝은 생활이 된다.

2) 수맥

수맥파장은 외국에서 해로운 지구방사선(HarfulEarth Radiation) 병원성 지대(Pathogenic Zone)로 불리고 있으며 지구 중심의 고온, 고압의 마그마의 핵반응에서 발생된 중성자 파장이 지구외부로 방사되는데 지하 물줄기를 통과하면서 변조, 증폭되어 강한 파장으로 바뀐 것이다.

수맥으로부터 나오는 수맥파를 인간이 감지하여 찾는다. 사실 누구나 감지할 수 있는 것이나 사람에 따라 탐지 능력에 차이가 있을 뿐이다. 우리나라에 맨 처음 수맥이 전파된 것은 1836년 1월 25일 로마교황청에서 파견 나온 프랑스인 선교사 '에밀레오'로부터 시작되었으며, 이후 임응승 신부님이 수맥탐사의 방법과 실제 사례발표를 통해 대중화시켰다.

수맥을 찾는 것을 다우징Dowsing이라 한다. 원래 다우징이란 '무언가를 찾는다' 또는 '점친다' 등의 뜻을 가지고 있다. 외국에서는 다우징이라 하면 수맥탐사보다 광맥탐사 쪽에서 다우징이란 말이 많이 사용되고 있으며 우리나라에서는 수맥탐사에 다우징이란 말을 많이 사용하고 있다.

물은 인간에게 없어서는 안 될 생명과 같은 존재이지만 수맥으로부터 발생된 수맥파는 인간에게 많은 악영향을 주고 있다.

인간의 수명이 75년이면 25년은 잠을 잔다. 양지바르고 통풍이 잘되는 곳도 중요하지만 수맥파장이 없는 곳에서 생활하여야 한다. 수맥파장이 없는 곳이 바로 명당이다.

▶ **수맥파장으로 인한 증상**
① 암이나 각종 병이 원인 없이 발생
② 악몽, 가위눌림, 선잠 등 심한 몸부림 찌뿌둥한 증상
③ 성적저하, 집중력 암기력 저하
④ 가정불화 발생

▶ **수맥파장의 자가 진단법**
① 벽이나 바닥이 거의 직선으로 금이 있거나 꺼져있다.
② 개미나 곰팡이가 많다.
③ 환자가 많이 발생한다.
④ 집에 가면 괜히 기분이 나빠진다.
⑤ 꿈을 많이 꾸며 깊은 잠이 들지 않는다.
⑥ 화분이 잘 자라지 않으며 강아지가 잠자리를 피해 잔다.

나의 집 꾸미기

기氣인테리어의 중요한 포인트는 기의 흐름을 원만하게 하여 '생기'가 충만하도록 만드는 것이다. 집안의 분위기는 사람의 건강과 같다고 보고 인테리어를 해야 한다. 즉 사람이 공기의 좋은 기운을 마셔 살아가는 것처럼 집도 살아 있어야 한다. 집이 아프면 사람도 아프다.

집안의 에너지가 거주하는 사람의 건강이나 미래 방향에 지속적인 영향을 미친다.

가구의 배치 방향, 꽃과 나무나 소품의 위치와 종류, 천징이나 벽체 바닥의 재질이나 색깔, 조명의 위치 등에 따라 집안의 에너지가 바뀐다.

공간은 여유가 있어야 하고 각자의 기에 상응하는 공간배치를 하여야 건강이 좋아지며 생활이 밝아진다.

1) 공통적인 요소

① 자재와 색채의 선택 그림의 선택은 각 개인의 기운에 따라 다르기 때문에 일률적으로 말하기 어렵다.
② 시든 꽃은 빨리 없애고 배수관이 고장 나면 기운을 흩어지므로 수리를 즉각적으로 해야 한다.
③ 겨울철 커튼의 색상은 주황색이나 붉은색 계통으로 하고 너무 두껍지 않게 한다.
④ 석양빛이 들어오는 방이나 거실은 오후 4시부터는 커튼으로 차단한다.

2) 공간에 따른 집 꾸미기

① 현관
  - 현관의 출입문이 바깥쪽으로 향해 있는 경우에는 풍경이나 종을 달아 맑은소리를 내게 한다.
  - 대문이나 현관은 경계의 구분이니 부담 없는 재질을 사용하고 안정된 색채로 꾸민다.
  - 밝아야 좋고 특히 겨울철은 꽃잎이 화려하거나 붉은색 계통의 화분을 놓아둔다.

- 신발은 신발장에 넣고 신발장 옆에는 '테이블야자' 의 꽃을 놓아 냄새를 제거한다.
- 복잡하게 물건을 놓아두면 기의 흐름이 산만하니 정리정돈을 잘해야 한다.
- 현관에서 정면으로 보이는 거실벽면에는 큰 거울이나 종교색이 짙은 글이나 그림은 걸지 않는다. (이유: 원하지 않게 자기모습이 나타나니 놀란다. 氣가 흩어짐)

② 거실

- 거실은 집식구의 화합의 공간이므로 편안하게 꾸며야 한다.
- 거실의 창가에는 화분을 놓아두고 모서리는 조금 큰 화분을 놓아둔다.
- 천정은 하늘의 기운을 상징하므로 깨끗해야 하며 색채는 가벼운 재질을 사용한다.
- 소파나 의자가 창을 가리지 않게 하고 소품을 놓을 때는 정돈이 잘되게 하여 안정감 있게 한다.

③ 안방

- 안방은 쉬는 공간이므로 움직이는 물건이 없어야 한다.
  예를 들어 시계를 걸어두면 오히려 산만하다. TV도 움직이는 화면이므로 좋지 않다. 안방 옆의 화장실은 좋지 않는 기운과 상충하기 때문에 완충작용으로 싱싱한 화초를 놓아둔다.

- 침실은 벽에 붙이지 말고 거울 앞에는 작고 예쁜 화분과 좋아하는 소품을 놓아 거울을 볼 때마다 즐거운 모습을 그린다. 잠잘 때 기운에 맞는 색깔의 미등을 켜고 잔다. (특히, 겨울 출생)

- 장롱 위에 물건을 두면 기의 흐름이 방해된다.

④ 공부방

- 공부방은 북쪽이 좋다. 특히 성격이 급하거나 인내심이 부족한 아이는 더욱 북쪽을 사용하여야 한다.

- 남쪽이나 남동쪽은 '화'의 기운이 강하므로 정신을 산만하게 한다. 물건을 많이 쌓아두면 '기'의 흐름이 막혀 정신이 맑지 못하다.

⑤ 부엌

- 조명등은 중앙에 달고 환기는 잘 되게 한다.

- 칼 등은 보이지 않는 곳에 놓아둔다.

- 주방의 그릇이 심심하지 않게 허브나 화초를 몇 개 놓는다.

- 원형식탁은 부부관계가 좋고 아이들이 있으면 사각형 식탁에 모서리가 둥글게 마감된 것이 좋다.

- 부엌은 물과 불의 사용이 많은 장소이니 중재자 역할을 하는 나무(木)소재를 이용하여 상생의 기운을 살린다.

⑥ 화장실

- 화장실은 나무바구니에 숯을 담아 적당한 곳에 둔다.
- 물이 고이지 않게 하고 조명을 밝게 하며 붉은 꽃을 놓아 둔다.
- 채광이 좋지 않는 경우는 태양의 그림이나 붉은 꽃의 그림을 동쪽이나 남쪽방향에 걸어 부족한 양陽의 기운을 보충한다.
- 욕실과 화장실이 같이 있을 경우에 수정을 두어서 기를 정화시킨다.

⑦ 사무실, 상가 점포

- 기본원리는 집과 비슷한데 사무실은 타인이 많이 모이는 곳이니 기운이 혼탁할 수 있다. 작은 선인장을 놓아서 기운을 정화시킨다. (가시가 나쁜 기를 예방)
- 사무실의 문은 밀고 들어가게 한다. (이유: 열고 들어가면 들어가는 사람이 한 발짝 물러나기 때문에 기분이 나빠진다. 이럴 때 청량한 소리가 나는 물건을 달아 들어오는 사람의 기분을 상하지 않게 한다.)
- 거부감을 주는 물건이나 종교적인 향수가 나는 물건은 없어야 한다.

좋은 숫자, 좋은 색깔

주역周易은 음의 기운과 양의기운을 잘 조화하여 운세를 발전시킬 수 있는 학문이다. 즉 태어난 사주는 바꿀 수가 없지만 주역은 각자가 어떻게 행동하고 마음을 먹느냐에 따라 운세가 바뀔 수 있다는 운명개척의 학문이다.

색깔에는 고유의 음양오행과 기운이 있고 숫자에도 고유의 기운이 있다. 각 개인의 기운에 맞는 색상과 숫자를 사용하는 것이 좋은 행운을 가져다준다. 우리는 알게 모르게 숫자의 범주 안에서 살아가고 있다. 돈 계산을 할 때도 모든 금액이 숫자로 표시되며 남과 약속을 정할 때 건강상태, 성적의 표시 등 숫자가 쓰이지 않는 곳이 없다. 그러면서도 진정 자기에게 좋은 기운을 가져다주는 숫자는 무엇인지 모르고 살아간다.

색깔도 마찬가지이다. 마음에 드는 색깔의 옷을 입고 외출을 하면 본인은 기분이 좋아 얼굴이 밝아진다. 또한 주위에서도 잘 어울린다고 말해주면 기분상승 → 즐거움 → 좋은 기 축적 → 좋은 생각 → 좋은 행동으로 이어져 행운을 가져온다.

음	여자	땅	바다	달	슬픔	가을	겨울	짝수	어둠	후퇴
양	남자	하늘	산	해	기쁨	봄	여름	홀수	밝음	발전

음과 양이 있고 오행이 있다. 남자(양)와 여자(음)는 서로 좋아하고 여름(양)에는 물(음)을 찾으며 겨울(음)에는 따뜻함(양)을 찾는다. 이러한 원리를 바탕으로 태어난 월에 따라 좋은 숫자와 색깔이 정해진다.

• **봄(음력 1,2,3월)생**
  - 좋은 숫자 : 2,5,7,0
  - 보통 숫자 : 1,4,6,9
  - 나쁜 숫자 : 3,8
  - 좋은 색 : 빨간색, 황색
  - 보통 색 : 흰색, 검정색
  - 나쁜 색 : 청색

• **여름(음력 4,5,6월)생**
  - 좋은 숫자 : 4,5,9,0
  - 보통 숫자 : 1,3,6,8
  - 나쁜 숫자 : 2,7
  - 좋은 색 : 황색, 흰색
  - 보통 색 : 검정색, 청색
  - 나쁜 색 : 빨간색

- **가을(음력 7,8,9월)생**
  - 좋은 숫자 : 1,3,6,8
  - 보통 숫자 : 2,5,7,0
  - 나쁜 숫자 : 4,9
  - 좋은 색 : 검정색, 청색
  - 보통 색 : 적색, 황색
  - 나쁜 색 : 흰색

- **겨울(음력 10,11,12월)생**
  - 좋은 숫자 : 2,3,7,8
  - 보통 숫자 : 4,5,9,0
  - 나쁜 숫자 : 1,6
  - 좋은 색 : 청색, 적색
  - 보통 색 : 흰색, 황색
  - 나쁜 색 : 검정색

※ 색깔의 분류는 대표적인 5가지의 색으로만 분류하였다.

※ 숫자는 전화번호와 비밀번호, 집의 층수 및 중요한 미팅 날짜 등에 활용할 수 있으며 색깔은 옷이나 이불, 집안의 인테리어 등에 활용한다. 겉옷의 색깔이 좋은 색으로 맞지 않는다면 속옷을 맞는 색을 선택하여 활용하면 된다.

좋은 날, 좋은 방위

1) 좋은 날 선택하는 법

쥐子, 소丑, 범寅, 토끼卯, 용辰, 뱀巳, 말午, 양未, 잔나비申, 닭酉,
개戌, 돼지亥

남자 나이						좋은 날
1	8 48	16 56	24 64	32 72	40 80	토끼, 닭, 용, 뱀
2	10 50	18 58	26 66	34 74	42 82	개, 돼지, 말, 양, 잔나비
3	11 51	19 59	27 67	35 75	43 83	닭, 토끼, 소, 범
4	12 52	20 60	28 68	36 76	44 84	용, 뱀, 소, 범, 토끼
5	13 53	21 61	29 69	37 77	45 85	양, 잔나비, 쥐, 개, 돼지
6	14 54	22 62	30 70	38 78	46 86	말, 개, 돼지, 쥐
7	15 55	23 63	31 71	39 79	47 87	쥐, 양, 잔나비, 말
9	17 57	25 65	33 73	41 81	49 89	소, 범, 용, 뱀, 닭

여자 나이					좋은 날
1 8 16 24 32 40 48 56 64 72 80					용, 뱀, 소, 범, 토끼
2 9 17 25 33 41 49 57 65 73 81					닭, 토끼, 소, 범
3 10 18 26 34 42 50 58 66 74 82					개, 돼지, 말, 양, 잔나비
4 11 19 27 35 43 51 59 67 75 83					소, 범, 용, 뱀, 닭
5 12 20 28 36 44 52 60 68 76 84					토끼, 닭, 용, 뱀
6 13 21 29 37 45 53 61 69 77 85					쥐, 양, 잔나비, 말
7 14 22 30 38 46 54 62 70 78 86					말, 개, 돼지, 쥐
15 23 31 39 47 55 63 71 79 87					양, 잔나비, 쥐, 개, 돼지

2) 이동이나 이사할 때 방위 보는 법

	남자 나이				좋은 방위
1	10 46	19 55	28 64	37 73	동 · 동북 · 북
2	11 47	20 56	29 65	38 74	서남 남 · 동남 · 서
3	12 48	21 57	30 66	39 75	북 동북 · 동 · 서북
4	13 49	22 58	31 67	40 76	남 · 서남 · 서
5	14 50	23 59	32 68	41 77	동북 서북 · 북 · 동남
6	15 51	24 60	33 69	42 78	서 · 남 · 동
7	16 52	25 61	34 70	43 79	서북 동남 · 동북 · 서남
8	17 53	26 62	35 71	44 80	서 · 북 · 동
9	18 54	27 63	36 72	45 81	동남 서남 · 서북 · 남

여자 나이				좋은 방위
1	10 19 28 37		46 55 64 73	동남 · 서북 · 남 서남
2	11 20 29 38		47 56 65 74	동 · 동북 · 북
3	12 21 30 39		48 57 66 75	서남 · 동남 · 서 남
4	13 22 31 40		49 58 67 76	북 · 동 · 서북 동북
5	14 23 32 41		50 59 68 77	남 · 서남 · 서
6	15 24 33 42		51 60 69 78	동북 · 북 · 동남 서북
7	16 25 34 43		52 61 70 79	서 · 남 · 동
8	17 26 35 44		53 62 71 80	서북 · 동북 · 서남 동남
9	18 27 36 45		54 63 72 81	서 · 북 · 동

운명 개척방법

　우리는 아주 유능한 사람이 때를 만나지 못하고 어려움에 처한 경우를 종종 본다. 노력을 아무리 열심히 해도 일이 잘 풀리지 않는 경우도 있다. 모든 불행이 나에게만 오느냐고 한탄을 한다.

　가정이나 개인에게 우환이 오는 이유는 다음과 같다.

　첫째, 본인 전생의 업보로서 인과법칙에 따라서 생긴다.

　둘째, 선망조상님들이 삼악도의 고통을 벗어나려고 천도해 달라고 요구하지만 자손들이 알지 못하므로 자손들의 가정에 불상사가 생긴다.

　셋째, 부모님께 불효 불손하여 벌을 받기 때문이다.

넷째, 본인이 현생에 살면서 지은 죄의 대가를 받는 경우 등이다.

운명에는 상수와 변수가 있어 미래의 방향을 결정한다. 과거의 지은 업장은 상수로서 변화 시킬 수는 없지만 지금 생각하고, 말하고 행동하는 일체의 행위는 변수로서 자기의 의지대로 정할 수 있다.

운명을 바꾸는 확실한 방법은 '지금! 이 순간!'이 중요하다.

운명을 바꾸려면 마음부터 바꾸어야 한다. 마음을 바꾸면 습관과 행동이 바뀌면서 주위 환경이 변화되고 그 결과 운명이 바뀌는 것이다. 사주팔자는 지극한 선행을 한 사람이나 지극히 악행을 한 사람에게는 적용되지 않는다.

운명을 초월하는 법은

첫째, 부질없는 욕심을 줄이고, 마음을 밝혀야 한다. 자기의 분수를 스스로 알아차려 헛된 욕심을 버려야 한다.

둘째, 지나간 잘못을 부끄러워하고 과감히 고쳐라. 잠들기 전에 조용히 앉아서 3분정도 호흡을 하여 마음을 가라앉게 한 후,
① 지난 일에 대한 과오를 인정하고, 이해와 용서의 마음을 가진다. 미운 사람에게 따뜻한 마음을 전달한다. 어려운 일이지만 반드시 행하여야 한다. 띠지고 보면 본인의 잘못으로 서로가 오해를 하는 경우가 더 많다.

② 현실의 조건에 감사하는 마음을 가진다. 생활이 어렵고 일이 잘 풀리지 않더라도 현재의 자기 처지를 비관하지 말고 최악의 경우를 당하지 않음에 감사를 해야 한다.

③ 미래에 대한 희망의 꿈을 상상하여야 한다. 좋은 상상력은 인생을 바꾸어 준다. 상상력의 예를 들면, 평지에서는 폭 3m, 길이 8m 크기의 널빤지 위를 걸으라고 하면 누구나 그 위를 잘 걷는다. 하지만 높은 건물 사이에 똑같은 널빤지를 놓고 걸으라 하면 잘 걷지 못한다. 이유는 떨어지면 죽는다는 상상력 때문이다. 그만큼 상상력의 힘은 중요하다.

셋째, 선행을 쌓아야 한다.

주역에 '적선지가 필유여경積善之家必有餘慶'이라는 말이 있다. '적선을 쌓은 집은 반드시 나머지 경사가 있다'는 말이다. 여기서 중요한 것은 '여경餘慶'이다. 무슨 말이냐 하면 '여餘'자는 나머지라는 뜻이니 경사가 생기기는 생기는데 '나머지'가 있어야 경사가 생긴다. 이게 중요한 포인트이다.

예를 들면, 죄가 쌓인 것이 60점이고 선업을 쌓은 것이 65점이라면 나머지인 5점만 복을 받는다. 사람들은 이런 이치를 모르고 '나는 착한 일을 하는데 왜 이렇게 운세가 풀리지 않느냐?'며 하소연한다. 지은 죄가 많은 줄도 모르고 조금 착한 일을 하고는 잘되기를 바라니 안타까운 일이다. 그러니 부지런히 착한 일을 하여 나의 업장을 소멸하고, 남는 선업이 생기면 그만큼 복을 받는 것이다. 죄가 60

점인 사람이 부지런히 선업을 쌓아 90점을 만들면 30점만큼의 복을 받는다.

붙잡혀 있는 생명들을 풀어주는 것은 좋은 일이다. 주위의 어려운 사람에게 댓가없이 도움을 주는 것은 더 좋은 일이다. 방생이나 이웃을 도와주는 일은 새로운 좋은 씨앗을 뿌리는 일이므로 반드시 좋은 결과가 온다.

보시나 방생은 장소와 때를 가리지 않는다. 인연이 닿으면 상대를 위하여 지혜롭게 남을 돌보아 주면 된다.

넷째, 언제나 겸손하여야 한다. 남과 다투지 말고 남보다 잘난 체 하지 않아야 한다.

다섯째, 조상이나 원한 있는 영혼은 천도를 해야 한다.

위의 모든 일을 할 때는 간절하고 집중을 하여야 효과가 있다.

평생건강 호흡법

우리는 아무 생각 없이 자연스럽게 숨을 쉬며 살아간다. 인간의 목숨은 들어온 호흡이 나가지 않으면 끝이 난다. 그만큼 호흡이 중요하다. 호흡명상은 비움의 미학이다. 인간의 번뇌는 탐진치貪瞋癡, 즉 탐욕과 성냄과 어리석음 때문에 일어난다.

호흡명상을 통하여 번뇌와 고통으로부터 자유로워지고 삶의 지혜를 깨달을 수 있다. 호흡명상을 잘하려면 먼저 집착을 내려놓아야한다. 금강경에 '응무소주 이생기심應無所住 以生其心' 이라고 했다. ─만물에 응하되, 머물지 않는 마음으로 지나가라─ 즉 자신의 감각으로 형상을 보고 느끼고 하지만 그 인상이나 형상에 집착하지 않는다는 뜻이다.

집착을 내려놓기 위한 방법으로 들숨과 날숨을 관찰하는 좋은 방법이 있다. 그렇다고 하여 호흡을 억지로 조절하거나 간섭을 하면 안 된다. 호흡을 단전에 집중하는 등 어느 한 장소에 초점을 맞추어서는 안 된다. 그냥 평상시의 호흡을 하면서 중요한 것은 호흡을 관찰하는 것이다.

자세는 앉아서 하는 좌선을 해도 되고 천천히 걸으면서하는 행선, 즉 걷기명상을 해도 된다. 호흡명상 하다가 잡념의 생각이 떠오를 때 그 기에 빠지면 망상이고 알아차리면 바로 지혜가 된다. 좌선명상의 장소는 아무 곳이나 상관없다. 걷기명상은 본인이 좋아하는 장소를 정하여 먼저 몸과 마음의 긴장을 푼다. 그리고 나서 호흡을 관찰하면서 자연스런 걸음걸이를 하면 된다. 산만하게 주위를 살피지 말고 오직 들숨과 날숨, 그리고 행동하는 손과 발의 움직임을 관찰하면 된다.

호흡명상을 20~30분 정도 하면서 호흡의 전체 과정을 지켜만 본다. 매일 숙련을 하다보면 호흡이 우주와 하나가 되어 수많은 맑은 빛이 쏟아진다. 이때 보이는 빛에도 집착하지 말고 오직 호흡하는 자신만을 관찰해야 한다. 호흡명상의 시간이 길어질수록 더 깊은 경지의 맛을 느끼면서 삶의 활력소가 생성된다. 건강이 좋아지는 것은 말할 것도 없고, 사물에 대한 판단력과 지혜가 생겨나 인생의 삶을 환희롭게 만든다. 명상호흡을 하다보면 나를 버려야 공력이 높아지고 지혜를 얻을 수 있다는 것을 서서히 깨닫게 된다. 그러나 모든 인간은 자기 본위의 구조로 되어 있기 때문에 나를 버리기가 쉽지 않다. 그러므로 자기를 버리기 위해서는 남을 돕고 배려하는 아름다운 마음이 일어나도록 노력하여야 한다.

명상호흡은 현대인들의 스트레스를 줄여주며 집중력 강화와 건강 향상에 도움을 주는 등 성공하는 인생으로 바꿀 수 있는 가장 쉬운 방법이다. 끝으로 이 책을 읽는 독자들이 매일 30분씩 명상호흡을 하여 지혜와 복덕을 쌓아 건강하게 살기를 바란다.

봉암사로 출가한 29년 전의 일들을 적으려니 힘든 부분이 많았다. 은사스님이신 서암스님의 자료는 지금도 제방에서 구도의 수행을 열심히 하고 있는 봉암사 출가도반인 지정스님에게 많은 도움을 받았다. 봉암사에서 생긴 일들은 실제상황을 토대로 적었다. 많은 대중스님들이 같이 생활하였고, 그 스님들도 그 때의 기억들을 하고 있을 것이다. 사건의 내용들이 절에서 일어나기 쉽지 않는 일들이기 때문이다.

출가하여 수행공부를 하지 않았으면 나는 이미 죽은 목숨이라고 확신을 한다. 봉암사에서 2번이나 죽을 고비를 넘긴 운명의 사건을 여러 명이 보았고, 익히 알고 있는 내용이다.

신도의 출입이 통제되어 있고 행자를 받지 않는 봉암사로 출가한 나는 그곳에서 운명적으로 행자생활을 하였다. 3년의 짧은 수행을 하고 환속을 하였다.

환속을 하고 난 후 첫 일은 주역을 쉽게 해석하여 명문당에서 『인생 384효』를 1991년에 출간하였다. 주역을 하였기에 기공수련을 하여야 했다. 대학선배의 소개로 자연스럽게 기공스승이신 '자선 할아버지'를 만났고, 스승님은 나에게 엄청난 변화를 가져다주었다. 그래서 많은 부분의 지면을 할애하여 몽골에서의 기공수련내용을 적어보았다.

풍수의 중요성을 알리기 위하여 실제로 겪었던 일들을 날짜별로 기록하였다. 그룹 총수들이 업무와 보안의 편리성 때문에 호텔의 꼭대기

층에 거주하면서 업무를 보는 모습은 풍수적인 관점에서는 어리석은 일이다. 주역의 건괘 상구효에 '항룡亢龍이니 유회有悔' 라 했다. -용이 너무 높이 올라가면 후회하는 일이 생긴다. -는 뜻이다.

2004년 MBC방송 '아주 특별한 아침' 에 출연하여 국회의원 배지를 바꾸어야 된다고 주장했는데, 10년 만인 2014년 드디어 배지가 바뀌었다. 2008년 '독도에 강치를 설치해야 한다' 고 연합뉴스 및 많은 일간지에 보도 되었는데 2015년 8월 정부가 독도에 강치의 벽화를 설치하였다. 2009년 '국군방송 TV'에 출연하여 '태극사상과 충효사상' 의 제목으로 군인들에게 마음의 중요성을 강의하였다. 2014년 KBS방송 '굿모닝 대한민국' 에 출연하여 집안의 좋은 기운을 가져주는 '풍수인테리어' 의 시공방법을 설명하였다. 이 책에 나오는 내용들은 유튜브 YouTube에서 '이해수' 를 클릭하면 동영상을 볼 수 있다.

전국의 여러 단체에 강의를 다니고 있으며 특히 서울 성북구의 시각장애인복지관에서 시각장애인들에게 주역을 3개월 동안 강의했던 추억은 잊을 수가 없다. 나의 주역강의를 안내견과 시각장애인이 같이 들었다.

끝으로 부족한 글을 끝까지 읽어주신 독자 분들께 깊은 감사를 드린다.

살생의 업보와 악업의 업보는 반드시 그 만큼의 대가를 받게 된다. 운명은 스스로 개척할 수 있다는 확신을 가지고 많은 선행을 쌓아 환희에 가득 찬 생활이 이루어지길 진심으로 바란다.

무위정사에서 이 해 수 합장

운명을 바꾼 삶의 지혜, 주역

1판 1쇄　　2015년 10월 20일
1판 발행　2015년 10월 24일

지은이　善觀 이해수
펴낸이　주영배
펴낸곳　도서출판 무량수
　　　　부산광역시 해운대구 센텀북대로 60, 1009호
　　　　(재송동, 센텀IS타워)
전　화　051-255-5675
팩　스　051-255-5676
e-mail　boan21@korea.com
출판신고번호　제9-110호

값 15,000원

ISBN　978-89-91341-45-6
잘못된 책은 바꾸어 드립니다.